# SOUVENIRS

D'UN

# VOYAGE EN SICILE.

# SOUVENIRS

D'UN

# VOYAGE EN SICILE

PAR

LE BARON DE GALEMBERT.

AUTUN
IMPRIMERIE DE MICHEL DEJUSSIEU.
1861

## A MADAME LA PRINCESSE DE S. C.

Madame,

Lorsque je dis adieu à la Sicile, je m'étais promis de consacrer un jour quelques pages à votre beau pays.

Je tiens aujourd'hui l'engagement contracté envers moi-même, en publiant ce volume de souvenirs. A qui pouvais-je le dédier, sinon à vous, Madame? Après avoir, en un triste temps déjà bien loin de nous, adouci pour le père l'amertume de l'exil, vous avez su naguère, par votre hospitalité touchante, faire goûter au fils voyageur presque le charme de la famille sur la terre étrangère.

Que votre bienveillance daigne donc accepter le patronage de ces rapides et modestes impressions. Puissiez-vous ne pas juger le peintre trop au-dessous du modèle! votre suffrage sera à lui seul ma récompense: car, si la manière dont j'ai parlé de votre chère patrie obtient votre approbation, n'ai-je pas trouvé l'unique occasion qui pouvait m'être offerte d'acquitter envers vous une partie de la dette de ma reconnaissance?

*Etteveaux, mars 1861.*

B<sup>on</sup> DE GALEMBERT.

# AVANT-PROPOS.

Quinze années me séparent aujourd'hui du temps pendant lequel je visitai la Sicile. Depuis cette époque, que d'évènements se sont successivement déroulés sous nos yeux! Les choses marchent vite de nos jours, et la révolution tient constamment la tête du mouvement précipité qui nous entraîne. Elle n'a pas, durant cette courte période, épargné la Sicile plus que l'Italie et le reste de l'Europe.

Dès 1846 je pus constater à Palerme et dans les autres cités de l'île les signes précurseurs d'un prochain orage.

Pie IX venait d'être élevé au suprême pontificat. Il faut avoir alors parcouru l'Italie pour se faire une idée de l'enthousiasme avec lequel fut saluée l'exaltation du nouveau Pape. L'angélique mansuétude de sa nature, son intention promptement réalisée de doter son peuple d'institutions libérales et de réformes en rapport avec les tendances modernes, le firent regarder par tous comme le pacificateur et le régénérateur de l'Italie. Mais la révolution dont rien ne peut satisfaire les folles utopies, et que toute concession rend plus exigente encore, la révolution accepta les libertés données, non comme un bienfait, mais comme une arme que son ingratitude jura de retourner bientôt contre l'illustre pontife. Les émissaires des sociétés secrètes se mirent à sillonner l'Italie, la Sicile, et à entretenir dans les esprits une effervescence qui devait, à un moment donné, favoriser leurs coupables desseins.

Je rencontrai à Palerme plus d'un de ces hommes dangereux, cachant sous un prétexte avouable une mission subversive.

Alors, comme aujourd'hui, l'Angleterre, complice de la révolution chez les autres, se plaisait à attiser le feu des passions populaires. Qui ne se rappelle le voyage si tristement célèbre de lord Minto en Italie?

Une telle propagande incendiaire devait porter ses fruits, et la révolution de février 1848 en France devint le signal de l'embrasement général de l'Europe. D'une extrémité à l'autre de la Péninsule italienne, depuis Milan jusqu'à Palerme, s'étendit l'insurrection, au début partout victorieuse. Pie IX lui-même, dont le règne s'était ouvert sous de si heureux auspices, eut l'exil pour récompense de ses idées libérales et paternelles, après avoir vu son ministre frappé, presque sous ses yeux, par le poignard fanatique des sicaires.

A Naples et en Sicile, l'action énergique du roi Ferdinand, prince étrangement calomnié auquel l'histoire rendra justice un jour, triompha des hordes révolutionnaires et rétablit l'autorité légitime du souverain.

Du reste, une réaction générale contre le désordre et l'anarchie ne tarda pas à se produire partout en Europe; car, et rendons-en mille fois grâce à la Providence, si l'erreur, l'injustice, la licence sont contagieuses comme la peste, la vérité, la justice, l'idée de l'ordre sont pénétrantes comme les rayons de la lumière divine dont elles émanent. La France, ne nous lassons pas de le proclamer bien haut, fut la première à donner l'élan à cette tendance réparatrice, en expulsant de Rome Garibaldi et en rétablissant le Pape sur son trône; oui, la France eut cet insigne honneur! elle devait bien cette compensation d'arrêter le flot révolutionnaire, elle qui tant de fois l'avait déversé de son sein sur l'Europe.

La révolution terrassée mais non vaincue ajourna ses projets, car elle n'y renonce jamais; elle attendit des temps meilleurs et se prépara de longue main à une nouvelle levée de boucliers, qui cette fois la conduirait à un triomphe assuré. Elle se ménagea des points d'appui, des alliances. Cette considération peut seule expliquer l'intervention du Piémont, puissance de troisième ordre, dans la guerre de Crimée.

Certes, la France et l'Angleterre n'avaient pas besoin du faible contingent de l'armée Sarde pour venir à bout des Russes à l'Alma, Inkermann, Sébastopol; mais M. de Cavour tenait par-dessus tout à faire coopérer les soldats de son pays à cette expédition lointaine. Dans ce but, il ne recula devant aucune dépense, devant aucune intrigue; la campagne d'Orient était aux yeux de ce ministre, incontestablement fort habile, le moyen détourné de glisser furtivement le Piémont parmi les grandes puissances, et de porter la question italienne devant le congrès de Paris. Il réussit au delà de ses espérances.

Il fallait cependant que M. de Cavour eût une présomption sans égale et qu'il comptât sur une longanimité exceptionnelle de la part de l'Europe, pour que lui, le représentant d'un si petit État, osât venir traiter, même incidemment, les affaires de la Péninsule italique devant une réunion de diplomates appelés à régler exclusivement le démêlé turco-russe.

Il est vrai que l'Europe semble avoir pris l'habitude de traiter M. de Cavour en *enfant gâté :* elle le flatte, le caresse, lui passe tous ses caprices. Elle ne s'aperçoit pas que l'*enfant* devient incorrigible, et qu'un jour elle se repentira, mais trop tard, de n'avoir pas su gourmander et sévir à propos.

Quoi qu'il en soit, la question italienne était désormais solennellement posée, et dès ce moment elle fit rapidement son chemin.

M. de Cavour ayant réussi à contracter une alliance défensive entre le Piémont et la France, et se voyant assuré d'être soutenu en cas d'attaque de la part de l'Autriche, se mit à pratiquer, à l'égard de cette dernière puissance, une politique d'agressions cachées et perfides, qui devait finalement lasser sa patience et la forcer à sortir de son attitude purement passive jusque-là.

La longanimité contre l'outrage est chose louable de la part d'une nation comme de la part d'un simple particulier ; elle a cependant ses bornes. L'Autriche, blessée par des provocations incessantes, crut qu'elle ne pouvait plus longtemps rester l'arme au bras sans forfaire à l'honneur ; elle lança son ultimatum et fit franchir le Tessin à ses troupes.

Quel que soit le jugement que l'on porte sur

l'intervention militaire de la France en Italie, on ne peut récuser ces deux points incontestables : premièrement, que sans l'intervention française, le Piémont recevait en 1859 une leçon plus sévère que celle reçue en 1848 et 1849; secondement, qu'une fois la guerre brillamment engagée, il y eut une grande sagesse à savoir s'arrêter à Villafranca, au lendemain d'une victoire.

Mais cette sagesse était loin de répondre aux aspirations de la politique piémontaise. Il ne lui suffisait pas d'avoir doublé son territoire par l'adjonction de la riche province du Milanais : elle ambitionnait tout autre chose. Aussi, sans se préoccuper de l'engagement de son allié et de son propre engagement, elle se mit à agir comme si le traité de Villafranca, ratifié à Zurich, était une lettre morte.

On vit alors la Sardaigne inaugurer sur une large échelle son célèbre système des annexions. Tout le monde sait en quoi il consiste. On commence par lancer une bande d'aventuriers sur la province ou sur l'Etat convoité; ils nomment un gouvernement provisoire qui proclame le Statut sarde et l'annexion au royaume italien. Puis, pour la forme, on consulte le suffrage universel, en ayant soin préalablement de mettre sous les verroux ou d'exiler ceux que l'on appelle *réactionnaires*. Le suffrage universel ainsi pratiqué obéit à la forte pression exercée sur lui; il dit tout ce qu'on veut lui faire dire, ratifie tout ce qu'on soumet à sa *libre* sanction. L'annexion devient un fait accompli, une chose sacrée ayant droit aux respects de la diplomatie européenne.

Cette comédie ridicule, si elle n'était odieuse et si elle ne foulait aux pieds les traités les plus solennels, les droits les plus imprescriptibles, cette comédie, dis-je, s'est jouée sous nos yeux pour les duchés de Parme, de Modène, pour la Toscane et les Légations. Elle s'est continuée pour la Sicile et Naples, car les annexions de l'Italie du Nord et du centre n'ont pu rassasier l'ambition piémontaise. Poussé par le courant révolutionnaire, Victor-Emmanuel doit marcher en avant du mouvement, sous peine de voir sa couronne emportée par le flot débordé : châtiment mérité réservé par la Providence à quiconque, ministre ou souverain, abandonne les voies de la justice en se laissant aller aux fallacieuses promesses de la révolution. Il s'est donné le plus dur des maîtres : concessions sur concessions, victimes sur victimes lui sont arrachées, jusqu'à ce qu'on le prenne lui-même pour dernière concession, pour dernière victime !

Les procédés dont on s'est servi pour rattacher à la monarchie sarde l'Italie méridionale, dépassent encore, par leur caractère brutal et inique, ceux employés pour les annexions des duchés et des Légations. Jamais, depuis l'époque des invasions des barbares ou des conquêtes musulmanes, on ne vit un semblable abus de la force, un semblable mépris des règles du droit, une telle infraction aux lois internationales qui président aux rapports des peuples civilisés et chrétiens.

Le roi de Piémont était en paix avec le roi des Deux-Siciles; ils avaient réciproquement leurs ambassadeurs accrédités à Turin et à Naples. François II faisait même alors les efforts diplomatiques les plus sincères près de Victor-Emmanuel, à l'effet de s'entendre amicalement avec lui et de travailler de concert, l'un au midi, l'autre au nord, à la grande œuvre de la pacification et de la liberté de l'Italie.

Tout à coup le bruit se répand que Garibaldi prépare une expédition contre la Sicile. Des représentations sont faites au cabinet de Turin; il y répond par des protestations de bonne amitié pour la royauté napolitaine, par le désaveu de toute participation aux manœuvres de Garibaldi, et par la promesse de s'opposer au besoin de vive force à l'exécution d'une entreprise tentée contre les possessions de Sa Majesté sicilienne.

Ce désaveu officiel n'en imposa à personne : la connivence de M. de Cavour apparut bientôt dans toute sa réalité. Il laissa Garibaldi recruter tranquillement ses soldats dans toute l'étendue de la monarchie piémontaise, s'embarquer à Gênes, au grand jour, avec son armée et son matériel de guerre, puis s'abattre comme un vautour sur la Sicile. Il ne lui fut pas difficile de s'emparer de l'île, d'y établir la domination du roi *galant'uomo*, car depuis longtemps les sociétés secrètes avaient préparé ce triomphe de l'insurrection, et l'or piémontais avait paralysé toute résistance en achetant les défections des généraux de François II.

Maître de la Sicile, Garibaldi se jeta sur le royaume de Naples; là aussi et plus qu'ailleurs la trahison, stipendiée par la Sardaigne, lui avait aplani toutes les voies, et ce fut sans coup férir qu'il s'avança vers la capitale napolitaine. François II s'était retiré derrière la ligne du Volturno; il avait résolu de concentrer sur ce point la résistance aux hordes garibaldiennes, afin d'épargner à la grande cité de Naples les calamités de la guerre. Et c'est ce jeune prince, aussi rempli d'humanité que de bravoure, que les révolutionnaires ont voulu flétrir en le surnommant le roi *Bomba!* Cette stupide épithète, accolée au nom d'un héroïque souverain, a servi à prouver une fois de plus que les armes les plus familières au parti de la révolution sont l'injure et la calomnie.

En quittant sa capitale par un motif de suprême bonté pour son peuple, François II avait en outre l'avantage de se dégager du réseau de trahisons qui l'enveloppait de toutes parts. Malgré de nombreux avertissements, malgré de trop certains indices, son ame droite n'avait pu croire à tant de duplicité. Mais l'illusion n'était plus possible désormais; il découvrait des traîtres jusque dans son entourage immédiat, jusque dans ses ministres qui se servaient de leurs fonctions et de la confiance mise en eux par le monarque, pour mieux saper les fondements de son trône.

De semblables défections révoltent le sentiment de l'honneur; elles sont un outrage pour la conscience de l'humanité, et elles donnent, hélas! une trop juste idée de l'abaissement des caractères, de l'abâtardissement des mœurs dans le midi de l'Italie.

A son arrivée à Naples, Garibaldi fut reçu par les propres ministres de François II, qui passèrent immédiatement sans pudeur du conseil du roi dans celui du *condottiere*. L'histoire, quelque dégoût qu'elle éprouve en présence de tels faits, doit cependant les mentionner, afin d'imprimer un stigmate de honte ineffaçable au nom et au front de tels hommes!

Jusque-là l'intervention du Piémont dans les

évènements de l'Italie méridionale était évidente, mais elle n'avait pas encore pris un caractère direct, officiel. On devinait la main de M. de Cavour dans ces intrigues savamment ourdies qui accumulaient les obstacles autour du jeune roi, et lui enlevaient peu à peu tout élément de résistance ; on la soupçonnait dans ces subsides d'argent et de matériel qui affluaient à l'armée de Garibaldi ; mais cette main ne s'était pas montrée ouvertement ; on pouvait encore la retirer à propos, et décliner toute solidarité dans l'entreprise en cas d'échec. Cette politique à double face ne pouvait pas pourtant se continuer longtemps. La nécessité d'une intervention directe de la Sardaigne se fit bientôt sentir, et les circonstances forcèrent tout à coup le cabinet de Turin à lever le masque et à prendre le rôle de l'action immédiate dans la révolution napolitaine.

La dictature de Garibaldi était aux abois, aussi bien sous le rapport politique que sous le rapport militaire.

Le parti révolutionnaire, on le sait, très apte à renverser, l'est peu à reconstruire. Quoi qu'en ait dit un ancien représentant de la Montagne au temps de la république française de 1848, on ne fait pas de l'ordre avec des principes et des éléments de désordre. Garibaldi n'a-t-il pas lui-même déclaré qu'il est exclusivement l'homme de l'action?

A Naples donc la désorganisation commençait à devenir complète. Les finances, naguère si florissantes, étaient indignement gaspillées par des hommes cosmopolites uniquement préoccupés du soin de leurs intérêts au détriment de la fortune publique; on se jetait sur les places comme sur une curée, et l'administration, tombée entre les mains de gens inexpérimentés et avides, succombait sous le poids de son impuissante nullité. L'anarchie, ce triste fruit de la surexcitation des passions populaires, régnait partout, dans les provinces comme dans la capitale, dans la rue comme dans les esprits, chez les gouvernés comme chez les gouvernants.

La situation ne se montrait pas plus brillante au point de vue des opérations militaires.

Le roi, délivré des perfides étreintes de la trahison, s'appuyant sur de nombreux bataillons restés fidèles malgré les défections de la plupart de leurs chefs, le roi, dis-je, tenait tête avec succès aux bandes garibaldiennes. Incapables de soutenir le choc d'une armée régulière, elles éprouvaient des revers successifs. Encore quelques jours, et le célèbre *condottiere* voyait s'évanouir le prestige de sa gloire militaire, François II rentrait triomphalement dans sa capitale.

Le moment était décisif pour M. de Cavour : il fallait agir directement et promptement, abandonner les voies ténébreuses, et entrer résolument dans celles des faits ; il fallait, en un mot, que le Piémont vînt peser de tout le poids de la puissance de ses armes dans la lutte engagée entre François II et Garibaldi. Autrement on devait renoncer à ces beaux projets unitaires depuis si longtemps caressés, et à la réalisation desquels on avait fait tant de sacrifices de tout genre. La proie allait échapper si on ne se hâtait de la saisir.

Mais on ne pouvait intervenir rapidement à Naples qu'en faisant passer l'armée sarde à travers les provinces obéissant encore au Saint-Père ; on devait trouver dans ces provinces, et disposée à valeureusement les défendre, une poignée de braves accourus de tous les points du monde catholique autour de la chaire de Pierre, et commandés par un général illustre. De plus on avait à redouter les foudres du Vatican, prêtes à être lancées sur la tête des envahisseurs des Etats de l'Eglise. Pauvres obstacles aux yeux d'un gouvernement qui ne reconnaît d'autre droit que celui de la force ! Le cabinet de Turin n'a-t-il pas l'habitude de se mettre au-dessus de ces vains scrupules de conscience ? L'excommunication ne l'a-t-elle pas déjà frappé à l'époque de l'annexion des Romagnes ? Il sait par expérience que les armes spirituelles de l'Eglise ne peuvent lutter avec succès contre la puissance des canons rayés dont il dispose.

Cependant, au moment de franchir la frontière de l'Etat pontifical, M. de Cavour se rappelle fort à propos qu'entre nations civilisées, il est d'usage de se déclarer la guerre avant d'entrer en campagne. On adresse donc au Saint-Père un ultimatum ; on le somme de licencier les troupes étrangères qui sont à son service ; un délai de trois jours lui est accordé pour obtempérer à la demande du Piémont ; en cas de refus, l'armée sarde commencera les hostilités.

C'était, il faut l'avouer, user d'un procédé peu respectueux envers le Père commun pour lequel on avait cependant plus d'une fois déclaré professer les plus tendres sentiments de vénération. D'ailleurs, que d'inconséquences, que de mensonges odieux renfermait cet ultimatum ! Comment ! on allait secourir Garibaldi dont l'armée n'était qu'un composé d'aventuriers venus de tous les coins de l'Europe, et on osait dire à Pie IX, l'auguste chef de la catholicité, pour lequel nul catholique n'est un étranger : « Renvoyez vos soldats, ils ne sont pas italiens ! » On appelait *vils mercenaires* ces jeunes volontaires, l'élite de l'aristocratie française, belge, allemande, irlandaise, qui n'avait d'autre mobile que son dévouement, d'autre récompense à espérer que l'héroïsme de sa foi! Ah! M. de Cavour, vous eussiez pu vous épargner le triste plaisir de faire précéder vos actes de violence par le langage de l'hypocrisie et de l'insulte ! Votre ultimatum dérisoire était si bien un pur prétexte même à vos propres yeux, vous aviez tellement hâte d'arriver à Naples en en finissant avec la domination du prêtre de Rome, qu'avant l'expiration des trois jours, avant de connaître la réponse du Saint-Siége, vous envahissiez ses États. Le général Cialdini s'avance dans les Marches et l'Ombrie, écrase à Spolète et Castelfidardo la petite armée pontificale, bombarde Ancône, et s'empare en conquérant du pays que devaient traverser ses troupes : moyen infaillible de leur ouvrir un passage.

Certaines personnes ont blâmé la manière d'agir du général de Lamoricière en cette circonstance. « Pourquoi, ont-elles dit, avec des forces si disproportionnées, avoir essayé de s'opposer à une armée puissante par le nombre et par le matériel de guerre? A quoi bon tenter le hasard des batailles, qui, dans de telles conditions, ne pouvait conduire qu'à un échec certain ?.... » Ces personnes n'ont de confiance que dans les gros bataillons et s'inclinent volontiers devant le succès ; si elles avaient vécu à l'époque des Thermopyles, elles se seraient rangées, je le suppose, du côté des innombrables phalanges de Xerxès, et auraient laissé tomber l'expression de leur dédaigneuse pitié sur les trois cents Spartiates de Léonidas.

Au point de vue militaire et au point de vue chrétien, M. de Lamoricière ne pouvait faire que ce qu'il a fait. Bien que la petite armée pontificale eût été créée uniquement dans le but de maintenir l'ordre à l'intérieur, et non dans celui de repousser une attaque du dehors qu'au moment de son organisation on ne pouvait supposer, cependant, en présence de l'invasion piémontaise aussi brutale qu'imprévue, un général et surtout un général français pouvait-il hésiter, quelle que fût d'ailleurs la quantité d'ennemis qu'il eût à combattre? « Je ne pouvais reculer, dit M. de Lamoricière dans son rapport, sans forfaire aux lois de l'honneur militaire, et sans m'exposer à n'être plus reconnu par mes anciens compagnons d'armes. » Si ce noble langage sied bien dans la bouche de tout chef d'armée, combien à plus forte raison n'est-il pas à sa place sur les lèvres du chef de l'armée du Saint-Siège! Quand on a l'honneur de donner à l'Eglise l'appui de son épée, comme elle on doit s'attendre à la lutte, à la défaite peut-être, et quelquefois au martyre. Mais ces défaites ne sont que momentanées, mais ces martyres sont féconds, mais le sang versé pour une telle cause produit tôt ou tard la victoire !

Que Cialdini passe donc sur vous en triomphateur, ô victimes de Castelfidardo ! n'enviez pas les faciles succès de la force et du nombre, car vous avez acquis la gloire qui s'attache à jamais à toute protestation poussée jusqu'à la mort en faveur du droit et de la justice. La postérité saluera avec un pieux respect la colline témoin de votre sublime hécatombe ; et le revers subi en défendant le patrimoine de l'Eglise immortalisera le nom de votre général, plus encore que les lauriers recueillis sur la rive africaine !

Nul obstacle n'entrave plus la marche de l'armée piémontaise : elle pénètre dans les Etats napolitains. Victor-Emmanuel vient se mettre lui-même à la tête de ses soldats ; il semble envier le triste honneur de violer le premier, sans déclaration de guerre, le territoire de son royal cousin. Le monarque sarde s'adressera, comme pour les duchés, au suffrage universel, afin de donner à son invasion une sorte de légitimité. Mais cette vaine parodie de l'appel au peuple, accomplie sous la terreur révolutionnaire et sous la pression des baïonnettes étrangères, n'enlèvera à l'attentat du sou-

verain aucune de ses flétrissures ! . . . . . .
. . . . . . . . . . . . . . . . . .
. . . . . . . . . . . . . . . . . .

Telles sont les étapes successives et glorieuses parcourues, en moins de deux ans, par la politique sarde, afin de parvenir au grand but de l'unité italienne !

Je me défie d'un but obtenu par de semblables moyens ; je ne crois pas à la solidité d'un édifice construit sur de telles bases.

Pour unifier l'Italie, il vous a fallu violer de solennels traités, ne tenir aucun compte des notions les plus vulgaires du droit des gens et de la conscience ; il vous faut aujourd'hui achever la spoliation du Saint-Père, le chasser de Rome, car sans Rome il n'y pas de royaume italien ; il vous faut renier tout le passé de la Péninsule, anéantir ses traditions, ses nationalités, déchirer une à une les pages de son histoire, détruire l'autonomie de tant de cités célèbres, faire décheoir Florence, Parme, Milan, Naples, Palerme, de leur rang de capitales à celui de simples chefs-lieux de préfecture, pour les rendre vassales d'un pouvoir forcément centralisateur et despotique ; il vous faut étouffer à coups de canon et de mitraille la voix des populations qui protestent contre un pareil système !

Et vous prétendez préparer ainsi la régénération de l'Italie ?..... dites plutôt sa conquête et son absorption au profit de votre ambitieux égoïsme ! — Inaugurer en son sein l'ère de la liberté ?... la liberté régulière n'a pas pour berceau l'oppression et la violence !..... Et vous voulez que Dieu bénisse une telle cause ?..... Jamais ! jamais ! Sa justice peut paraître assoupie, mais un jour elle s'éveillera terrible !.....

L'unité italienne ! mirage trompeur à travers lequel le regard non aveuglé n'aperçoit que des ruines !

Ah ! les sincères amis de l'Italie avaient désiré pour elle tout autre chose ! Ils pensaient que la vraie politique, la politique féconde et durable, celle qui fonde et non celle qui renverse, doit reposer avant tout sur le respect des traités et du droit; que le plus grand honneur et le plus grand bien pour l'Italie est de posséder le trône du souverain vénéré de deux cent millions de catholiques; qu'on pouvait, tout en maintenant distinctes les nationalités, les traditions et les gloires des divers États de la Péninsule, les réunir, par les liens d'une solide fédération, autour de la Papauté destinée à devenir un jour, comme elle le fut autrefois, la personnification sublime de la grandeur, de la force, de la liberté de l'Italie. Ils pensaient qu'une telle voie pouvait seule conduire cette noble contrée à la paix, au bonheur!

Malgré les tristes résultats accomplis à cette heure, malgré les sinistres pressentiments qui assombrissent l'avenir, malgré la récente capitulation de Gaëte, ce dernier rempart du droit et de la vie d'un peuple, ils gardent encore ces pensées, encore ces espérances. Oui, ils espèrent, car ils ne peuvent croire au long triomphe de l'erreur, de l'astuce, de la violence, et ils ont confiance en la force invincible des principes de vérité et de justice! Ils espèrent, car ils savent qu'à Naples, dans la chapelle du couvent de *Santa Chiara*, repose la dépouille d'une femme regardée et implorée comme une sainte par le peuple de la vaste cité; que, du haut du ciel, cette femme veille sur la nation dont elle fut la reine, et sur les destinées de François II, ce héros dont elle fut la mère! Ils espèrent enfin, car ils connaissent la promesse infaillible faite par Dieu lui-même à son représentant sur la terre : « *Tu es Pierre, et sur cette pierre je bâtirai mon Eglise, et jamais ne prévaudront contre elle les portes de l'Enfer!* . . . . . . . . .
. . . . . . . . . . . . . . . . . .
. . . . . . . . . . . . . . . . . .
. . . . . . . . . . . . . . . . . .

J'ai cru devoir, dans cet avant-propos, parler des graves complications survenues récemment en Italie et en Sicile, et faire dès le début cette part et cette concession aux tristes préoccupations du moment, afin de ne pas avoir à y revenir plus tard. Car ce livre n'est point un livre politique ; il n'a pas de si hautes prétentions. C'est tout simplement le recueil des notes, des souvenirs d'un voyageur qui a étudié la Sicile au point de vue de son glorieux passé, de ses monuments, de ses ruines, de ses arts, de sa nature, toutes choses sur lesquelles, grâce à Dieu, les révolutions n'ont pas de prise !...

*Mars 1861.*

# SOUVENIRS
### D'UN
# VOYAGE EN SICILE.

## CHAPITRE I.

De Naples à Messine. — Messine.

Le 25 septembre 1846, m'embarquant avec un ami dévoué, Ch. de la M., sur le bateau postal qui se rendait à Messine, je quittais Naples et je parcourais encore une fois son golfe enchanteur, l'un des plus beaux du monde.

C'est de la mer qu'on peut le mieux apprécier la merveilleuse position de cette ville, mollement assise, comme une reine, sur les gracieux contours du rivage, et dominée par un amphithéâtre de collines verdoyantes couvertes de blanches villas!

D'un côté les derniers rayons du soleil couchant

*Golfe de Naples.*

semblaient faire nager les îles d'Ischia et de Procida dans un océan de lumière, tandis que de l'autre le Vésuve, étalant ses flancs sombres et dénudés, cachait sa tête superbe sous un voile épais de fumée et de nuages.

Debout sur le pont du navire, mes yeux ne pouvaient se détacher de ce magnifique tableau! L'ombre de la nuit n'envahissait qu'avec lenteur les rives du golfe, et je pus longtemps saluer du regard Herculanum, Pompéï, cités où la vie romaine est prise sur le fait, Castellamare avec ses frais ombrages, Sorrente, doux pays où le Tasse passa son enfance au milieu des bosquets d'orangers, et vers lequel dut se tourner plus d'une fois la pensée du poète persécuté et proscrit.

Bientôt nous eûmes doublé la pointe de l'île de Capri, dont le nom seul rappelle l'affreux souvenir de Tibère, et nous entrâmes dans le golfe de Salerne. A dater de ce moment le vent s'éleva, la mer devint agitée, elle fut telle toute la nuit.

Rien, à mon avis, ne peut donner une plus haute idée de la grandeur infinie de Dieu et de l'énergique puissance de l'homme comme l'aspect d'une mer furieuse. Naviguer sur des flots paisibles, c'est naviguer sur un lac immense ; mais voir un frêle esquif lutter contre les vagues, montagnes d'eau qui se succèdent sans fin ! le sentir soulevé jusqu'à leur cime, puis retomber avec elles prêt à s'engloutir dans le gouffre entr'ouvert de l'onde ! assister aux efforts incessants de ce faible point noir paraissant et disparaissant au milieu des abîmes, et cependant continuant, sans s'égarer, sa route vers le port!..... Ah! qui ne comprendrait la sublimité de ce spectacle? En révélant à l'homme le pouvoir incommensurable du Créateur, il lui montre en lui-même le plus haut reflet de l'intelligence et de l'action divines!

Le matin, au réveil, nous avions en vue les îles Lipari ou îles Eoliennes, au milieu desquelles celle de Stromboli dresse sa cime volcanique et fumante, qui semble être sortie des flots, poussée par la violence d'un tremblement de terre sous-marin. Les premiers rayons du soleil éclairaient le volcan qui ne jette plus de flammes; ses flancs sont couverts de villages. La population de Stromboli s'élève à six mille ames. *[Iles Lipari.]*

Peu de temps après avoir dépassé le groupe des îles Eoliennes, nous aperçûmes dans un lointain vaporeux les côtes de la Sicile, longue ligne noire, d'abord presque au niveau des flots, puis s'élevant peu à peu à mesure que le navire s'avançait vers elle.

De loin, on ne soupçonne pas l'existence du détroit de Messine, tant est petite la distance qui sépare la Calabre de la Sicile! mais en approchant, on finit par découvrir la passe resserrée qui conduit les vaisseaux dans la mer Ionienne. L'étroitesse du canal de Messine a fait supposer à plusieurs géologues qu'autrefois la mer ne séparait pas la Calabre et la Sicile : quelle que soit la valeur de cette hypothèse, sur laquelle il ne m'appartient pas de me prononcer, il est certain que les couches de terre, les angles rentrants et sortants s'accordent parfaitement de chaque côté du détroit. *[Détroit de Messine]*

Presque à l'entrée du canal se trouvent les écueils

si redoutés des anciens, Charybde et Scylla; leur voisinage a sans doute donné naissance au proverbe vulgaire: « tomber de Charybde en Scylla. » Ce dernier est un énorme rocher qui s'avance dans la mer et sur lequel s'élève un pittoresque village. Quant à Charybde, c'est une sorte de gouffre où l'eau tourbillonne, mais qui n'est pas à craindre aujourd'hui, même pour des barques de pêcheurs. L'effroi que Charybde inspirait aux anciens tenait plutôt à l'idée mythologique attachée à ce gouffre qu'à la réalité même du danger : on croyait que Jupiter avait précipité dans cet endroit de la mer la nymphe Charybde, pour la punir d'avoir voulu voler les bœufs d'Hercule traversant ces parages.

L'aspect du détroit de Messine est magique : les côtes de Calabre, montagnes arides, tourmentées par les volcans, forment la gauche du tableau; celles de Sicile, collines fertiles et ombragées, au bas desquelles s'étend Messine, forment la droite. Entre ces deux lignes d'abord parallèles, mais qui s'éloignent peu à peu davantage l'une de l'autre, on aperçoit la mer Ionienne aux flots azurés comme le ciel : des barques, des navires la sillonnent presque sans relâche, et jettent une animation incessante sur ces rivages!

Le phare est situé à l'entrée du détroit, là, ce détroit présente à peine trois milles de largeur; un peu plus loin se trouve le magnifique port de Messine formé par une jetée naturelle qui le sépare de la mer, et en fait un des abris les plus sûrs pour les vaisseaux. Ce port malheureusement n'est point fréquenté comme il pourrait, comme il devrait l'être : car quelle admirable position que celle de Messine, la clef de deux mers, le chemin de la Grèce, de Constantinople, de l'Egypte et des Indes!

Les quais de Messine sont fort beaux, ses rues larges et alignées. Ville toute neuve, elle n'a pu encore achever ses édifices publics : elle renaît à peine des ruines dont la couvrit l'affreux tremblement de terre de 1789 qui la détruisit de fond en comble ; ses habitants échappés à la mort n'y croient plus ; les fils ont reconstruit leurs demeures à l'endroit même où fut renversée la demeure de leurs pères!

*Aspect général de la ville.*

L'homme agit ainsi par oubli du passé, par insouciance de l'avenir, et je n'hésite pas à regarder cette insouciance comme providentielle : la vie deviendrait-elle possible si l'on pensait aux dangers incessants qui la menacent?

Mais ce fait, étrange en apparence, d'une ville rebâtie sur les débris d'une ville, a pour principe une raison mystérieuse plus puissante encore. Dieu grava dans le cœur de l'homme un sentiment profond, irrésistible qui l'attache à la terre natale, quelque ingrate qu'elle soit, et au toit des aïeux quelle qu'en soit la misère. Ce sentiment inné qui, par l'amour du sol, constitue la solidarité des races, fonde et perpétue la famille, la cité, la patrie; c'est lui qui défend l'indépendance d'un peuple, lui qui répare les ravages occasionnés par la main des hommes et du temps ou par les grandes catastrophes de la nature.

Messine n'a point de monuments. Il faut cependant excepter l'église cathédrale, dont la façade est

*Cathédrale.*

dans le style ogival ; les riches colonnes et les arcades qui forment la nef principale, donnent à l'édifice un véritable cachet byzantin. On doit remarquer, au chœur et à deux autels latéraux, trois mosaïques aux figures de grandeur colossale.

Cette pénurie de monuments me fit séjourner peu de temps à Messine; j'avais hâte de continuer mon voyage.

Messine et Palerme sont situées presque aux deux extrémités de la Sicile, et distantes par conséquent l'une de l'autre de quatre-vingts à cent lieues environ.

Pour se rendre de Messine à Palerme, on peut choisir entre trois routes, trois directions différentes. La première, suivant la côte septentrionale de l'île par des sentiers tracés sur le flanc des montagnes, offre dans son parcours peu de lieux, peu de souvenirs dignes d'intérêt ; la seconde, la plus directe et la seule carrossable, traverse l'intérieur de la Sicile ; mais elle laisse également de côté la plupart des cités importantes, la plupart des monuments faits pour captiver l'attention du voyageur. La troisième route, qui côtoie presque toujours le rivage méridional, qui passe aux pieds de l'Etna, traverse Catane, Syracuse, Agrigente, doit donc incontestablement obtenir la préférence, car elle montre à chaque pas les traces de l'antique grandeur sicilienne.

Mais avant de visiter ces lieux si féconds en souvenirs, peut-être conviendra-t-il de jeter un coup d'œil rapide sur le passé de la Sicile, de dire en peu de mots ce qu'elle fut autrefois, avant de voir ce qu'elle est aujourd'hui. On comprend mieux les ruines, quand la lumière de l'histoire se reflète sur elles !

## CHAPITRE II.

### Aperçu de l'histoire de Sicile.

Par son étendue, la douceur de son climat, la fertilité de son sol, la sécurité de ses ports, en un mot par sa situation merveilleuse entre l'Europe et l'Afrique, au sein de cette mer intérieure presque aussi fréquentée dans l'ère antique que dans l'ère moderne, la Sicile fut de tout temps une terre de convoitise, un but de conquêtes pour les nations voisines. Aussi, son histoire n'est-elle à proprement parler que l'histoire des invasions incessantes de peuples qui implantent tour à tour dans cette île leur domination.

Les premiers habitants de la Sicile dont l'histoire fasse mention, sont les Sicanes ou Sicaniens, que l'on croit venus de l'Ibérie; la Sicile, appelée jusque-là Trinacrie, à raison de sa forme triangulaire, reçut de ses nouveaux hôtes le nom de Sicanie. *Les Sicanes.*

Mais les Sicanes ne restèrent pas longtemps possesseurs tranquilles de ces rivages; les Sicules, peuple d'Illyrie, ayant fait une descente en Italie et en ayant été chassés par les Liguriens, vinrent chercher un refuge dans l'île occupée par les Sicanes. Après une longue suite de guerres entre ces deux nations, les Sicules furent définitivement vainqueurs ; ils éten- *Les Sicules.*

dirent leur domination sur le pays tout entier qui désormais prit et garda leur nom. On attribue à ces seconds conquérants la fondation des plus anciennes villes connues de la Sicile, telles que : Erix, Entelle, Ségeste, Zanclé, appelée plus tard Messane et finalement Messine.

Les Sicules éprouvèrent à leur tour la destinée imposée par eux aux Sicanes, l'invasion et la guerre que leur apportait un peuple puissant par ses armes et sa civilisation.

*Colonies grecques.* La Grèce, qui occupa un espace si étroit dans le monde, mais qui sut enfanter tant de gloire, la Grèce, six à sept cents ans avant J.-C., était déjà parvenue à un haut degré de splendeur ; il y avait chez elle comme un trop plein de population et de vie, que sa propre conservation lui faisait une loi de déverser sur les autres peuples. La civilisation, partie de l'Orient, semble avoir choisi la Grèce comme son centre, comme son foyer lumineux d'où elle rayonne sur le reste de l'univers. De nombreux vaisseaux quittent les ports du Péloponèse, s'en vont aborder aux divers rivages de la Méditerranée, et y déposent des essaims d'émigrants venant chercher la richesse, l'abondance que ne pouvait plus leur donner le sein de la patrie. C'est ainsi que les colonies grecques couvrent le littoral de l'Asie Mineure, s'établissent dans la partie méridionale de l'Italie, appelée désormais Grande-Grèce, et qu'elles se pressent également en foule sur les côtes de Sicile.

L'histoire ne résoud que d'une manière vague et fort incertaine la question de savoir quels furent les rapports des colonies grecques avec les Sicules. On peut raisonnablement présumer qu'après de longues guerres, ces derniers, refoulés dans l'intérieur du pays, allèrent se réfugier au sein des lieux les plus inaccessibles. Toujours est-il qu'en peu de temps les rivages siciliens se couvrirent à l'envi de cités florissantes ; car en échange du coin de terre cédé ou conquis, la colonie grecque apportait avec elle les lois, les usages, les arts, en un mot la civilisation de la mère-patrie.

Parmi les villes de Sicile bâties par les Grecs, on doit citer Naxos, Hybla, Taormine, Géla, Enguyum, Tindaris ; elles devinrent à leur tour le point de départ de nouvelles colonies, et la métropole de nouvelles cités : Sélinunte dut sa fondation à une colonie d'Hybla ; la superbe Agrigente, à une colonie de Géla ; Catane et Léontium, à des colonies de Naxos. Syracuse, destinée à devenir la capitale et la reine de la Sicile, tira, dit-on, son origine, environ sept cent cinquante-cinq ans avant J.-C., d'une colonie de Corinthiens qui s'établit à l'embouchure du fleuve Anapo et près des marais appelés *Syraco*. {Fondation des principales villes de Sicile.}

Toutes ces colonies grecques, suivant en cela l'exemple de la mère-patrie, se gouvernèrent d'abord par elles-mêmes et adoptèrent une constitution démocratique. Le pouvoir législatif était exercé par les citoyens qui délibéraient sur la place publique, et qui déléguaient le pouvoir exécutif, pour un temps fort court et déterminé, à quelques-uns d'entre eux choisis par l'élection. Mais le gouvernement républicain est celui de tous les gouvernements qui présente le moins {Gouvernement adopté par les colonies grecques.}

d'éléments de stabilité ; en offrant à tous la possibilité d'arriver à la souveraine puissance, il donne libre carrière à la passion qui a naturellement le plus de prise sur le cœur de l'homme, la passion de dominer sur ses semblables. Quand cette passion n'a plus de frein, elle exerce un empire exclusif sur tous les citoyens, elle envahit tous les rangs, toutes les classes, toutes les positions, elle subjugue toutes les intelligences, jusqu'aux plus humbles, aux plus obscures : tout lui est sacrifié, les sentiments les plus nobles comme les instincts les plus généreux ; l'intrigue règne partout dans la cité ; de là des rivalités, des conspirations qui finissent par aboutir à des révolutions terribles et souvent sanglantes.

Je conçois que, théoriquement parlant, le gouvernement républicain ait pu séduire, car il est l'application de ces mots fameux du testament d'Alexandre : « Je laisse le pouvoir au plus digne. » Mais on sait ce qu'il advint de l'empire du héros macédonien, et les esprits les plus confiants dans les destinées des gouvernements populaires devraient perdre toute illusion en présence des données unanimes de l'histoire ; elle nous enseigne presque à chaque page que dans l'État républicain, ce ne sont pas les plus dignes, les plus capables qui arrivent au pouvoir, mais bien les plus intrigants, les plus audacieux, souvent les plus médiocres et les plus méprisables. Fatalement, les gouvernements populaires tombent dans la licence et l'anarchie ; or, comme une société a avant tout besoin d'ordre, l'anarchie entraîne forcément après elle le pouvoir d'un seul pour y mettre fin.

Ces courtes réflexions générales sur les constitutions démocratiques, résument l'histoire des gouvernements populaires des colonies grecques en Sicile. Les discordes intestines et aussi le besoin de se défendre contre les empiètements des cités voisines devenues rivales par le développement du commerce et de la population, les amenèrent à concentrer la puissance souveraine dans une seule main, afin que son action plus énergique arrêtât la licence intérieure et les hostilités des États limitrophes.

Parmi les hommes auxquels les Siciliens déléguèrent ainsi le pouvoir suprême, les uns se montrèrent à la hauteur de leur mission : tels furent Gélon et Timoléon à Syracuse. Les autres devinrent les oppresseurs de leur peuple, et se conduisirent en véritables tyrans dans toute l'acception du mot. La tyrannie paraît à la longue aussi intolérable que la licence ; les abus du pouvoir, qu'ils viennent d'un seul ou de tous, sont également odieux.

Il y eut donc en Sicile une fluctuation incessante du régime démocratique au régime de la tyrannie, et réciproquement de ce dernier à la domination de la multitude. Ces changements répétés amenèrent des guerres civiles qui énervèrent le pays, et permirent aux nations étrangères de s'introduire dans son sein.

La Sicile, voisine de l'Afrique, était depuis longtemps déjà un objet de convoitise pour Carthage, qui désirait faire de cette île riche et fertile l'entrepôt de son commerce immense ; aussi ne laissait-elle passer aucune occasion de s'immiscer dans les affaires intérieures des Siciliens. Les Carthaginois, en prenant parti pour une cité en guerre avec une autre cité, envoyaient des troupes au secours de leur alliée, ces troupes, débarquées et maîtresses de quelque partie du rivage, ne le quittaient plus, et, sous le prétexte d'attaquer les possessions de la cité ennemie, elles gagnaient peu à peu du terrain dans l'intérieur de l'île. Les lieux occupés, une fois fortifiés, devenaient le point de départ de nouvelles excursions militaires et de nouveaux agrandissements. Autrefois, comme aujourd'hui, le rôle de protecteur a toujours été le meilleur acheminement à celui de conquérant.

Carthage, pourtant, se départit un jour de cette voie lente mais sûre d'arriver à son but. Impatiente de régner promptement en souveraine sur la Sicile, elle abandonna la politique expectante suivie par elle jusque-là; résolue à frapper un grand coup, elle se lança dans un vaste système d'hostilités où le hasard avait plus de prise que la prudence. Il lui en coûta cher ! Craignant les secours que les cités siciliennes pouvaient recevoir de la Grèce, leur mère-patrie, les Carthaginois firent alliance avec Xerxès, roi des Perses, et convinrent d'envahir la Sicile, tandis que lui-même se jetterait sur la Grèce. Mais le jour où les Grecs triomphaient à Salamine de l'armée innombrable de Xerxès, Gélon détruisait sous les murs d'Himère trois cent mille Carthaginois commandés par Amilcar. Leurs dépouilles enrichirent Syracuse, Himère, Agrigente, et c'est à dater de cette époque que ces villes se couvrirent des monuments magnifiques dont les ruines imposantes demeurent encore debout !

*Bataille d'Himère.*

Désormais, et pour un peu de temps du moins, tranquille du côté de Carthage, la Sicile vit bientôt un orage terrible se former contre elle à un autre point de l'horizon. La Grèce commençait à porter un regard jaloux sur l'immense développement de ces colonies, qui, parties de ses rivages, étaient venues déposer aux rivages siciliens les germes féconds de sa civilisation ; elle craignait une concurrence redoutable pour son commerce, de la part d'une île dont la prospérité prenait dès le début un tel essor. Ne se laissant pas arrêter par la considération que cette prospérité était l'ouvrage de ses propres enfants, la Grèce résolut de prendre pied en Sicile et de réduire sous sa domination un pays complètement indépendant de la mère-patrie.

*Les Athéniens portent la guerre en Sicile.*

Les Athéniens, nation la plus mobile et la plus susceptible d'entraînement que l'on vit jamais, étaient ceux des divers peuples helléniques qui désiraient avec le plus d'ardeur cette conquête d'outre-mer. Le moment était favorable, puisque Carthage vaincue ne pouvait alors leur disputer la possession de la Sicile. Un prétexte d'hostilité ne leur manqua pas. Ségeste et Sélinunte étaient en guerre, Syracuse avait pris parti pour Sélinunte, et Ségeste, ne pouvant plus résister aux forces nombreuses de ces deux puissantes cités, envoya des ambassadeurs au peuple d'Athènes pour lui demander du secours. Il y eut parmi les Athéniens de longs débats sur la réponse à faire aux envoyés des Ségestains ; les plus sages opinaient pour qu'on ne se lançât pas dans les dangers d'une expédition aussi lointaine ; mais au sein des gouvernements populaires, que peuvent la sagesse et le bon sens contre les entraînements irréfléchis de la multitude ? L'éloquence d'Alcibiade subjugua tous les esprits. La guerre contre Syracuse et Sélinunte fut résolue ; on donna le commandement de cette expédition difficile à trois généraux : Nicias, Alcibiade, Lamachus.

<small>Siège de Syracuse.</small>

Syracuse fit ses préparatifs de défense, recruta des alliés parmi les principales villes de la Sicile, puis attendit les Athéniens. Ceux-ci, après un heureux débarquement, marchèrent sur Catane ; Alcibiade, seul, sans escorte, se rend au théâtre, y harangue le peuple et conquiert la ville par le seul prestige de sa parole.

Ce premier succès obtenu, les Athéniens se disposaient à agir contre Syracuse, quand la jalousie de ses concitoyens, qui ne cessait de poursuivre Alcibiade, le fit rappeler. La fortune sembla dès lors abandonner l'armée grecque. Etant venue mettre par terre et par

<small>Levée du siège et défaite des Athéniens.</small>

mer le siège devant Syracuse, les habitants de cette ville repoussèrent pendant une année entière les efforts des Athéniens ; ils virent leur flotte anéantie par la flotte syracusaine, et les quarante mille hommes qui composaient leur armée de terre, tués ou faits prisonniers ; parmi les morts se trouvèrent deux de leurs généraux, Nicias et Démosthènes.

La Sicile fut donc préservée, par le courage persévérant de Syracuse, de l'invasion athénienne, comme elle avait été précédemment sauvée par Gélon de l'invasion carthaginoise. Mais il était plus facile de mettre un terme aux agressions de la Grèce qu'à celles de Carthage dont le voisinage, dont la puissance extensive ne pouvait manquer, un jour ou l'autre, de devenir fatale à la Sicile. La cité africaine épiait la moindre occasion favorable pour s'élancer sur une proie si ardemment désirée, cette occasion vint encore de Ségeste, ville qui semble avoir été en possession constante du triste rôle d'appeler la domination étrangère sur les rivages siciliens. *Seconde invasion des Carthaginois*

Ségeste, toujours en guerre avec Sélinunte, et ayant vu si tristement avorter son alliance avec les Athéniens, se tourna du côté des Carthaginois; ils répondirent avec empressement à l'appel qui leur était adressé, et Annibal, le petit-fils de ce même Amilcar tué à la bataille d'Himère, vint mettre le siège devant Sélinunte. Cette ville fut emportée d'assaut le dixième jour du siège, détruite de fond en comble, et ses habitants passés au fil de l'épée. Himère, où Annibal avait à venger la défaite et la mort de son grand-père, essuya le même sort. Telle aussi fut la destinée de la seconde ville de Sicile, la molle et superbe Agrigente. *Prise de Sélinunte, d'Himère, d'Agrigente.*

La Sicile paraissait donc devoir tomber tout entière sous la domination carthaginoise, qui, semblable à un torrent impétueux, engloutissait les villes les plus florissantes, ne laissant d'autres traces de son passage que des monceaux de ruines! Syracuse seule avait pu se préserver jusque-là de l'invasion africaine. Mais les Carthaginois, maîtres de la majeure partie de l'île, ne pouvaient pas ne pas ambitionner la possession de la capitale de la Sicile.

Cette ville obéissait alors à Denys, dont la tyrannie est devenue proverbiale. Issu des plus basses classes de la société, il parvint au pouvoir suprême à force de *Denys l'Ancien, tyran de Syracuse.*

menées, de flatteries, d'intrigues. Une fois le maître de ses concitoyens, sa nature vile et cruelle sortit du sommeil dans lequel l'avait tenue l'ambition; ce fut par la violence, la prison et l'exil qu'il s'efforça de conserver un trône acquis par la souplesse et l'habileté.

Du reste, il y avait chez cet homme un mélange singulier de vices et de vertus, de petitesse et de grandeur. Il n'était point dépourvu de bravoure et savait payer de sa personne quand il fallait défendre ses États. Qu'il agît ainsi par égoïsme plus encore que par un patriotisme véritable, est chose fort probable; mais il ne convient pas de trop scruter le mobile des bonnes actions humaines, surtout des bonnes actions d'un tyran.

Denys s'effrayait des prodigieux développements de la puissance carthaginoise; il voyait Syracuse menacée, par ces voisins dangereux, de la même destinée que celle de tant de villes déjà conquises. Sa prudence consommée, en lui faisant prévoir l'orage, l'engagea à le conjurer et lui inspira la résolution de créer, autour de chaque quartier de Syracuse, la plus formidable enceinte qui ait jamais entouré ville de l'antiquité.

*Siège Syracuse les Carginois.* Ces préparatifs de défense achevés, Denys attendit avec confiance les Carthaginois; la flotte de ces derniers cingla vers Syracuse, détruisit la flotte ennemie, s'empara des trois ports que renfermait cette puissante cité, tandis qu'Imilcon, à la tête d'une nombreuse armée, vint mettre par terre le siège devant la ville. Les Syracusains se défendirent avec opiniâtreté, et tentèrent de vigoureuses sorties qui harcelaient sans relâche les assiégeants. Une peste horrible, qui se mit dans les rangs des Carthaginois, où elle moissonna une grande quantité de victimes, vint en aide à Syracuse. Ses habitants attribuèrent le fléau à la colère des dieux irrités des profanations commises par les Carthaginois sur les temples et les tombeaux qui entouraient la ville. Se croyant forts de la protection du ciel, ils s'élancèrent intrépidement hors des remparts sous la conduite de Denys, et fondirent sur l'armée assiégeante dont ils firent un affreux carnage. On prétend que les Carthaginois perdirent près de cent cinquante mille hommes. Imilcon, leur général, courut cacher sa honte en Afrique, où il se laissa mourir de faim.

Syracuse avait encore une fois sauvé la Sicile.

Timoléon, un des successeurs de Denys, continua à tenir les Carthaginois éloignés du centre de l'île et à les refouler dans la partie occidentale ; mais après sa mort, et sous le règne de princes indignes d'occuper un trône, la Sicile se vit en proie à des discordes intestines sans cesse renaissantes, qui, en l'épuisant, la mirent hors d'état de résister aux invasions carthaginoises.

Ne sachant plus se défendre contre l'étranger, elle appela à son secours Pyrrhus, roi d'Épire. Il soutenait alors en Italie cette guerre fameuse dont Rome fut sur le point de subir toutes les rigueurs. *Pyrrhus en Sicile.*

Pyrrhus, un des capitaines les plus illustres de l'antiquité, avide de conquêtes et surtout de gloire, semblait toujours à la recherche de quelque théâtre nouveau pour ses exploits. Ce grand gagneur de batailles mettait volontiers son épée au service de quiconque en réclamait l'appui, trop heureux de saisir l'occasion de promener dans le monde le cours de ses victoires. Il répondit avec empressement à l'appel de la Sicile, s'y transporta avec ses troupes, et après une brillante campagne, dans laquelle il montra son habileté et son courage, le jeune roi d'Épire conquit toutes les cités de l'île, à l'exception de Lylibée restée au pouvoir des Carthaginois.

Maître de la Sicile, Pyrrhus ne put y demeurer longtemps inactif ; les douceurs de la paix n'étaient pas faites pour cette nature ardente, qui, poursuivie sans relâche par le génie des combats, ne se trouvait dans son élément qu'au milieu de la mêlée et du bruit des armes. Il songea à transporter la guerre en Afrique et à frapper la puissance carthaginoise dans son centre, dans sa capitale, voulant réaliser ce qu'Agathocle, un des tyrans de Syracuse, avait vainement tenté quelques années auparavant, et ce qu'il ne fut donné plus tard qu'à Scipion l'Africain d'accomplir.

Cette expédition périlleuse et lointaine, sur un continent où il n'avait pas encore pénétré, souriait à l'imagination ardente du roi d'Épire; mais, au moment de s'embarquer, le désordre se mit dans ses troupes, et des germes de révolte éclatèrent en même temps au sein des villes soumises à son sceptre. Le vaillant capitaine se trouva donc obligé de renoncer à ses projets contre Carthage. Découragé d'ailleurs de voir pâlir son étoile, et perdant habituellement ses conquêtes aussi facilement et aussi vite qu'il remportait des victoires, Pyrrhus abandonna la Sicile, la désignant comme le futur champ de bataille qu'il laissait ouvert aux Romains et aux Carthaginois.

Sa prédiction ne tarda pas à s'accomplir. Quand un pays ne peut plus se défendre lui-même, quand il a besoin des secours de l'étranger pour ramener l'ordre dans son sein, l'asservissement est proche.

Un protecteur se transforme vite en maître ; d'ailleurs, pour un peuple rongé par l'anarchie, la conquête n'est-elle pas une nécessité et un bienfait ?

La Sicile, resserrée entre deux puissances semblables à Rome et Carthage, ne pouvait manquer de devenir tôt ou tard la proie de l'une ou de l'autre. Le sort des États faibles consiste à être longtemps convoités et finalement absorbés par les États voisins parvenus à un haut degré de force et de prospérité.

Rome, maîtresse de l'Italie, se sentit bientôt à l'étroit dans la Péninsule ; elle se croyait appelée par le destin à conquérir l'univers, et Carthage était seule, à ses yeux, capable de lui en disputer l'empire. Après s'être observées longtemps, avant d'en venir aux mains, les deux cités engagèrent ces luttes longues et terribles auxquelles on donna le nom de guerres Puniques. *Rivalité de Rome et de Carthage.*

Le champ de bataille de la première guerre punique fut la Sicile, car cette île formait, pour ainsi dire, la première étape du chemin que Rome avait à parcourir pour arriver jusqu'à sa rivale. *La Sicile, théâtre de la première guerre punique.*

Un prétexte suffit aux Romains pour s'immiscer dans les affaires des Siciliens. Les Carthaginois assiégeaient Messine, dont les habitants, réduits aux abois, implorèrent l'assistance de Rome. Après une longue délibération, le sénat décida qu'on enverrait des secours. Appius Claudius, chargé du commandement *Victoires des Romains* de cette expédition, défit complètement les Carthaginois, les força à se retirer au midi et à l'ouest de l'île, et s'empara successivement de Ségeste, Catane, Taormine, ainsi que d'un grand nombre d'autres villes. Agrigente ouvrit ses portes au consul Valérius, qui eut à Rome les honneurs du triomphe, et rapporta de son expédition deux ouvrages d'art, inconnus jusque-là à ses concitoyens, un cadran solaire horizontal, et un tableau représentant la victoire des Romains sur les Carthaginois près de Messine. Le consul Duilius remporta, non loin des côtes de Sicile, la première victoire navale gagnée par la flotte romaine ; ce fut pour en perpétuer la mémoire qu'on éleva dans Rome cette colonne rostrale respectée par les siècles. Panorme, depuis Palerme, et Lylibée, les deux derniers remparts de la puissance carthaginoise en Sicile, finirent par tomber sous les coups des Romains, qui, 243 ans avant J.-C., devinrent ainsi maîtres de l'île, à l'exception pourtant de Syracuse.

Cette ville, grâce à l'habileté de Hiéron, son souverain, avait su conserver son indépendance au milieu du formidable conflit de Rome et de Carthage. Hiéron, en voyant les victoires des Romains en Sicile, s'était déclaré leur allié, et avait pu soustraire, au moins pendant sa vie, ses États à leur domination. Mais, à sa mort, l'anarchie s'étant mise dans Syracuse, les Romains résolurent d'en profiter pour réunir à leur empire la seule ville qui jouît encore en Sicile de sa liberté.

*Siège de Syracuse.* Le siège de Syracuse par les Romains est un des sièges les plus mémorables de l'antiquité, et la prise de cette cité par le consul Marcellus eut pour résultat de faire de la Sicile entière une province romaine, soumise à un préteur et à un questeur. *La Sicile devenue province romaine.*

Grâce à la paix, l'agriculture et le commerce se développèrent d'une manière merveilleuse dans cette île qui fut désormais la plus riche, la plus fertile des colonies romaines ; de nombreux esclaves y vinrent en foule solliciter une terre féconde ; elle mérita le surnom de grenier de l'Italie.

La Sicile suivit les destinées de l'empire romain, et quand cet empire, auquel il ne restait plus rien à conquérir, s'écroula peu à peu sous le poids de sa propre puissance trop vaste pour ne pas engendrer la faiblesse, la Sicile fut, comme les autres parties de l'immense colosse, exposée aux invasions des Barbares. Bélisaire la rattacha au sceptre des empereurs grecs de Constantinople, mais leur domination, malgré des luttes et des efforts incessants, ne put s'y maintenir ; il lui fallut faire place aux Goths, aux Vandales, puis enfin aux hordes sarrasines qui, après une guerre d'extermination, firent passer l'antique Trinacrie sous le joug des enfants de Mahomet. *Dominations successives qui s'étendent sur la Sicile depuis les Romains jusqu'à la monarchie bourbonienne.*

La domination des Sarrasins peut être considérée comme le tombeau de l'ancien monde, et la fin de cette domination comme l'aurore d'un monde nouveau. C'est alors que commence véritablement ce qu'on peut appeler l'histoire moderne de la Sicile. Elle s'ouvre par l'établissement de la monarchie normande, se continue par le règne de la maison de Souabe, le court passage de la dynastie angevine, et l'avènement de la maison d'Aragon.

La Sicile, après avoir été longtemps vice-royauté espagnole, vit désormais ses destinées unies à celles de Naples, lorsqu'en 1734 l'infant d'Espagne, don Carlos de Bourbon, devint roi de Naples et de Sicile sous le nom de Charles III.

Ce court résumé historique nous montre la Sicile presque toujours envahie et conquise : peuplée par des colonies grecques, elle fut, depuis, tour à tour carthaginoise, romaine, sarrasine, normande, française, et finalement espagnole. Si, au point de vue politique, il est à regretter que, par une fatalité de sa situation, ce beau pays ne se soit, pour ainsi dire, jamais appartenu ; au point de vue de l'intérêt artistique et des souvenirs, on peut se féliciter de la domination successive de tant de peuples, qui ont laissé de leur passage des monuments si divers et des traces ineffaçables.

Ce sont ces traces que nous allons maintenant chercher et retrouver presque à chaque pas, en reprenant le bâton du voyageur que nous avions laissé momentanément pour faire cette digression dans le domaine de l'Histoire.

## CHAPITRE III.

### Taormine.

Des trois routes que l'on peut suivre pour aller de Messine à Palerme, la plus intéressante, je le répète, est celle qui longe le rivage méridional de la Sicile ; nous l'avions tout naturellement choisie de préférence aux deux autres. Nous quittâmes Messine, à la nuit tombante, par une de ces belles soirées inconnues dans nos pays du nord. Le chemin suivait d'un côté les sinuosités du rivage où venaient expirer les flots d'une mer paisible, et de l'autre était limité par une grande ligne de rochers aux flancs dentelés et sombres ; l'air arrivait empreint de parfums et de fraîcheur. La lune, en répandant sur le paysage sa clarté mystérieuse, faisait flotter les objets d'alentour dans une transparence vaporeuse, incertaine, et leur donnait des formes fantastiques, parfois étranges. Ainsi les cactus, qui sous le climat de Sicile parviennent à une grande hauteur, ressemblaient, éclairés par les rayons nocturnes, à des rangées d'hommes debout et immobiles sur les bords de la route. Une imagination prompte à s'effrayer eût cru voir facilement, dans ces plantes inoffensives, une formidable réunion de bandits, postés là pour surprendre le voyageur attardé ;

*Route de Messine à Taormine.*

supposition d'ailleurs fort admissible en Sicile, où le brigand existe encore autrement qu'à l'état de rêve et de souvenir ! Absorbé par la contemplation de cette nuit ravissante, je ne songeais guère à la possibilité d'une attaque, et je vis arriver avec peine le moment où la voiture s'arrêta devant la modeste auberge du village de' Giardini.

<small>Position de Taormine</small>

C'est l'endroit de la route le plus rapproché de Taormine. Après quelques heures consacrées au sommeil, nous nous dirigeons le matin vers cette ville placée pittoresquement à la cime d'un rocher aride presque suspendu sur la mer. Cette montagne forme une des ramifications du Taurus, qui s'étendent depuis le cap Pélore, situé à l'entrée du détroit de Messine, jusqu'aux premières chaînes de l'Etna ; elles offrent du reste un aspect stérile et désolé, exposées comme elles le sont au souffle embrasé des vents du midi. On ne saurait se faire une idée de la chaleur étouffante qui nous accablait pendant cette ascension exécutée cependant à la fin de septembre, et à dix heures du matin.

<small>Taormine bâtie sur l'emplacement de l'antique Tauro-minium.</small>

Taormine est une petite ville de trois mille ames, qui n'a d'autre mérite que celui de son étonnante position ; le voyageur pourrait se contenter de la contempler du fond de la vallée et s'épargner une grande fatigue, si elle n'occupait pas l'emplacement de l'antique Taurominium. Cette cité, fondée par une colonie grecque venue de Naxos, autre ville grecque située à peu de distance, sur le littoral de la mer, fut très florissante ainsi que l'attestent des ruines imposantes encore debout. Détruite par les Sarrasins, elle ne commença à renaître que sous la dynastie des rois normands; ils l'entourèrent de fortifications, et de cette époque seulement date la moderne Taormine qui s'éleva sur les ruines de l'ancienne cité.

Le théâtre, la plus belle de ces ruines, est suffisamment conservé pour qu'on puisse parfaitement en apprécier l'ensemble; il se dresse au-dessus de la ville, dans une position merveilleuse. De là, on plane sur la mer de Sicile, on découvre ses rivages sinueux et fertiles, on aperçoit l'Etna dont la masse immense semble dominer l'île tout entière.

*Théâtre.*

Les anciens excellaient à choisir l'emplacement de leurs monuments; sachant l'influence des spectacles de la nature sur l'esprit et le cœur de l'homme, ils construisaient généralement leurs temples et leurs théâtres sur des lieux élevés d'où la vue pouvait embrasser des horizons étendus et variés; les pompes de la nature étaient toujours associées par eux à leur culte et à leurs plaisirs!

Le théâtre de Taormine fut bâti avant l'occupation de cette ville par les Romains; mais ils restaurèrent le monument et l'adaptèrent aux usages de leur scène.

On distingue encore le *Proscenium* ; le *Pulpitum*, lieu où se tenaient les chœurs; on voit également l'endroit réservé aux acteurs et celui consacré aux machines; enfin, des colonnes presque intactes et remises à leur place par les soins de la Société archéologique de Sicile, donnent une haute idée de la magnificence de l'édifice.

On trouve, au théâtre de Taormine, le cicerone le plus bavard, le plus insupportable qu'on puisse avoir le malheur de rencontrer parmi les êtres de son espèce. Cet homme bourdonne incessamment autour de vous, comme ces moustiques qui vous tourmentent la nuit au milieu des lagunes vénitiennes. Se donnant les airs d'un érudit et d'un artiste émérite, il tient à vous débiter tout au long sa fastidieuse leçon, assaisonnée de nombreuses citations empruntées à Vitruve et Diodore de Sicile. Vainement vous vous éloignez du personnage en vous retirant dans quelque coin écarté, vous le retrouvez toujours à vos côtés avec son imperturbable loquacité. Il faut avoir une dose de patience égale à la mémoire du pauvre homme, pour ne pas l'éconduire par un procédé plus ou moins brutal ; et le pis, c'est que l'inévitable « buona mano » doit solder les honoraires de cette ennuyeuse faconde ; je conseillerais de payer dès le début, en imposant la condition du silence.

*Tombeaux.* Des hauteurs du théâtre on aperçoit des tombeaux dispersés çà et là : les uns appartiennent à l'époque grecque et romaine, les autres à l'époque sarrasine ; *Église de s. Pancrace.* au milieu d'eux apparaît l'antique église de Saint-Pancrace. Ainsi, dans un petit coin de terre, se trouvent réunis des monuments païens, chrétiens et musulmans ; la diversité des nationalités, des religions s'efface devant la tombe, et la mort confond tous les peuples dans son égalité inexorable!

Saint Pancrace, premier évêque de Taormine, y apporta la foi chrétienne. Roger, roi de Sicile, pour punir les habitants de cette ville d'avoir voulu attenter à ses jours, leur enleva le siège épiscopal et le transporta à Messine.

On visite, dans l'enceinte même de Taormine, une vaste citerne remontant au temps des colonies grecques, et destinée à recevoir les eaux qu'amenait un aqueduc encore parfaitement conservé.

En descendant de Taormine pour retourner au village de' Giardini, je rencontrai toute une population de mendiants échelonnés sur la route; on s'étonne à bon droit de trouver tant de misère sous un climat si beau, sur des rivages si fertiles; la nature a traité la Sicile en mère généreuse, elle lui a donné tout ce qui constitue la richesse du sol, et tout ce qui pouvait en faire la terre la plus heureuse du monde. La Sicile nourrissait autrefois dix millions d'habitants, elle était le grenier de l'Italie; aujourd'hui, c'est à peine si les deux millions d'hommes, clair-semés çà et là sur cette grande étendue de territoire, peuvent en retirer leur subsistance!!! *La mendicité plaie de la Sicile*

La route de' Giardini à Catane suit la mer d'un côté, et longe de l'autre les premières pentes de l'Etna. Il dresse sa cime majestueuse au milieu de cette contrée dont il est l'ornement et la vie, et parfois aussi le formidable fléau! Les flancs du volcan, qui s'étendaient à ma droite, présentent l'aspect de la fertilité la plus merveilleuse; des cactus aux larges feuilles déploient leurs lignes immenses au milieu des prairies; la vigne, s'élançant d'arbre en arbre, court au loin et forme des guirlandes parallèles que le poids du feuillage et des fruits fait retomber vers la terre semblables à des arcs légèrement arrondis. Puis tout à coup, comme contraste à ce riant tableau, on aperçoit des blocs énormes de lave amoncelée que l'Etna a vomie et roulée jus- *Route de' Giardini à Catane* qu'au sein des plus fraîches oasis de la plaine, souvent même jusqu'au sein de la mer. Vainement les flots battent de leurs lames blanchies par l'écume ces rochers volcaniques; ils demeurent inébranlables au milieu des tempêtes de l'onde comme au milieu des prairies qui, non loin de là, les entourent de sinuosités verdoyantes. Véritable image de l'homme de bien, aussi invulnérable aux coups de l'adversité qu'inaccessible aux enivrements de la fortune et aux illusions du bonheur!

Quand la lune projette sa clarté sur ces montagnes de laves, on dirait un champ de bataille tout jonché de cadavres et d'ossements.

<small>Acis.</small> Nous traversons Acis, petite ville plus agréable à l'œil que ne le sont la plupart des villes siciliennes, mais qui me sembla remplie d'une population de mendiants.

Un souvenir mythologique se rapporte à Acis, ou plutôt à deux énormes rochers debout dans la mer tout près du rivage. Le géant Polyphème, fort épris de la nymphe Galatée, écrasa, dit-on, sous leur masse, Acis, son rival préféré. Une rue de la ville porte encore le nom de *Strada Galatea*.

<small>Souvenirs mythologiques de l'Etna.</small> Au surplus, tout le pays voisin de l'Etna était consacré par la mythologie païenne, car toujours les grandes scènes, les grands phénomènes de la nature ont conduit l'homme vers la divinité. L'impuissance de notre raison, en présence des merveilles de la création, nous pousse instinctivement à en rechercher les causes dans l'ordre surnaturel. C'est ainsi que notre faiblesse nous contraint à demander un appui à la toute-puissance!

Suivant la fable, Vulcain forgeait avec les Cyclopes, dans les profondeurs de l'Etna, les foudres terribles de l'Olympe ; Jupiter avait englouti sous la masse de la montagne ces géants, fils de Titan et de la Terre, dont le bras d'Hercule l'avait rendu vainqueur : tradition obscurcie mais réelle du récit biblique relatif aux anges rebelles. C'était sur les flancs verdoyants de l'Etna, dans les campagnes de Catane émaillées de fleurs et couvertes d'ombrages, que la mythologie plaçait l'enlèvement de Proserpine, fille de Cérès : cette mère inconsolable promena sa douleur dans l'univers entier, demandant son enfant bien-aimé aux rochers, aux grottes du rivage, aux échos des forêts, aux divinités de la terre et de l'onde. Sachant enfin par une nymphe que Pluton était le ravisseur de Proserpine, vainement elle chercha à l'attendrir par ses larmes, vainement elle implora sa pitié, le conjurant de rendre à ses baisers une fille chérie ; le sombre dieu de l'abîme fut inexorable. Oh ! non ! la mort ne rend point ses victimes ! Combien de mères lui ont inutilement réclamé leur charmante Proserpine ! Sur ce point la triste réalité et la fable sont malheureusement trop d'accord !

En approchant de Catane, j'aperçus sur la route une voiture contenant trois à quatre bandits, escortés par des gendarmes du pays. Le cocher de mon voiturin ayant dit bonjour à l'un des prisonniers, je lui demandai pour quelle cause son *estimable connaissance* était conduite en prison. « Eccellenza, me répondit-il avec une vivacité toute sicilienne, bagatella ! *ha dato una coltellata; niente affatto.* » A l'entendre, donner des coups de couteau, mais c'est une plaisanterie, un enfantillage! Certaine classe de gens, en Sicile, se donnent des coups de couteau comme, en France, on s'administre des coups de poing. Autre pays, autres mœurs!

J'arrivai à Catane à huit heures du soir, et j'allai loger à l'hôtel de l'Etna; aux pieds du volcan pouvais-je prendre gîte à une autre enseigne?

# CHAPITRE IV.

### Catane.

Catane, seconde ville de la Sicile par sa population de soixante à soixante-dix mille ames, se trouve dans une position charmante. Baignée par la mer et aux pieds de l'Etna dont les coteaux sont couverts de vignes, de bois et de coquettes villas, cette cité apparaît aux regards comme un délicieux séjour ! La situation de Catane a beaucoup de rapports avec celle de Portici : toutes deux sont bâties sur des villes recouvertes par la lave, toutes deux sont dominées par un volcan menaçant sans cesse de les engloutir. Mais qu'est le Vésuve comparé à l'Etna ? un nain près d'un géant. *Position de Catane.*

Catane fut détruite sept fois tant par les éruptions volcaniques que par les tremblements de terre. Le tremblement de terre survenu en 1693 la renversa de fond en comble. Aussi, tout est neuf dans cette cité. Les rues sont larges et tirées au cordeau : les trois principales, portant les noms de « rue de l'Etna, de Palerme et du Corso », traversent Catane d'une extrémité à l'autre ; elles offrent d'ailleurs de belles perspectives, car elles se terminent par une vue sur la mer ou sur les riantes campagnes des alentours. *Eruptions volcaniques, Tremblements de terre.*

Les maisons n'ont guère qu'un étage, deux au plus;

les murs en sont très épais et composés de petites pierres cimentées par beaucoup de mortier, par conséquent faisant corps entre elles. Ces précautions ont été imaginées en vue de se prémunir contre de nouvelles secousses de tremblements de terre. Celui qui détruisit Messine, en 1783, n'endommagea nullement Catane, quoiqu'il s'y fit ressentir. On ne saurait trop apprécier ces mesures de prudence ; mais suffiraient-elles si le tremblement de terre était local, avec des ondulations courtes et violentes, semblables à celles d'une mer agitée ? je ne le pense pas. Quoi qu'il en soit, si l'on a pu se préserver, par ces moyens, des atteintes faibles et éloignées, il y a lieu de s'en applaudir, car ce sont les plus fréquentes.

Dans chaque quartier de la ville, on aperçoit des monceaux de lave attestant les cruels ravages de l'Etna.

*Antique Catane.* La ville de Catane n'a pas marqué dans l'histoire ancienne de Sicile. Comme on y voit cependant des monuments antiques très remarquables, on doit en conclure que bien des détails, bien des points historiques nous sont encore inconnus. La cité actuelle est à plus de trente pieds au-dessus de la ville romaine; on ne peut donc visiter qu'à la lueur des torches les antiquités que renferme Catane.

Ces monuments, recouverts par la lave de l'Etna, sont encore presque intacts et ont échappé de la sorte aux ravages des hommes et du temps. Ainsi, par un jeu de la destinée, ou plutôt par les vues secrètes de la Providence, ce qui est cause de douleur, de ruine pour une génération devient une cause de jouissance, de richesse intellectuelle pour les générations à venir. Les fléaux que la main de Dieu laisse tomber parfois sur la terre, servent aux uns d'expiation, aux autres d'enseignement. Notre œil borné n'aperçoit qu'un seul côté des choses, celui qui nous touche immédiatement ; tel fait, que nous appelons un malheur, sera peut-être un bienfait. Souvent de la mort Dieu fait sortir la vie ! Sans la lave, sans la cendre du Vésuve et de l'Etna le dix-neuvième siècle aurait-il connu Pompeï, Herculanum, et les monuments de l'antique Catane ? C'est grâce à des éléments de destruction que nous avons été initiés aux secrets des âges passés, que la vie d'un peuple se perpétue même après le tombeau en se liant à la vie des générations futures.

Les anciens thermes ou bains publics ont été découverts au-dessous de la place de la cathédrale qui se trouve presque au centre de la ville. On y descend par une ouverture pratiquée près de la porte de l'église, et l'on circule facilement dans ce souterrain composé de plusieurs chambres et couloirs. Les voûtes, d'une solidité à toute épreuve, sont formées de laves et de grosses briques, genre de construction reconnu généralement pour appartenir à l'époque grecque. Dans quelques endroits, les murs revêtus encore de stuc blanc, révèlent le soin avec lequel avait été bâti l'édifice. A une extrémité des thermes, on aperçoit un canal où coule une eau limpide ; c'était sans doute la source dont s'alimentaient les bains.

*Thermes.*

La ville de Catane doit la découverte des thermes et celle de la plupart de ses monuments antiques à un de ses enfants, le prince de Biscari, seigneur aussi recommandable par la variété de ses connaissances que par le noble emploi qu'il sut faire de sa grande fortune.

*Bains à étuve.* Dans un autre quartier, on montre au voyageur des bains à étuve dont les voûtes et les murs annoncent une construction romaine. On reconnaît encore la place des fourneaux qui réchauffaient l'eau et celle des conduits qui amenaient les vapeurs.

Les thermes jouaient un grand rôle dans l'existence des Romains; la plus petite ville avait les siens et on en comptait plusieurs dans les cités importantes. Nos bains, si vulgaires et généralement si mal organisés, ne peuvent donner la moindre idée de ce qu'étaient les anciens thermes. Ces établissements comprenaient non-seulement les bains proprement dits, mais encore un gymnase, un cirque, quelquefois un théâtre, toujours une bibliothèque, des portiques et de vastes jardins. On trouvait là réuni tout ce qui regarde la santé, l'exercice, les plaisirs du corps, et tout ce qui touche aux plus nobles jouissances de l'intelligence. Les Romains ne pratiquaient pas autant que nous la vie intérieure de la famille, leur existence était plutôt publique que privée; chaque citoyen, à la fois législateur et soldat, après avoir consacré au Champ-de-Mars et au Forum la majeure partie de la journée, allait demander aux thermes des distractions et des plaisirs. Certains thermes étaient immenses; tels ceux, dits de Caracalla; par leur agglomération de palais, de théâtres, de cirques, de bibliothèques et d'édifices sans nombre, ils formaient à eux seuls, dans l'enceinte même de Rome, une véritable ville.

Le théâtre antique de Catane, offre la forme, la coupe circulaire de tous les monuments de ce genre que l'on visite à Pompeï, Herculanum et dans le reste de l'Italie. Celui-ci devait être d'une grande magnificence, si l'on en juge d'après les superbes colonnes de granit qui en ont été extraites pour servir de décoration à la façade de la cathédrale, et aussi d'après les frontons, les fragments de corniches richement sculptés, conservés avec soin dans le palais Biscari. Trois étages de voûtes supportaient les trente-six rangs de gradins du théâtre; le grand escalier, qui divise ces gradins et par lequel on descendait à ce que nous nommons aujourd'hui le parterre, est entièrement déblayé et présente un aspect fort imposant. On distingue les vomitoires ou corridors de dégagement servant à l'entrée et à la sortie des spectateurs. *Théâtre antique.*

Il y aurait encore beaucoup à faire pour découvrir le scenarium et la totalité de l'enceinte de l'édifice, entièrement encombrée de maisons. Une si belle entreprise occupait le prince Biscari, quand la mort vint frapper ce généreux ami des arts, si noblement dévoué aux souvenirs glorieux de la Sicile.

On a découvert à Catane un monument fort rare, dont on ne voit aucune trace ni à Syracuse ni à Pompeï. C'est un accessoire du théâtre appelé Odeum, destiné aux répétitions des acteurs et à certaines représentations où le public était peu nombreux. Cet Odeum a la forme ovale : on peut mesurer aisément son pourtour extérieur bâti en lave ; l'intérieur de l'enceinte est complètement obstrué. *Odeum.*

L'amphithéâtre est sans contredit le monument *Amphithéâtre.*

le plus grandiose de l'ancienne Catane, et la masse imposante de ses ruines donne une haute idée de l'ensemble de l'édifice. Trois corridors en voûte soutenaient les gradins; le corridor supérieur n'existe plus, et le quart du second est seulement déblayé. En parcourant ce souterrain, l'œil admire des points de vue nombreux et variés produits par la lumière qui se joue à travers ces voûtes antiques, et par la perspective des ruines du portique extérieur. On ignore la hauteur exacte de l'amphithéâtre et le nombre de ses gradins; cependant, d'après la courbe de l'ellipse, on conjecture qu'il pouvait contenir quatre-vingt mille spectateurs.

Voici les dimensions de l'amphithéâtre de Catane, rapprochées de celles de l'amphithéâtre de Rome, dit le Colysée :

|  | AMPHITHÉATRE DE CATANE. | COLYSÉE. |
|---|---|---|
| Grand diamètre extérieur | 389 pieds | 574 pieds |
| Petit diamètre extérieur | 332 » | 475 » |
| Grand diamètre de l'arène | 233 » | 263 » |
| Petit diamètre de l'arène | 176 » | 163 » |

Il résulte de cette comparaison que dans les deux édifices la surface de l'arène était presque égale, mais que l'ensemble de la construction se trouvait d'un grand tiers plus considérable au Colysée ; cette différence se reportait donc sur les gradins dont le grand nombre rendait, dit-on, l'amphithéâtre romain capable de contenir cent cinquante mille spectateurs. Telles sont, en résumé, les antiquités que la ville de Catane présente aujourd'hui au voyageur ; mais on peut conjecturer avec raison que si le gouvernement faisait continuer sur une grande échelle les fouilles commencées par le prince Biscari, on découvrirait encore des monuments susceptibles d'augmenter le domaine de l'histoire et des arts.

Comme complément obligé de la visite des antiquités de Catane, on doit aller voir le musée Biscari, riche galerie de bronzes, de vases, de sculptures, d'objets antiques en un mot, produits des fouilles pratiquées à Catane et dans le reste de la Sicile ; une collection de laves de l'Etna, d'ambres, un cabinet de minéralogie et d'histoire attenant à ce musée, en font un ensemble du plus haut intérêt. Il fut fondé, il y a environ cent ans, par le prince Biscari dont j'ai déjà eu l'occasion de faire mention en parlant des thermes et du théâtre de Catane. Sa statue de marbre blanc s'élève au milieu de la cour du palais, tout entourée de vases antiques ; le piédestal se compose d'un énorme carré de lave parfaitement polie.

*Musée Biscari.*

Parmi les merveilles artistiques que renferme le musée Biscari, on doit signaler à l'admiration les chapiteaux, frontons, frises et corniches en marbre, ornements du théâtre, tous objets d'un travail exquis, et surtout un torse antique d'un effet surprenant par la force, la vigueur des muscles unie à la grâce, au moelleux des contours. Le peintre Houel, dans son voyage en Sicile, parle avec enthousiasme de ce torse qu'il croit être un Jupiter, et qu'il regarde comme le plus bel ouvrage de la sculpture antique. On le trouva dans des fouilles faites à l'avant-scène du grand théâtre. Ce morceau capital serait digne de rivaliser avec le torse des galeries de Rome, plus fameux seulement parce qu'il est plus connu.

**Cathédrale.** La cathédrale est un édifice moderne, à l'exception de trois chapelles qui seules résistèrent à la destruction de Catane en 1693. Des sculptures en bois fort remarquables décorent les stalles du chœur ; elles représentent la vie de sainte Agathe, patronne de l'église, dont le corps repose dans un caveau fermé de sept portes.

La sacristie renferme un tableau très médiocre au point de vue de l'art, mais plein d'intérêt au point de vue des souvenirs historiques : le peintre a voulu donner une idée de l'éruption de l'Etna, de 1669, qui réduisit en cendres le village de Nicolosi, et porta la désolation dans Catane ; une partie de la ville fut détruite, et le port presque entièrement obstrué. On aperçoit la lave descendant des flancs de la montagne, et serpentant au milieu des coteaux, des vignes, des prairies, en formant de véritables ruisseaux de feu ; les habitants de Catane quittent en toute hâte leurs maisons, les uns emportant leurs enfants, les autres ce qu'ils ont de plus précieux ; tous courent vers la mer, se précipitent dans les barques attachées au rivage, et viennent demander aux flots de la plaine liquide un refuge contre ces flots embrasés vomis par la terre. Les barques, surchargées de monde, vont peut-être sombrer dans l'abîme, et au lieu d'un abri devenir un tombeau. Mais la peur ne réfléchit pas ! Une force instinctive, invincible, pousse cette population effrayée; elle ne semble avoir constamment devant les yeux que ces trois mots : « l'eau contre le feu. » La foule suit la foule sans relâche et sans fin ; ils sont tous là, pressés, haletants, couvrant la plage, prêts à s'élancer sur un élément non moins avide de victimes que celui dont ils fuient les ravages !

Le couvent des Bénédictins de Catane, placé sur une colline, domine la ville et la mer et présente de ce côté une vue aussi animée qu'étendue ; de l'autre côté la masse imposante de l'Etna semble toucher le monastère et le menacer d'une ruine prochaine, d'autant plus que de toutes parts une ceinture de laves entoure l'édifice bâti lui-même sur la lave et avec de la pierre de lave. La riche culture des flancs de la montagne adoucit le caractère grandiose et terrible de cette partie du tableau.

*Couvent de Bénédictins.*

La magnificence intérieure du monastère répond à la beauté de sa situation. Quand on monte les escaliers de marbre du couvent, quand on traverse ses salons, ses chambres meublées avec luxe, on croirait plutôt parcourir le palais d'un prince que la demeure de religieux voués au service du Dieu des humbles et des pauvres.

Le jardin des pères peut à bon droit passer pour une merveille ; il est au niveau du premier étage et tout entier en terre rapportée ; la richesse de la végétation y étale ses prodiges, et de nombreux jets d'eau rafraîchissent la brise embaumée par le parfum des massifs de citronniers et d'orangers. En parcourant ces allées ombragées, on aperçoit à chaque pas les traces de l'immense torrent de lave qui se précipita sur Catane en 1669.

Le couvent des Bénédictins de Catane est le plus riche couvent de Sicile, peut-être même d'Italie ; outre cette somptueuse maison de ville, il possède bon nombre de maisons de campagne où les religieux vont, pendant l'été, goûter les charmes de la villégiature. N'y a-t-il pas trop de recherche et d'opulence dans ce monastère ? cette vie de Bénédictin ne semble-t-elle pas, à première vue, bien confortable et bien mondaine ? sans doute on pourrait désirer trouver là plus de rapports avec la simplicité évangélique. Mais pourtant il ne faudrait pas juger d'une façon trop sévère ce luxe apparent, et en tirer des conclusions défavorables aux vertus et à la sainteté monacales. Défions-nous des idées préconçues et n'apprécions pas la vie des religieux d'Italie d'après les données avec lesquelles nous apprécions la vie de nos religieux de France. Tenons compte des exigences du climat, de la nature ardente des imaginations méridionales qui, effrayées peut-être d'une règle et d'une discipline austères, répugneraient à venir chercher un abri dans un cloître solitaire et glacé.

Les merveilles de l'art, les beautés de la nature forment une condition essentielle de l'existence pour quiconque est né sous le ciel d'Italie ou de Sicile. D'ailleurs les Bénédictins de Catane font un bel emploi de leurs richesses en versant d'abondantes aumônes dans le sein des pauvres ; ils se regardent comme les dispensateurs des biens que la Providence leur a remis en dépôt.

L'église du couvent a la forme d'une croix grecque au milieu de laquelle s'élève une coupole, imitation en petit de celle de Saint-Pierre de Rome. Trois nefs partagent l'intérieur du temple où rien de bien saillant ne peut captiver l'attention du voyageur, excepté pourtant le jeu d'orgues, qui encore est beaucoup trop vanté.

L'établissement de cet orgue remonte déjà loin, et depuis cette époque l'instrumentation moderne a réalisé d'immenses progrès : ce qui passait, il y a quatre-vingts ans, pour une merveille du genre, peut donc maintenant avoir perdu une partie de son prestige. Les jeux de flûte et de hautbois me parurent bons, mais les basses me firent l'effet d'être d'une excessive faiblesse. Quelle impression différente produisit sur moi l'orgue de Fribourg ! Mais il convient, pour être juste, de tenir compte de la différence de talent entre l'organiste suisse et l'organiste catanais. Ce dernier, jeune Bénédictin, fort peu initié aux exigences de la musique religieuse, me fit entendre sur l'orgue des marches brillantes, des allégros d'opéra, avec accompagnement de tambour et de chapeau chinois ! J'assistais à une audition de musique militaire et non de musique sacrée ; l'instrument perdait ainsi tout son caractère.

Un des pères, prédécesseur de l'organiste actuel, avait, sinon un grand talent, du moins le mérite plus appréciable de la sainteté. Lors du tremblement de terre de Messine en 1783, tremblement de terre dont les secousses terribles se firent sentir à deux reprises à Catane, vers midi et dans la nuit, les religieux consternés allèrent supplier le saint homme d'implorer le ciel pour la ville et pour eux ; il leur assura que sainte Agathe, sa protectrice, lui était apparue l'engageant à recourir à la sainte Vierge ; qu'il l'avait fait, et en avait aussitôt reçu la promesse de la conservation de Catane et de tous ses habitants. Ils furent épargnés, comme l'avait prédit le bon père.

Dans une autre occasion, celui-ci, disant la messe, fut subitement frappé, après la consécration, d'une attaque apoplectique. Un autre père se disposait à continuer le sacrifice quand le saint religieux fit signe d'attendre, se mit en prières, et instantanément ses facultés lui ayant été rendues, il put achever les divins mystères. Tous les Bénédictins qui l'ont connu, pensèrent que les vertus de sa vie devront un jour le faire canoniser.

<small>Caractère, usages des habitants de Catane.</small>
Si les Catanais ne jouissent pas parmi les Siciliens de la réputation d'être très spirituels, ils ont en revanche un goût prononcé pour la société et se montrent fort accueillants à l'égard des étrangers, surtout à l'égard des Français.

Un Sicilien, M. le baron Des......, que j'avais eu l'occasion de connaître à Venise, m'introduisit dans quelques familles de Catane, et je constatai plus d'une fois quelle puissante recommandation est dans ce pays la qualité de Français, surtout de Français venant de Paris ; le mot *France* a le privilège de faire épanouir tous les visages, et de valoir, à celui qui arrive de notre grande capitale, prévenances sur prévenances, amabilités sur amabilités. En toute chose on prend ici modèle sur Paris ; on ne suit que ses modes, on ne lit que ses livres, on adopte ses usages, ses expressions de genre et de fashion, au risque même de les employer d'une façon grotesque. Un habitant de Catane, ayant entendu parler des *lions parisiens,* croyait pouvoir appliquer cette qualification aux choses comme aux personnes, et il disait de la manière la plus sérieuse : « Voici un chapeau, des gants, une cravate à *la lion*. » L'homme est toujours enclin à copier son semblable, et surtout ses ridicules.

A Catane, comme du reste dans la plupart des grandes villes d'Italie, domine le luxe des chevaux et des voitures. Le Corso, le soir, est fort brillant, les équipages s'y succèdent presque sans interruption. Mais, dans le mois d'octobre, les rues deviennent désertes, parce que toute la société s'en va à la villégiature. La villégiature constitue une passion, une véritable fureur pour les habitants de Catane. L'automne arrivé, c'est une émigration générale vers les villas, petites maisons de campagne situées dans la banlieue de Catane, à deux ou trois milles au plus. A la ville, les rapports de la société entre elle sont peu nombreux ; on ne se visite guère que dans les loges du théâtre, et on ne danse qu'aux bals de souscription, donnés au Casino. A la campagne, l'existence est différente : on consacre la journée aux visites, promenades, soirées et concerts ; il semble que l'automne doive apporter un ample dédommagement au reste de l'année, passé au sein de la retraite et du calme de la famille.

Cette manie de *villégiature* a été fort spirituellement dépeinte par Goldoni dans une de ses plus piquantes comédies.

Il existe peu de commerce à Catane ; le peuple ne s'y montre pas actif et industrieux comme celui de Messine. Les Catanais se contentent des richesses de

<small>Le commerce, l'industrie presque nuls à Catane.</small>

leur sol, d'une fécondité incroyable en grains, en légumes, en fruits, et il leur répugne de s'exposer aux chances incertaines de l'industrie. Le port est petit, mal abrité, peu fréquenté; comblé en grande partie par l'écoulement de la lave de 1669, il faudrait des travaux immenses pour le débarrasser de ces débris volcaniques.

<small>Bellini.</small> Parmi les hommes célèbres nés à Catane, on doit faire mention de l'illustre et à jamais regrettable Bellini. A seize ans il se rendit au Conservatoire de Naples afin d'y compléter ses études musicales; depuis cette époque il ne revit plus qu'une seule fois sa ville natale, lorsqu'il était déjà parvenu à un haut degré de talent et de gloire. Peu de temps après son court séjour à Catane, la mort vint le frapper tout à coup au milieu de sa carrière que bien des chefs-d'œuvre avaient rendue brillante, mais qui promettait encore tant d'espérances à l'avenir. Bellini succomba à la fleur de l'âge, comme la plupart des artistes de génie, victime d'une nature trop féconde et d'un cœur trop ardent. J'associe le mot génie au nom de Bellini, car cet éminent compositeur me paraît avoir créé un genre nouveau et suivi une route non encore frayée par d'autres avant lui.

Le cachet de mélancolie ineffable, de rêverie mystérieuse, véritable reflet de son ame, et qui est empreint dans toutes ses œuvres, leur assure une place distincte bien marquée parmi les productions des grands maîtres contemporains.

## CHAPITRE V.

### Ascension de l'Etna.

—

On ne saurait s'éloigner de Catane sans accomplir l'ascension de l'Etna, auquel les Siciliens ont conservé le nom arabe de Ghibello, qui signifie montagne, et dont, par pléonasme, ils ont fait le mot « Montgibello ou Mongibello, » c'est-à-dire *Montagne-Montagne*; pour eux comme pour les Arabes, l'Etna est le mont par excellence.  *Nom arabe de l'Etna.*

Le sommet du volcan se trouve à dix lieues de Catane, et il faut vingt-huit heures au moins pour l'aller et le retour. Nous partîmes, mon compagnon de voyage et moi, le mercredi 30 septembre 1846, à trois heures après midi, montés dans une voiture à trois chevaux qui devait nous conduire jusqu'au bourg de Nicolosi. Le temps était incertain quand nous quittions Catane, mais nous espérions voir, dans la soirée, le ciel s'éclaircir et les nuages se dissiper; nous ne crûmes donc pas devoir ajourner cette excursion par nous très impatiemment attendue.

A peine est-on sorti de la ville que la montée commence; le chemin, pierreux et dégradé, traverse de ses sinuosités irrégulières la contrée la plus fertile qu'on puisse trouver sous le soleil; la terre, engrais-  *Région des vignes.*

sée par les cendres et les exhalaisons nitreuses du volcan, donne dans toutes les saisons des récoltes abondantes qui se succèdent sans fin; des vignobles, dont les produits sont exquis, suspendent leurs pampres aux arbustes et mêlent leur verdure à celle des bois d'orangers ; des villages, remplis d'habitants, peuplent et animent une campagne délicieuse où l'hiver est inconnu. Mais au milieu de cette nature charmante, on aperçoit de temps à autre d'anciennes coulées de lave, qui attestent à quel prix est achetée une aussi merveilleuse fertilité.

On a donné le nom de région des vignes à la première partie de la route de l'Etna. Par un de ces contrastes, procédés habituels de la nature, à cette zône si agréable et si belle vient succéder un tableau de tristesse et de désolation. Peu à peu les villages deviennent plus rares, les habitations disparaissent, et bientôt on se trouve en présence d'une immense plaine, véritable océan de lave, au milieu duquel le Monte-Rosso élève sa double cime rougeâtre, et ses flancs recouverts d'une couche épaisse de cendres calcinées. C'est la seconde zône de la base du volcan ; on l'appelle la région des laves. Elle ceint complètement le bourg de Nicolosi, situé aux pieds même du Monte-Rosso.

*Région des laves.*

Ce Monte-Rosso fut formé en 1669 par une éruption dont j'ai déjà parlé à l'occasion du tableau placé dans la sacristie de la cathédrale de Catane, qui représente les principales scènes de cet épouvantable désastre. Quand une force irrésistible et inconnue pousse les matières incandescentes que l'Etna roule

*Monte-Rosso, Nicolosi.*

dans ses flancs à chercher une issue au dehors, ce n'est point par le cratère du sommet de la montagne qu'elles s'élancent; mais tout à coup un des points de la base ou des flancs du volcan s'entr'ouvre, des masses immenses de terre, de cendres, de rochers sont projetées à une hauteur prodigieuse, et, en retombant, donnent naissance à un monticule parfois fort élevé, et à un cratère nouveau d'où s'échappent des pierres, des scories brûlantes, et des torrents de lave. On compte épars çà et là sur les flancs de l'Etna plus de cent monticules et cratères éteints. Plusieurs ont été le produit d'une seule éruption, car les traditions historiques, assez incomplètes du reste sur ce point, ne font mention que d'environ soixante éruptions, parmi lesquelles onze seulement précèdent l'ère chrétienne. La lave qui, en 1669, sortit de la bouche terrible du Monte-Rosso, déploya l'impétuosité et la fureur d'un grand fleuve débordé.

Après avoir détruit le village de Nicolosi, ravagé les campagnes inférieures, elle arrivait sur Catane, prête à l'engloutir, quand, par un bonheur providentiel, elle se détourna de sa première direction, laissa une moitié de la ville presque intacte, et finit par se précipiter dans la mer, qu'elle fit reculer à plus de cent toises du rivage.

On peut en une demi-heure, par un chemin pénible, gagner le sommet du Monte-Rosso. La vue dont on jouit sur ce point élevé dédommage de la fatigue : l'œil aperçoit les riantes campagnes de Catane, et, au milieu d'elles, la ville gracieusement assise reposant au bord des flots.

L'étranger qui passe sur le Monte-Rosso, qui contemple son cratère pouvant tout à coup vomir encore la flamme, l'étranger, dis-je, pense involontairement à la mort; il jette un regard de commisération sur ce pauvre village, dont l'existence dépend du caprice d'un volcan! Mais l'étranger est le seul à se préoccuper de ces choses, l'habitant de Nicolosi n'y songe pas : il vit sans inquiétude devant un danger le menaçant toujours. On trouve des maisons de campagne à Nicolosi, peuplé d'environ trois mille habitants; on vient pratiquer la villégiature jusqu'à la bouche d'un cratère !

La religion, qui a élevé ses hospices au milieu des neiges éternelles du Simplon, du mont Cenis, du Saint-Bernard, ne pouvait laisser sans un pieux asile les solitudes de l'Etna.

*Couvent de San-Nicolo dell'Arena.* Le couvent de San-Nicolo dell'Arena, situé à un quart de lieue plus loin que Nicolosi, est la dernière habitation que l'on rencontre jusqu'au sommet de la montagne. Il montre l'étendard du Christ comme une espérance au voyageur égaré, comme un emblème de la protection divine aux hommes qui ont fixé leur demeure dans ces tristes lieux !

San-Nicolo appartient aux Bénédictins de Catane; ils en ont fait une annexe de leur magnifique monastère, et l'ont destinée aux pères dont la santé a besoin d'un air pur, salubre, et également aux religieux désireux d'une tranquillité absolue pour se livrer à l'étude de la botanique et des sciences.

Cet établissement, devenu aujourd'hui la succursale du couvent de Catane, en fut la maison mère; il remonte à la dynastie des rois normands, qui firent aux disciples de saint Benoît une concession considérable de terres sur les flancs du volcan. Chassés de leur couvent de l'Etna par une éruption qui le détruisit, les religieux se réfugièrent à Catane et y construisirent le somptueux édifice où ils habitent maintenant. San-Nicolo dell' Arena fut rebâti, mais dans des proportions fort modestes et en rapport avec sa destination nouvelle.

Il faisait presque nuit quand nous achevâmes la visite des environs de Nicolosi. Ce village se trouve à peine à moitié chemin de Catane au sommet de l'Etna. Bien que la pluie commençât à tomber, et que l'on nous conseillât de ne pas tenter l'ascension, nous nous mîmes en marche à neuf heures du soir. Nous avions des mules pour montures ; un de nos guides, également à cheval, était chargé des vivres, d'une provision de charbon ; l'autre, muni d'une torche, cheminait en tête de la caravane pour éclairer ses pas.

Nous étions complètement vêtus de laine, afin de nous préserver du froid excessif qui règne la nuit sur la montagne. Je ne saurais trop recommander cette précaution aux voyageurs.

Après avoir encore marché, pendant une heure au moins, dans cette grande plaine de lave qui entoure Nicolosi de toutes parts, nous arrivâmes à la région appelée *région des forêts*; cette partie de l'Etna est couverte d'arbres centenaires, presque tous chênes ou châtaigniers, offrant une grosseur et un développement énormes. A ce moment, le temps s'éclaircit, la lune parut dans le ciel, et ses rayons, en se jouant à tra-

<small>Région des forêts.</small>

vers les arbres chargés de branches et de siècles, produisaient parfois les plus charmants effets de lumière. Nos capuchons rabattus sur nos fronts, nos burnous de laine flottant au souffle d'une brise légère, nous faisaient ressembler à une petite troupe arabe marchant dans la nuit. La ligne sinueuse de notre caravane, éclairée par la lueur vacillante de la torche qui nous précédait, tantôt se montrait suspendue à quelque pente escarpée, à quelque rocher à pic, tantôt disparaissait tout à coup au fond d'une ravine, lit profond d'un torrent. Nous ne troublions les paisibles échos de la forêt que par quelque chant mélancolique, dont la suave mélodie pouvait seule exprimer les vagues rêveries de nos ames !

La zône des forêts, semblable à un collier de verdure, entoure la montagne sur une étendue de quinze lieues de circonférence et trois lieues de largeur. Elle forme, par la richesse de sa végétation, par la mousse douce et émaillée de fleurs qui recouvre le sol, le dernier ornement de l'Etna. Peu à peu les arbres deviennent rares, étiolés; quelques bouleaux, quelques sapins remplacent les chênes, les châtaigniers, aux troncs élancés, aux épais rameaux. Bientôt toute végétation disparaît, l'œil n'aperçoit plus une seule feuille, le pied ne foule plus un seul pauvre brin d'herbe ; on se trouve au milieu de la quatrième région, *regione scoperta*, région déserte, abandonnée, véritable chaos de la nature où les lits des torrents sont remplis de laves calcinées, où d'énormes rochers noirs sont entassés pêle mêle au fond de ravins semblables à des abîmes. On rencontre çà et là quelques grottes éparses; les

*Région déserte.*

habitants des villages de l'Etna s'en servent pour conserver la neige dont, pendant les chaleurs de l'été, ils se montrent aussi avides que de pain. L'une de ces grottes s'appelle la grotte des Chèvres, parce que les bergers accourent s'y réfugier avec leurs troupeaux, quand ils sont surpris par les orages fréquents sur les flancs du volcan.

A mesure que nous avancions dans *la regione scoperta*, l'escarpement devenait plus abrupt, nos mulets cheminaient avec peine, leur respiration était difficile et répétée; cependant un vent violent s'éleva, la lune disparut sous d'épais nuages poussés par la tourmente, un froid intense vint saisir nos membres fatigués.

Après mille efforts, nous gravîmes une pente plus rapide que celles parcourues jusque-là, et nous parvînmes, à trois heures après minuit, au pied du dernier cône de l'Etna, qui s'élève sur une plate-forme ou petite plaine couverte de neige et hérissée de quartiers de lave et de déjections volcaniques. Cette petite plaine s'appelle ironiquement la *piana del frumento*, la *plaine du froment*; elle est le commencement de la cinquième région ou région du feu. A cet endroit, nous nous trouvions à neuf mille pieds au-dessus du niveau de la mer; le cône qu'il nous restait à gravir comprenant encore treize cents pieds, il en résulte que la hauteur totale de l'Etna doit être portée à environ dix mille trois cents pieds, c'est-à-dire à près de trois fois celle du Vésuve.

<small>Région du feu.</small>

Quand on arrive sur la *piana del frumento*, harassé de fatigue et glacé par le froid, on est saisi d'un

<small>Casina Semellaro ou degl'Inglesi.</small>

vif sentiment de plaisir en apercevant une petite maison sur ce coin de terre désolé. On bénit la généreuse philanthropie qui inspira à M. Gemellaro, citoyen de Catane, et possesseur d'une villa à Nicolosi, la noble pensée de construire à ses frais sur ce sommet désert un refuge pour le touriste et pour le savant.

Le *ricovero Gemellaro*, d'abord peu important, fut augmenté en 1808 et en 1809, pendant l'occupation de la Sicile par les Anglais, afin de rendre l'ascension de l'Etna plus facile et plus *confortable* aux illustres gentlemen, officiers de l'armée britannique. On l'appela, depuis ce moment, *Casina degl' Inglesi*, en mettant de côté le nom de son premier fondateur. Le monde est ainsi fait : il se montre, même dans les plus petites choses, oublieux, indifférent, sinon ingrat.

La casina se compose aujourd'hui de quatre petites chambres, plus d'une écurie pour les mulets ; il n'est pas besoin de payer un gardien à demeure pour veiller à la sûreté et à l'entretien du mobilier du *ricovero*; ce mobilier consiste en quelques planches mal jointes, appuyées au mur et formant une sorte de lit de camp sans matelas.

*Horrible tempête.* Nous arrivions à temps à la *Casina degl' Inglesi*, car à peine en avions-nous franchi le seuil et commencions-nous à réchauffer nos membres au feu improvisé par notre guide, que le tonnerre se fit entendre, prolongeant ses roulements terribles à travers les montagnes; l'éclair sillonnait sans interruption les nuages poussés par un vent furieux, et dont découlaient de véritables cataractes d'eau. La neige, la grêle vinrent bientôt obscurcir les premières lueurs du jour naissant. Et nous, perdus dans ces solitudes, loin de tout secours humain, nous étions abrités seulement par un pauvre toit de planches que perçaient déjà les rafales de pluie. Mon Dieu, combien l'homme paraît petit en présence de cette lutte des éléments déchaînés qui semblent être les messagers de votre colère ! votre puissance infinie se montre jusque dans le chaos de la nature, jusque dans le désordre des orages, et il n'est pas d'enseignement comparable à celui que peut donner à l'ame la voix de la tempête entendue sur les cimes de l'Etna.

Couchés dans un coin de la cabane, à moitié assoupis par la lassitude et par les vapeurs épaisses du charbon, nous attendions avec impatience le moment favorable qui nous permettrait de tenter l'ascension du dernier cône du volcan. Vain espoir ! Le temps s'écoulait et la tourmente durait toujours. Nous passâmes ainsi huit heures d'anxiété sans que le ciel s'éclaircît un seul instant à nos yeux. Enfin, le guide nous avertit que nous ne pouvions séjourner davantage à la *Casina degl' Inglesi*; la provision de charbon et de vivres était épuisée, et le temps nous suffisait à peine pour regagner Catane avant la nuit. Il nous fallut donc renoncer avec un profond regret à gravir les mille pieds de pente rapide formée de cendres et de scories calcinées, qui nous séparaient encore du sommet du cratère; nous ne pûmes contempler ce gouffre immense, irrégulier dans sa forme et son circuit, où, au dire des voyageurs, tout est désordre, tout est infernal; où des explosions éclatent sans relâche, vomissant d'épais tourbillons de fumée qui remontent vers le ciel, et des

*Impossibilité de gravir le cratère.*

gerbes de feu qui retombent dans l'abîme à travers un chaos de rochers amoncelés.

Nous ne pûmes également admirer, comme compensation à nos fatigues, l'immense et sublime tableau qui, du faîte de la montagne, se déploie aux regards. La Sicile entière y apparaît, dit-on, à vos pieds, semblable à un vaste plan en relief sur lequel se détachent merveilleusement les cités et villages nombreux, échelonnés autour des flancs de l'Etna.

Il est fort difficile du reste de jouir complètement du panorama magique offert de ces hauteurs escarpées ; l'atmosphère manque presque toujours d'une netteté parfaite, et les colonnes de fumée, qui s'échappent du cratère, masquent généralement, suivant la direction du vent, une notable portion du cercle que la vue pourrait parcourir. Cependant quelques voyageurs ont eu la bonne fortune d'embrasser cet horizon infini, ce spectacle peut-être unique au monde. L'un d'eux, le marquis de Foresta, vivement impressionné par le grandiose du tableau, l'a reproduit avec des traits pleins d'enthousiasme et de vie. Je ne puis résister au plaisir de citer quelques fragments de cette description ; quoique écrite il y a déjà plus de cinquante ans, elle ne le cède en rien, pour l'éclat du coloris et la chaleur du style, aux pages les plus brillantes de l'école contemporaine.

*Description de la vue dont on jouit du sommet l'Etna.*

« Enfin l'orient s'est enflammé, et le soleil a paru
» sur l'horizon. Jamais il ne fut aussi brillant à ma
» vue ; dans ce moment il était réellement pour moi
» le dieu de l'univers. Son globe de feu se balan-
» çait pompeusement en sortant du sein des monts

» de la Calabre. Bientôt il s'est montré dans toute
» sa majesté, et ses rayons ont éclairé le magnifi-
» que tableau offert à mes regards : je découvrais
» la Sicile entière, dont les rives triangulaires, déve-
» loppées sur une étendue de deux cents lieues,
» semblaient toutefois, par un merveilleux effet
» d'optique, n'être que la base de l'Etna : ses vas-
» tes ports creusés par la nature, fréquentés par
» tous les navigateurs; ses cités opulentes ornées
» par le génie des arts, embellies par les souvenirs
» de la gloire; ses fertiles campagnes peuplées d'in-
» nombrables troupeaux, tapissées de moissons, de
» vergers et de pampres; les fleuves qui les fécon-
» dent et quelquefois aussi les dévastent; les mers
» d'azur qui baignent ses fortunés rivages, et qui
» tant de fois y portèrent des héros; les îles Eo-
» liennes s'élevant du sein des ondes comme des
» roches de turquoises; Vulcania, antique demeure
» d'un dieu puissant; Stromboli, couronnée de fu-
» mées ondoyantes; les montagnes de la Calabre,
» toujours vertes sous un ciel toujours pur; les
» flots écumeux du phare de Messine, agités dans
» les jours les plus calmes; l'écueil de Scylla, si
» funeste aux nochers imprudents; enfin, dans le
» lointain, l'île de Malte apparaissait à mes regards
» comme un petit nuage fixé sur l'horizon. Quel
» magique tableau! quel merveilleux spectacle!
» Mais il est peu fait pour nos débiles organes,
» moins encore pour notre orgueilleuse imagination :
» la mienne, oubliant presque sa nature, s'est
» comme élancée vers cet Olympe dont elle était

» si proche ; un instant elle a osé se croire parmi
» les dieux, car l'univers était à mes pieds, et je n'en
» voyais que ce qu'il y a de grand ; tous les petits
» objets se perdaient dans l'immensité. C'est ici que
» le philosophe devrait venir élever ses pensées ! Sur
» ce grand trépied, le poète se sentirait inspiré d'un
» sublime délire ! »

Une seule chose dépare, à mon avis, cette belle peinture ; un certain cachet de paganisme y est trop fortement empreint. On sent qu'un nom manque à ces lignes, celui de Dieu, et l'on voudrait pouvoir y remplacer l'Olympe par notre ciel, le philosophe par le chrétien.

<small>Tour du Philosophe.</small> En quittant la Casina degl' Inglesi, nous pûmes, malgré la tempête qui régnait encore, donner un coup d'œil aux restes d'un édifice antique dont les assises indiquent la forme quadrangulaire. On appelle cette ruine la *Tour du Philosophe.* Une tradition vulgaire prétend y retrouver les débris de l'habitation d'Empédocle, philosophe d'Agrigente ; pour observer tout à son aise les particularités de la montagne et les éruptions de l'Etna, il serait venu planter sa tente aux pieds même du cratère. La même tradition rapporte que, humilié de ne pouvoir découvrir les causes des phénomènes volcaniques, il se précipita dans le gouffre en prononçant ces paroles : « *Puisque je ne puis te comprendre, toi tu me comprendras.* » Les cothurnes d'Empédocle, rejetés, dit-on, quelque temps après par une explosion de scories et de laves, rendirent témoignage de son genre de mort. Il est inutile d'ajouter qu'aucune base his-

torique n'est venue donner un caractère d'authenticité ni de probabilité quelconque à cette fable puérile, transmise ainsi peut-être de génération en génération, comme personnification symbolique de l'impossibilité radicale de la science à expliquer les grands effets de la nature. Quoi qu'il en soit, les antiquaires et les savants, d'accord entre eux pour rejeter la version d'Empédocle, ne le sont plus quand il s'agit de donner une autre origine aux débris de la *Tour du Philosophe;* les uns veulent y reconnaître les restes du temple redoutable de Vulcain; les autres, et l'on compte parmi eux l'abbé Ferrari, naturaliste catanais, prétendent que ce monument fut élevé pour recevoir l'empereur Adrien, lorsqu'il entreprit l'ascension de l'Etna. Ces diverses conjectures présentent un égal degré de créance, la vérité à cet égard étant enveloppée des ténèbres du temps.

La descente de la montagne fut d'abord pénible et difficile; nos pieds enfonçaient dans une couche épaisse de neige qui recouvrait le sol; la grêle, tombant à torrents, nous aveuglait et faisait presque reculer nos mules effrayées.

Descente de l'Etna.

Enfin, au bout d'une heure et demie de marche, la tourmente se calma, les nuages se dissipèrent, et tout à coup nous aperçûmes le sommet de l'Etna se dessinant blanchi par la neige sur un coin bleu du ciel. Combien nous nous repentîmes alors de n'avoir pas attendu plus longtemps la cessation de la tempête!

Nous eûmes du moins, comme compensation à

nos regrets, la faculté de pouvoir jouir complètement des admirables points de vue que ces cimes présentent aux regards. Nous découvrions à nos pieds toute la plaine fertile de Catane, limitée par la ligne sinueuse des montagnes et par les flots azurés de la mer; les golfes d'Augusta et de Syracuse échancraient le rivage de leurs contours arrondis; le fleuve Symète serpentait au milieu des campagnes, semblable à un ruban d'argent; les forêts de l'Etna, les villages épars à sa base, les nombreux monticules, cratères éteints, couverts aujourd'hui de verdure, formaient le premier plan du tableau, couronné par le volcan dont la tête domine majestueusement la contrée comme la tête d'un roi ! Les effets de lumière les plus variés se succédaient sans relâche; tantôt la base et les contreforts immenses de la montagne étaient, pour ainsi dire, plongés dans les ténèbres, tandis que sa cime resplendissait éclairée par le soleil; tantôt ils prenaient une teinte rouge et presque couleur de sang qui contrastait étrangement avec la neige du sommet; parfois un nuage transparent et léger passait sur le cratère, le cachant seulement à demi, semblable au voile de gaz dont se couvre le front d'une jeune fille, et qui laisse encore deviner, à travers ses plis vaporeux, la grâce et l'harmonie des formes les plus pures.

La contemplation de ces scènes variées et grandioses nous faisait oublier la fatigue de la marche.

*Visite à M. Gemellaro.* Après avoir traversé la *regione scoperta*, celle des *forêts* et des *laves,* nous nous arrêtâmes un moment à Nicolosi pour remettre à M. Gemellaro la clef de la Casina degl' Inglesi. Ce brave homme, aimable, hospitalier, voulut à tout prix déboucher en notre honneur une bouteille de vin vieux de l'Etna. Pouvions-nous nous refuser à déguster du vin offert de si bonne grâce, ayant une telle couleur locale, et au demeurant fort bon?

Nous retrouvâmes avec plaisir à Nicolosi notre véhicule. Ses chevaux bien reposés nous ramenèrent rapidement à Catane. A sept heures du soir nous arrivions au faubourg de la ville et, quelques minutes après, à la porte de notre hôtel.

*Retour à Catane.*

## CHAPITRE VI.

#### Syracuse. Considérations générales.
#### Vue d'ensemble de la ville.

—

*Route de Catane à Syracuse.*    Nous quittons Catane le 3 octobre au matin, montés sur des mules que nous avions retenues pour gagner Palerme en traversant une grande partie de la Sicile. Bien que la route de Catane à Syracuse fût encore carrossable, nous avions préféré adopter de suite ce système de locomotion, et former notre petite caravane, composée de quatre montures et de deux guides. Il semble qu'on voit mieux un pays quand on en foule le sol soit à pied, soit à cheval.

En sortant de Catane nous traversons une vaste plaine d'une fertilité excessive quoique la culture me parût fort arriérée ; les paysans, qui labouraient de chaque côté de la route, égratignaient à peine la terre, se servant pour charrue, à la manière arabe, d'un morceau de bois recourbé, auquel sont attachés des bœufs aux cornes immenses.

Nous nous retournions souvent et disions un dernier adieu à l'Etna et à Catane. Bientôt nous longeâmes le bord même de la mer ; nous foulions le sable du rivage, et la lame venait se briser à nos pieds en les couvrant de son écume blanchissante. Après avoir ainsi cheminé longtemps et avec peine sur la grève, nous laissons la mer à notre gauche, et nous nous trouvons sur un grand plateau inculte, où le regard ne découvre pas une maison, pas un arbre, ni un seul être animé : on se croirait au milieu des déserts brûlants du continent africain! Le spectacle d'un sol si abandonné des hommes sous un tel ciel, sous un tel climat, remplit l'ame de tristesse. Nous gravissons une colline abrupte, et, sur le sommet, nous apercevons à notre gauche le golfe d'Augusta. La ville de ce nom s'avance dans la mer sous la forme d'une longue et étroite presqu'île.

<small>Golfe d'Augusta.</small>

L'aspect verdoyant des rives du golfe, les maisons que nous découvrions à travers le feuillage des arbres, reposent un instant nos yeux du tableau de désolation qui les frappait de toutes parts. Au milieu de ces vastes champs remplis de pierres et de rochers, on retrouve de temps à autre les vestiges de villes qui peuplaient autrefois ces lieux aujourd'hui déserts.

Le fond d'une ravine abritée par quelques broussailles, nous servit d'hôtellerie pour prendre le repas du milieu du jour, et reposer nos membres fatigués par une route déjà longue. On ne compte pas moins de douze lieues entre Catane et Syracuse; nous désirions vivement être au bout de cette pénible journée, et nous soupirions après le moment où nous pourrions nous montrer du doigt Syracuse, comme autrefois les croisés se montraient Jérusalem :

« Ecco apparir Gerusalem si vede,
» Ecco additar Gerusalem si scorge,
» Ecco da mille voci unitamente
» Gerusalemme salutar si sente. »

Mais le soleil disparut de l'horizon avant que nos yeux pussent découvrir Syracuse, et la nuit étendait depuis longtemps déjà ses profondes ténèbres sur la terre, quand nous pénétrâmes dans l'enceinte de la ville.

*Rome et Syracuse.*

Syracuse fut la Rome de la Sicile, et de même qu'on éprouve un sentiment d'orgueil à fouler le sol de l'ancienne capitale du monde, de même un mouvement de fierté et de noble contentement saisit le cœur quand on se trouve au milieu de la cité, reine autrefois des rivages siciliens. Ah! vous qui vous plaisez à errer parmi les ruines de Rome, à interroger les monuments de sa grandeur passée, venez, venez aussi à Syracuse, et vous trouverez dans ses débris, même après avoir contemplé le Forum romain et le Colysée, une source féconde de pensées, de souvenirs! Mais à l'admiration qu'éveilleront en vous les vestiges encore subsistants de l'antique splendeur de la ville des Timoléon, des Archimède, viendra se joindre un profond sentiment de tristesse et de pitié pour son état présent.

Si Rome n'a plus de Capitole, si le Forum est muet, si leurs ruines jonchent la terre, le souffle puissant qui passa sur ces débris, il y a dix-huit siècles, leur imprima du moins une vie et une gloire nouvelles. Si Rome ne commande plus à l'univers par les armes, elle lui commande encore par la Croix! Ne s'appelle-t-elle pas toujours la cité éternelle?...

Mais pour Syracuse, qui a remplacé son ancienne grandeur? que sont devenues les richesses, les temples, les palais de marbre de cette fille de Corinthe qui résuma en elle les destinées de la Sicile? Ville superbe, dont les ports les plus beaux et les plus vastes de l'antiquité offraient à l'œil une forêt de navires, toi vers qui accouraient à l'envi pour te chanter et t'embellir les poètes et les artistes de la Grèce, si je porte mes pas dans ton sein, je n'aperçois que des tableaux de désolation! Le silence règne partout, dans les rues, dans les places publiques comme sur le rivage! Quelques milliers d'ames, errent semblables à des ombres, dans cette enceinte où se pressaient autrefois huit cent mille habitants! A peine si une barque de pêcheur sillonne de temps à autre l'onde tranquille du grand port! Syracuse tout entière est à l'aise aujourd'hui dans l'île étroite d'Ortygie qui fut son berceau, et qui peut-être deviendra sa tombe!

Ainsi tout s'écroule, tout disparaît sous la main des hommes et du temps; il n'est pas de murailles, pas de forteresses les mieux assises en apparence, capables de résister aux ravages de ces deux exécuteurs forcés et le plus souvent aveugles des décrets du ciel! Si Dieu renverse de la sorte les cités fameuses, c'est presque toujours pour punir leurs crimes, et peut-être également pour que chaque coin du globe devienne à son tour le centre lumineux d'où rayonne la vie sur le reste du monde.

Dans l'antiquité, le flambeau de la civilisation brilla successivement aux rivages de l'Orient, de l'Égypte, de la Grèce, de l'Italie, de la Sicile. La même loi se révèle dans les temps modernes : la suprématie passe des mains d'un peuple, à celles d'un autre peuple et qui sait ce que seront devenues, dans quelques siècles, nos grandes capitales si démesurément accrues et embellies par nous ?

*Temple de Jupiter Olympien.* Il convient de se placer au temple de Jupiter Olympien pour comprendre la position et l'ensemble de l'antique Syracuse.

Situé près du fleuve Anapo, cet édifice sacré se trouvait hors de la ville, à l'extrémité du faubourg de Polychna. De hautes murailles, en reliant le faubourg à l'ensemble des autres fortifications, défendaient également ce monument vénéré par les Syracusains, et dont il est fait mention presque à chaque page de leurs annales. Il existait déjà à l'époque de la bataille d'Himère (480 ans avant J.-C.), gagnée par Gélon, roi de Syracuse, contre les Carthaginois. Ce grand prince consacra une partie des riches dépouilles enlevées à l'ennemi à la décoration intérieure du temple ; il fit couvrir d'un manteau d'or massif la statue de Jupiter ; elle passait pour un des chefs-d'œuvre de l'art grec.

Lorsque les Athéniens, commandés par Nicias, Alcibiade et Démosthènes, vinrent assiéger Syracuse, ils établirent leur camp au pied même du temple dont ils respectèrent les richesses. Après leur défaite, les Syracusains s'étant emparés de Nicias, le mirent à mort et suspendirent son bouclier, comme un trophée, à l'autel du maître de l'Olympe. Le monument fut plus tard complètement dévasté tant par la main avide de Denys l'Ancien qui dépouilla le dieu de son manteau d'or, que par Imilcon, général des Carthaginois. Celui-ci fit dresser sa tente dans le sanctuaire même, dont il abandonna le pillage à ses soldats.

Les Grecs attribuèrent à l'impiété des Carthaginois les malheurs qui fondirent sur l'armée africaine. Pendant la domination romaine, Verrès, le spoliateur de la Sicile, n'hésita pas à enlever la statue même de Jupiter, sans redouter sa vengeance, dont l'éloquence de Cicéron se rendit pourtant l'interprète.

C'est en côtoyant le grand port et en traversant une plaine marécageuse, insalubre, couverte par des buissons de ronces et où paissent quelques troupeaux, que l'on parvient à la petite colline nommée Olympieum sur laquelle s'élevait autrefois le temple de Jupiter avec ses vingt-quatre colonnes cannelées, d'ordre dorique, et toutes composées d'une seule pierre. Chaque colonne avait vingt-cinq palmes de hauteur. De cet édifice célèbre il reste seulement aujourd'hui une piscine dans laquelle on conservait l'eau, et d'où une chouette hideuse s'envola pesamment en entendant le bruit de nos pas. Un peu plus loin, deux tronçons de colonne, entourés de débris, soubassements probables du temple, sont encore debout au milieu de cette nature sauvage.

Appuyé contre l'une de ces colonnes, je m'abandonnais aux nombreux souvenirs que l'aspect de ces lieux éveillait en mon ame! souvenirs de combats et de gloire, de tyrannie et d'héroïsme, de vertus et de crimes, résumant l'histoire d'une ville autrefois si puissante, si déchue aujourd'hui! A mes pieds, et baignant l'emplacement des camps des Athéniens et des Carthaginois, coule l'Anapo. Son onde tranquille et sinueuse disparaît souvent au milieu des roseaux qui croissent en abondance sur ses rives. Ce fleuve

*Vue générale*

était cher aux Syracusains ; ils lui durent deux fois leur salut : la première, quand l'armée athénienne, voulant le franchir, fut taillée en pièces par les troupes de Syracuse, et obligée de se rendre prisonnière avec ses généraux ; la seconde, lorsque, sous Denys l'Ancien, les exhalaisons pestilentielles de ses marais produisirent dans l'armée des Carthaginois une épidémie si affreuse qu'ils furent contraints de lever le siège de la ville. En remontant le cours de l'Anapo, mon œil aperçoit cachées sous des touffes de joncs et de papyrus les eaux de Cyane, nymphe changée en fontaine par Pluton, pour la punir de ce qu'elle avait tenté de fléchir le sombre ravisseur de Proserpine. Cyane, objet du culte des Siciliens, était par eux vénérée comme une déesse bienfaitrice, sans doute parce qu'ils retiraient de son sein l'écorce légère du papyrus destinée à recevoir les productions de leur pensée.

Mais je franchissais du regard la plaine marécageuse de l'Anapo, et j'allais chercher sur le rivage de la mer et sur la longue colline qui s'élevait en face de moi, les ruines de l'orgueilleuse cité d'Archias. Au milieu d'un amphithéâtre de rochers, au milieu d'un chaos de pierres entassées pêle-mêle, je me plaisais à reconnaître la position des cinq quartiers de Syracuse : ici les Epipoles, le point culminant de la ville, le plus important pour sa défense, et que Denys l'Ancien avait entouré de cette enceinte gigantesque dont les débris étonnent encore par leur masse imposante. Là, au-dessous des Epipoles et s'étendant le long du grand port, était le quartier Neuf, ou Néapoli, presque composé entièrement de temples et de bosquets sacrés ; plus loin, et se rapprochant du port Trogilo, se trouvait le quartier de Tycha qui s'élevait en amphithéâtre au-dessus de l'Acradina, le quartier de Syracuse le plus beau, le plus vaste, le plus peuplé, car il occupait presque tout l'espace compris entre le port Piccolo, et le port Trogilo. Enfin, à ma droite, je voyais Ortygie, posée au milieu des flots comme la sentinelle avancée de la fille de Corinthe, ou plutôt comme son bras puissant étendu sur la mer pour en saisir le sceptre. Mais il n'est plus de sceptre pour Syracuse ! ses trois ports, autrefois resplendissants de marbres, sillonnés par les flottes du monde entier sont aujourd'hui ensablés et déserts ! le silence et l'abandon habitent seuls maintenant les quartiers de Tycha, d'Acradina, de Néapoli ! Et quand, de la colline du temple de Jupiter Olympien, j'aperçus le soleil se coucher dans les flots, il me semblait que ses derniers rayons, en se projetant sur les restes de Syracuse, éclairaient une plaine immense couverte tout entière de tombeaux, de pierres sépulcrales, et qu'au-dessus de cette plaine, dans le bleu du ciel, se balançait, les ailes déployées, l'ange de la mort et des ruines !

Je demeurai longtemps absorbé par la contemplation de ce tableau de deuil. Les débris des grandes cités exercent sur la pensée une sorte de fascination mystérieuse provenant sans doute de la solidarité d'existence établie entre les hommes, solidarité qui relie, par une chaîne secrète, les générations présentes aux générations passées !

Je ne quittai le temple de Jupiter Olympien qu'aux dernières lueurs du crépuscule. En retournant lentement vers Ortygie, presque enveloppée déjà des ombres de la nuit, je m'en allais murmurant ces vers composés par le comte César Gaetani, enfant de Syracuse, sur la triste destinée de sa patrie !

« Questa è pur Siracusa ?
  Ah ! la superba
Città di tanti popoli
  Regina,
Come in ceneri avvolta,
  Al duol si serba !
Ov' è Napoli, e Tica, ove
  Acradina ?

» Altroche spechi, e tombe
  Arena, ed erba,
Il pié non truova, ovunque
  S'avvicina :
E son nuovi trofei di
  Sorte acerba
Gli stessi avanzi della
  Sua rovina.

» Ma pur si sfoghi il fato
  E con mani pronte
Ruoti il tempo la falce
  Ed alle sue chiome
Polve a polvere
Aggiunga, edonte ad onte ;

» Mai non vedran quegli empj
  Oppresse e dome
L'antiche glorie sue; finch'ella
  In fronte
Porti l'invitto glorioso nome ! »

« Est-ce donc là Syracuse ? Ah ! la cité superbe, reine de tant de peuples, est ainsi couchée sur la cendre ; elle est vouée tout entière à un deuil éternel ! où est Néapoli, et Tica, où est l'Acradine ?

» Partout où l'on porte ses pas, on ne rencontre que cavernes, tombeaux, ronces et poussière : et ces ruines elles-mêmes ne sont que les trophées d'un sort barbare.

» Mais que le destin achève d'assouvir sa fureur : que le temps aux ailes rapides agite sa faulx redoutable, qu'il entasse débris sur débris, et qu'il ajoute encore à tant d'affronts !

» Jamais, malgré leurs coups impitoyables, jamais ils ne viendront à bout d'éteindre et d'anéantir l'antique gloire de Syracuse, tant que cette ville portera inscrit sur son front son nom illustre et invincible ! »

## CHAPITRE VII.

**Syracuse.**
**Visite détaillée de ses monuments et de ses ruines.**

---

Quand, plus de 700 ans avant J.-C., quelques *Ortygie.*
Corinthiens, émigrés volontaires de la Grèce, traversant la mer Ionienne, vinrent déposer leurs pénates sur les rivages de Sicile, ils ne pouvaient choisir un point du littoral plus propre que la presqu'île d'Ortygie à recevoir les fondements de leur nouvelle patrie. Toute cité assise sur ce coin de terre était nécessairement appelée à de hautes destinées !

Resserrée entre deux ports, dont l'un, capable de *Sa position.*
servir d'abri aux plus grands navires, ressemble à un beau lac tranquille, ne touchant à la terre ferme que par une langue étroite facile à défendre en cas d'attaque, et en même temps facile à franchir en cas de développement, Ortygie devait être le point de départ d'un État puissant un jour par son commerce maritime, par l'extension de sa population, et le berceau d'un peuple conquérant, tandis que lui-même serait difficilement conquis.

La presqu'île d'Ortygie, même au temps de la *Son importance.*
splendeur de Syracuse, dut former le quartier le plus vivant et le plus important des cinq quartiers qui

composaient la ville entière, bien qu'en étendue il fût inférieur aux autres.

Le voisinage des ports concentrait dans son sein la vie maritime et commerciale de la grande cité. D'ailleurs, ainsi que je l'ai observé, cette presqu'île, étant d'une défense facile, et inattaquable du côté de la terre, le peuple de Syracuse la regardait, en cas de revers, comme son dernier refuge contre l'ennemi. Cette confiance ne fut trompée qu'une seule fois, à l'époque du siège entrepris par les Romains. Les rois syracusains vinrent également souvent abriter derrière les remparts d'Ortygie leur pouvoir attaqué par des sujets révoltés ; aussi ces remparts furent-ils toujours entretenus avec un soin extrême, soit dans un but de liberté, soit dans un but de tyrannie.

<small>Grand port.</small> D'un côté la pointe occidentale d'Ortygie, et de l'autre un petit promontoire situé vis-à-vis, forment l'entrée du grand port. Sur ce promontoire s'élevait autrefois le fort de Plemmyre qui, avec les ouvrages défensifs de la presqu'île, rendait cette passe étroite d'un accès fort difficile. Elle fut cependant forcée par les Athéniens : leur flotte entra, voiles déployées, dans le port de Syracuse ; ils se flattaient de frapper contre cette ville un coup décisif. Mais les vaisseaux siciliens se précipitèrent en toute hâte sur l'ennemi.

<small>Combat naval des Athéniens.</small> Il se livra alors, au milieu même du grand port, la bataille navale peut-être la plus terrible dont fassent mention les annales de l'antiquité ; la rage guerrière, le courage du désespoir furent égaux de part et d'autre ; la défaite, pour les Grecs, c'était la mort, car sans vaisseaux comment regagner Athènes ? Pour

les Syracusains, c'était l'esclavage, l'asservissement de la patrie. Ce grand duel maritime avait ses témoins ; d'un côté l'armée des Athéniens rangée sur le rivage, de l'autre les pères, les femmes, les enfants des soldats de Syracuse, debout sur les remparts d'Ortygie : les cris, les lamentations, les applaudissements, et les reproches de tant de spectateurs intéressés dans la lutte, s'unissaient au cliquetis des armes et au tumulte de cette affreuse mêlée de vaisseaux ; elle dura un jour entier avec le même degré d'acharnement et de fureur. Enfin vers le soir on entendit des cris de triomphe s'élancer des navires siciliens et des murailles de la cité assiégée ; ils acclamaient la victoire.

Cette victoire était justice : car l'ambition, le désir immodéré des conquêtes avaient armé le bras des Athéniens, tandis que le droit sacré de la défense et l'amour de la liberté avaient seuls amené Syracuse au combat ! Soixante vaisseaux athéniens furent détruits; la mer roula pêle-mêle des cadavres, des débris de navires, et pendant plusieurs jours les eaux du grand port, rouges de sang, attestèrent le nombre prodigieux des victimes. Ce sang était celui de deux peuples frères ; ils avaient l'un et l'autre la Grèce pour mère commune. Mais la guerre, cette explosion des passions de l'humanité, ne reconnaît, ne respecte aucun lien ; elle brise tout frein, tout obstacle, imitant en cela les effets des passions individuelles de l'homme, dont elle est, sur une plus grande échelle, la triste reproduction !

A l'extrémité du grand port et à la limite des deux quartiers d'Ortygie et d'Acradine, se trouvaient les chantiers de construction et de réparation des navires; on y voyait également les Néocosi, darses immenses, où l'on pouvait abriter plus de trois cents galères. Le grand port était le port militaire de Syracuse.

*Petit port ou port de Marbre.*

Le petit port, qui entourait Ortygie du côté de l'est, devait être plus spécialement consacré à la marine marchande; pleines d'animation, ses rives avaient été embellies avec un soin extrême et couvertes de magnifiques constructions. Aussi s'appelait-il le port de Marbre. La mer y offrait peu de profondeur; mais les navires des anciens, généralement construits dans de petites proportions, n'avaient besoin que d'un faible volume d'eau; le plus souvent on les tirait sur la grève du rivage, comme nous faisons aujourd'hui pour nos barques de pêcheurs.

*Intérieur d'Ortygie.*

En raison de son importance, le quartier d'Ortygie devait renfermer un grand nombre de monuments; les ravages du temps, de la guerre, en ont effacé jusqu'aux moindres vestiges. Cependant on peut encore admirer les restes d'un temple suffisamment conservé pour qu'on en apprécie les majestueuses proportions. Ce temple était consacré à Minerve, et Cicéron le mentionne comme le plus beau de ceux que possédait Syracuse. Sa construction remontait à six cents ans avant J.-C.; il ressemblait aux temples d'ordre dorique qui, à la même époque, furent élevés en Grèce, en Sicile, en Italie.

*Temple de Minerve.*

Sur le faîte du temple de Minerve brillait un immense bouclier de bronze doré, au centre duquel se détachait en relief une tête de Gorgone. Ce bouclier était regardé par les marins de Syracuse comme une sorte de talisman sacré; du milieu du port leurs regards le découvraient facilement, et quand ils s'éloignaient pour une course lointaine, ils avaient l'habitude d'offrir à Minerve un sacrifice particulier, à l'instant où ils perdaient de vue le signe protecteur; debout sur la poupe du navire, ils jetaient dans la mer des vases de terre remplis de gâteaux, de fleurs et de miel.

Les portes du temple, d'un travail exquis, étaient décorées de sculptures en or et ivoire. L'intérieur renfermait un tableau célèbre représentant un combat de cavalerie livré par Agathocle; on y voyait en outre la collection des portraits des rois et tyrans siciliens. Archimède, profitant de la disposition des portes et de l'axe du temple, que le soleil frappait juste à l'équinoxe, avait tracé sur le pavé son méridien, fameux dans l'antiquité.

Sous le règne de Constantin, lorsque la religion du Crucifié pût sortir des catacombes et s'épanouir librement au grand jour, elle s'empara généralement des temples païens abandonnés, et les préserva d'une ruine certaine en les consacrant au culte nouveau.

Ce fait historique incontestable suffirait pour laver le christianisme des reproches de vandalisme que lui ont adressé quelques écrivains modernes. La religion de Jésus renversa les idoles mais n'abattit pas leurs autels; son souffle puissant les purifia et en fit les tabernacles du vrai Dieu.

Le temple de Minerve, dédié à la Vierge par le

dixième évêque de Syracuse, devint l'église cathédrale de la ville.

L'édifice n'a plus ses deux façades, mais il a conservé, au nombre de vingt-deux, ses colonnes latérales, surmontées de leur architrave et d'une frise antiques.

Ces colonnes sont presque totalement engagées dans la muraille qui les relie entre elles et forme l'enceinte de l'église; extérieurement, on soupçonne à peine leur existence, car quatre seulement débordent la lourde maçonnerie qui les enveloppe. Mais intérieurement, toutes sont saillantes de la moitié de leur grosseur, ce qui permet d'apprécier la beauté de leurs profils et la noblesse de leurs proportions. Les jointures de leurs pierres ont une telle précision que l'œil les distinguerait difficilement, et pourtant elles ne sont recouvertes ni de chaux, ni de ciment.

Au-dessus de la frise règne un double rang de créneaux arrondis, évidemment de construction sarrasine; ils contrastent d'une façon singulière avec le caractère sévère de l'architecture grecque. Pendant leur domination les Sarrasins dévastèrent affreusement Syracuse; elle éprouva du reste le sort de la plupart des villes de Sicile. Les enfants de Mahomet parurent destinés par la Providence à faire table rase de l'ancien monde, pour que sur ses débris s'élevât un monde nouveau régénéré. Leur mission fut une mission de combats, de conquête, de destruction. Les temples païens, que le christianisme avait transformés en églises, deviennent entre leurs mains des forteresses, et sont ainsi exposés à toutes les vicissitudes de la guerre.

La façade moderne, accolée au temple de Minerve, contraste également, par la pesanteur de son ornementation, avec la simplicité antique à laquelle elle se trouve contiguë.

La barbarie, l'ignorance ne furent pas les seules causes de la destruction partielle de ce beau monument. Au onzième siècle, une secousse de tremblement de terre fit tomber, le jour de Pâques, la voûte de l'édifice, qui écrasa l'assistance entière ; le prêtre, célébrant les saints mystères, fut seul préservé miraculeusement avec ses acolytes par le baldaquin placé au-dessus de l'autel.

Il ne reste du temple de Diane que deux immenses chapiteaux de colonnes; leurs grandes proportions, la richesse de leurs sculptures donnent une haute idée de l'édifice dont ils faisaient partie. *Temple de Diane.*

Près du temple de Minerve on visite le musée des antiques. Il est peu considérable en raison de l'importance et de la splendeur ancienne de Syracuse. On ne saurait expliquer une semblable pénurie artistique que par les dévastations multipliées auxquelles fut exposée cette ville. Le musée renferme cependant deux admirables chefs-d'œuvre : l'un est une Vénus, dite Vénus syracusaine, dont on peut à juste titre regarder le torse comme une des productions les plus merveilleuses de l'art antique; l'autre est une tête colossale de Jupiter, trouvée sans doute dans l'emplacement du temple de Jupiter Olympien. *Musée de Syracuse.*

L'église Saint-Philippe n'offre d'autre intérêt que son ancienneté, et ses catacombes renfermant encore des squelettes et des ossements. *Église St-Philippe.*

*Fontaine Aréthuse.*

Que diraient les poètes de l'antiquité s'ils voyaient le triste état de la belle fontaine Aréthuse, qu'ils célébrèrent à l'envi par leurs chants. Aréthuse, au nom harmonieux, Aréthuse, que Pindare, dans son enthousiasme lyrique, appelle la nourrice de Syracuse, est transformée en un lavoir infect, rendez-vous de la lie de la populace, et où retentissent les clameurs les plus grossières !

Aréthuse, suivant la mythologie, était, comme Cyane, une des nymphes compagnes de Proserpine ; elles suivaient la gracieuse fille de Cérès quand Pluton l'enleva sur son char d'ébène. Cyane se vit changée en fontaine pour avoir tenté d'attendrir le dieu des enfers ; Aréthuse éprouva le même sort parce qu'elle révéla à Cérès le nom du ravisseur de son enfant. Ces sources devinrent sacrées pour les habitants de Syracuse ; c'eût été un sacrilège de les profaner et de chercher à prendre les poissons privilégiés qui se jouaient dans leur sein. Cyane aimait le fleuve Anapo et lui apportait le tribu de ses eaux limpides ; les faveurs d'Aréthuse étaient acquises à Alphée, fleuve d'Arcadie, qui, sans altérer ses ondes, traversait les mers pour se réunir à la nymphe préférée.

Les anciens dénaturèrent et corrompirent affreusement l'idée de la divinité ; ils abusèrent tellement de cette croyance, dépôt sacré confié par une révélation primitive à l'esprit de l'homme, qu'elle devint presque méconnaissable. Non-seulement ils firent des attributs de Dieu autant de dieux distincts, mais ils appliquèrent encore cette dénomination aux objets matériels. Les limites des champs, les bois, les grottes, les fontaines se transformèrent en divinités, comme la justice, la beauté, la sagesse et la puissance; le système mythologique détruisait donc simultanément l'unité et la spiritualité de Dieu, c'est-à-dire Dieu lui-même.

Mais l'erreur la plus monstrueuse a toujours quelque point de contact avec la vérité. L'erreur étant la négation de la vérité, comme les ténèbres sont l'absence de la lumière, elle ne présente qu'une existence négative, et s'il lui arrive d'être, d'affirmer, c'est qu'elle renferme encore une étincelle cachée de la vie. Cet aspect crépusculaire, si je puis parler ainsi, constitue sa condition essentielle et son unique attrait, car l'esprit de l'homme n'a pas moins que ses yeux horreur de la nuit. Le polythéisme prouvait à sa manière la force de la tradition relative à la nécessité de l'intervention divine pour la marche et la conservation des sociétés humaines. Voulait-il rendre une chose sacrée, il la déifiait : ainsi il inventa le dieu Therme afin d'établir le principe de l'inviolabilité de la propriété; et il fit d'Aréthuse une nymphe révérée pour préserver de toute souillure les eaux de cette fontaine si précieuse sous le climat brûlant de la Sicile. Images grossièrement défigurées mais réelles de notre Providence, une, infinie, qui embrasse, protège toute chose et s'étend aux êtres les plus infimes de la création.

J'ai toujours jusqu'ici parlé d'Ortygie comme d'une presqu'île; car m'occupant de l'ancienne Syracuse, je devais nécessairement la montrer telle qu'elle était autrefois. Mais il y a cent cinquante ans, un roi d'Es-

*Un roi d'Espagne fait une île de la presqu'île d'Ortygie.*

pagne transforma en île la presqu'île, en la coupant par un canal destiné à réunir le grand port au petit et à augmenter le système défensif de la ville. Il l'entoura de fortifications rasantes bien entendues.

<small>Forteresse de Charles-Quint.</small> Sur la langue de terre qui joignait naguère Ortygie au continent, l'empereur Charles-Quint avait construit une forteresse existant encore aujourd'hui. A cette même place s'élevèrent successivement dans l'antiquité le palais de Denys l'Ancien et le Timoléontium. Ainsi, à plusieurs siècles d'intervalle, trois hommes célèbres, quoique à des titres bien divers, portèrent le même jugement sur l'importance de cette étroite presqu'île, véritable clef de Syracuse.

<small>Palais de Denys.</small> Denys avait fait de son palais une citadelle imprenable où il trouvait un refuge assuré contre les soulèvements fréquents des Syracusains accablés par son <small>Sa tyrannie.</small> joug odieux. On ne saurait se figurer la vie inquiète, tourmentée, de ce type des tyrans. Retiré dans des appartements où l'on n'arrivait que par des souterrains et des portes secrètes, il était difficile de pénétrer jusqu'à lui : ne marchant jamais qu'accompagné de gardes dévoués, il voyait encore des ennemis parmi eux. L'acte le plus inoffensif, une simple parole suffisait pour éveiller un soupçon en cette ame ombrageuse ; or, tout soupçon devenait à ses yeux la preuve de l'offense, et valait, à ceux qui en étaient l'objet, la prison, l'exil ou la mort.

<small>Caractère de Denys, singulier par ses contrastes.</small> Et cependant, sur le fond de cette nature basse, astucieuse et cruelle, apparaissaient parfois comme des éclairs de génie, de courage, de grandeur d'ame et même de dévouement : preuve que chez les hommes

les plus pervers la conscience, la vertu, exercent encore, par moments, une influence secrète, irrésistible, et que les êtres intelligents complètement dégradés sont, grâce au ciel, de monstrueuses exceptions. Denys déploya dans ses guerres avec les Carthaginois et dans sa belle défense de Syracuse les qualités et la bravoure du général le plus consommé. Ces guerres, il les entreprit, non-seulement parce que la présence des armées africaines en Sicile constituait un danger toujours menaçant pour la liberté de Syracuse, mais encore parce que sa profonde habileté lui fit comprendre qu'elles étaient le moyen le plus efficace de consolider son pouvoir, de se préserver des conspirations de ses sujets, en donnant une impulsion et une occupation nouvelles à leur esprit turbulent.

Une prévoyance excessive, une temporisation pleine de prudence, distinguèrent Denys dans les combats et dans la politique. Pour arriver au trône comme pour s'y maintenir, pour se défendre des ennemis du dedans comme des ennemis du dehors, il sut se tenir prêt aux chances diverses des évènements ; il en attendit patiemment plus encore que de lui-même la réussite de ses projets. Une trempe d'esprit peu commune peut seule se posséder ainsi au milieu des vicissitudes des choses; seule, elle ne se laisse pas emporter hors de la route tracée, par la mobilité des passions et par le choc des hommes. Combien de beaux plans avortés parce qu'on ne sut pas attendre ! La patience est le grand art de la vie ; le temps seul mûrit toute chose, nos pensées, nos résolutions, comme les produits de la terre !

Le caractère de Denys, envisagé dans son existence

intérieure, offrit souvent d'étranges contrastes avec ses tendances habituelles. Ayant épousé deux femmes à la fois, il les entoura de soins extrêmes, les traita avec une égale tendresse, et, ce qui me semble fort difficile et fort méritoire, sut les maintenir entre elles parfaitement unies. L'ame du tyran, comprimée au dehors par la défiance et la peur, devait être naturellement poussée à s'épancher dans l'intimité du foyer domestique. Peu d'hommes restent complètement insensibles aux douceurs de la famille; c'est là un besoin pour ainsi dire instinctif, gravé au dedans de nous en traits tellement profonds, que le crime même ne les efface pas.

Du reste, si Denys montra de la constance dans ses affections intimes, il fut excessivement mobile dans ses rapports avec les hommes. On restait difficilement longtemps son ami : on lui devenait odieux aussi bien par le langage de la flatterie que par celui de la vérité. Dion, son beau-frère, jeune Syracusain d'un mérite éminent, ayant appris que Platon, dont il était l'élève, se rendait en Sicile pour y étudier les merveilles de l'Etna, eut l'idée de faire venir ce philosophe à la cour de Syracuse; il espérait que ses conseils exerceraient une heureuse influence sur le caractère de Denys. Celui-ci sembla d'abord écouter avec plaisir la voix du plus grand sage de la Grèce; mais Platon ne tarda pas à déplaire par la sévérité de ses remontrances. Le tyran ordonna de le transporter dans l'île d'Egine et de l'y vendre comme esclave. Athènes ne fit pas longtemps attendre la rançon de l'homme illustre qui fut une de ses gloires.

La fin du règne de Denys contrasta avec les débuts de sa carrière politique. Ses victoires sur les Carthaginois, en exaltant son orgueil, semblèrent adoucir sa nature tyrannique et cruelle. Plein de confiance, pour repousser les attaques des ennemis du dehors, dans son armée qui montait à cent mille hommes, et dans sa marine qui comptait jusqu'à quatre cents navires, Denys employa les loisirs de la paix à faire fleurir le commerce, les arts, les lettres à Syracuse. Cette ville se couvrit de monuments, l'agriculture devint prospère, et le peuple, gémissant jusque-là sous le poids des calamités de la guerre et du despotisme de son souverain, commença enfin à respirer. Denys lui-même s'adonna alors à la poésie et aux lettres ; mais il porta dans le culte des muses son caractère ombrageux et défiant. Il était jaloux des autres poètes, et plus d'un expia ses succès par la prison ou l'exil. Un accès de fureur terrible s'empara un jour de Denys, parce que ses vers n'avaient pas été couronnés aux jeux de la Grèce. Plus tard, ayant remporté la palme poétique sur le théâtre d'Athènes, sa joie ne connut plus de bornes ; il donna des fêtes, des repas splendides aux Syracusains, se livra à tous les plaisirs et mourut des suites de ses débauches, l'an 368 avant J.-C.

J'ai cru devoir entrer dans quelques détails sur Denys l'Ancien, car il m'a toujours semblé que l'étude de la vie d'un mauvais prince n'offrait pas des enseignements moins utiles que celle de la vie du roi le plus vertueux : l'une apprend aux peuples ce qu'ils doivent rechercher et chérir, l'autre ce qu'ils doivent éviter et craindre.

*Timoléontium.*

Le palais bâti par Denys l'Ancien à l'entrée d'Ortygie fut la demeure de son fils Denys le Jeune, qui porta sur le trône tous les vices de son père, sans une seule de ses qualités. Grâce à ce successeur indigne, le nom de Denys devint plus odieux encore à Syracuse. Aussi lorsque cette ville, épuisée par l'anarchie, s'adressa à Corinthe, sa mère-patrie, pour lui demander un sauveur, et que Corinthe eut accédé à ce désir en lui envoyant le Grec illustre appelé Timoléon, un des premiers actes du peuple fut de raser le palais des Denys. Au lieu qu'il occupait, la reconnaissance syracusaine établit une place publique nommée Timoléontium, en souvenir du libérateur.

*Aperçu du règne de Timoléon.*

Sous le règne de Timoléon, Syracuse put renaître de ses ruines, et jouir de plusieurs années de calme et de prospérité. Ce prince, après avoir repoussé les Carthaginois dans la partie occidentale de l'île, s'appliqua à asseoir sur de solides bases les destinées de l'Etat confié à son sceptre. La liberté civile, le respect des lois reparurent à Syracuse ; le gouvernement de Timoléon fut plutôt celui d'un père que celui d'un souverain ; sa vie paisible s'écoula entourée de l'amour de ses sujets, qui regardèrent sa mort comme une calamité publique. Les citoyens les plus distingués de Syracuse se disputèrent l'honneur de porter son corps jusqu'au bûcher ; là, un hérault proclama le décret suivant :

« Le peuple syracusain ordonne que Timoléon de
» Corinthe, fils de Timodème, soit enterré aux dépens
» du trésor public, et qu'à l'avenir on célèbre, tous
» les ans, le jour de sa mort, des jeux de musique,

» des jeux gymniques et des courses de chevaux, en
» mémoire de ce qu'il a donné aux Siciliens les lois
» les plus sages, après avoir détruit les tyrans, dé-
» fait les barbares dans plusieurs combats, et repeuplé
» les grandes cités qu'il avait trouvées désertes. »

Le tombeau où furent déposées les cendres de Ti- *Son tombeau.*
moléon s'élevait au milieu de Timoléontium. Plus
tard, Syracuse fit entourer de portiques somptueux cette
place publique à jamais consacrée par le souvenir d'un
héros. Ce souvenir a traversé les siècles, mais du tombeau de Timoléon il ne reste pas un vestige! Tout
objet matériel se transforme ou disparaît ici-bas :
les vertus et les crimes ont seuls le privilège de se
perpétuer au milieu des âges, parce qu'ils participent
à l'essence du principe immortel dont ils émanent.
Produits de la liberté de l'homme, ils sont comme tels
réservés à l'action de la justice infaillible d'une autre
vie.

En quittant Ortygie, et après avoir dépassé l'empla- *Quartier Néapoli.*
cement du Timoléontium, on arrive à l'ancien quar-
tier de Syracuse appelé Néapoli. Ce quartier était limité par le grand port, par la colline des Epipoles,
et par l'escarpement qui le séparait du quartier de Tycha. Tous ces quartiers si peuplés, si magnifiques dans
l'antiquité, sont maintenant complètement déserts;
les débris de monuments, épars çà et là sur le sol, attestent seuls la splendeur passée.

J'ai déjà fait la remarque, en parlant du théâtre de *Théâtre*
Taormine, du soin qu'apportaient les anciens à construire leurs édifices sacrés ou profanes dans les lieux
dont l'aspect était le plus propre à agir sur les yeux et

sur l'imagination. Sans les beautés du site, les fêtes, les solennités du culte leur semblaient froides et stériles. Peut-être durent-ils à ce rapprochement incessant de la nature, à cette habitude constante de puiser à la source de l'inspiration et de la vie, leur incontestable supériorité dans les lettres et dans les arts.

Le théâtre de Syracuse, sous le rapport de la position, ne le cédait à aucun monument antique ; de cet endroit élevé l'œil plonge sur la vaste plaine qui entoure le grand port, découvre Ortygie tout entière, que les flots encadrent de leurs festons sinueux, et embrasse l'horizon infini de la mer jusqu'au point où il se confond avec l'horizon du ciel ! Quelle décoration valait les merveilles de ce tableau pour le spectateur assis sur les degrés où je suis assis moi-même, et entendant déclamer devant lui les vers des plus grands poètes de la Grèce ! Aujourd'hui, le murmure d'un ruisseau, le bruit monotone d'un moulin occupant l'emplacement même de la scène, troublent seuls le silence de l'enceinte abandonnée ; quelques saules, emblèmes de tristesse, laissent tomber leurs longs rameaux sur ces ruines !

Le ruisseau s'échappe en cascade d'une grotte qui domine le théâtre, et l'on se servait autrefois de cette eau limpide pour entretenir la fraîcheur de l'air dans tout l'édifice. On prétend qu'une statue d'Apollon occupait le fond de la grotte, et que nulle représentation ne commençait sans une invocation préalable adressée au dieu des Muses.

Le théâtre était digne, par la grandeur de ses proportions, d'une cité aussi puissante et aussi opulente que l'était Syracuse ; sa construction remonte, comme la plupart des monuments de cette ville, à l'époque de la bataille d'Himère gagnée par Gélon sur les Carthaginois. Les riches dépouilles de l'armée africaine servirent alors à couvrir d'édifices somptueux la Sicile tout entière.

Hiéron, successeur de Gélon, protecteur des lettres et des arts, appela dans ses États les poètes de la Grèce les plus éminents, et l'enceinte du théâtre de Syracuse retentit tour à tour des compositions sublimes de Simonide, Pindare, Epicharme, Eschyle et Euripide.

Il est impossible d'imaginer une construction plus solide que celle de ce théâtre taillé dans le roc vif. Il offre la forme semi-circulaire ; tous les gradins supérieurs sont parfaitement conservés, le marbre qui recouvrait la pierre manque seul. Les gradins inférieurs et le fond du théâtre apparaissent encombrés de terre et de débris. Quant à la scène, elle n'existe plus ; Charles-Quint la détruisit et en employa les matériaux à bâtir la forteresse placée par lui à l'entrée d'Ortygie.

Au-dessus du théâtre, dans une position délicieuse, se trouvait la maison que la reconnaissance des Syracusains avait élevée pour Timoléon. Quelques pas seulement séparaient la demeure de ce grand homme du théâtre où se traitaient les affaires publiques. Dès qu'il y paraissait, tous les citoyens se levaient et l'accueillaient par des marques de respect et par des applaudissements. On écoutait sa parole avec vénération ; ses conseils, regardés comme autant d'oracles, étaient toujours religieusement suivis. Dans sa vieillesse, les jeunes gens se disputaient l'honneur de le porter au théâtre, et ils se pressaient en foule derrière lui pour former un cortège triomphal au restaurateur de la liberté de Syracuse.

On montre aujourd'hui quelques débris que l'on prétend avoir appartenu à la maison de Timoléon ; aucune base certaine n'appuie cette tradition vulgaire.

*Rue des Sépulcres.*

En sortant du théâtre et en s'élevant sur le coteau qui le domine, on entre dans la rue des Sépulcres du quartier de Néapoli, car chaque quartier avait, paraît-il, sa voie des tombeaux. Cette rue des Sépulcres est un petit chemin taillé dans le rocher dont les parois de droite et de gauche présentent une succession d'arcades creusées à une profondeur peu considérable, et contenant chacune plusieurs niches horizontales, toujours en nombre impair. Le corps du mort, une fois déposé dans la niche, on en murait l'ouverture ; une inscription rappelait aux parents, aux amis du défunt, le lieu de son éternel repos. Les anciens avaient l'habitude de mettre les tombeaux au centre même des cités, là où ils passaient sans cesse appelés par leurs affaires, leurs promenades, leurs divertissements ; ils aimaient à pratiquer le culte des souvenirs, et recherchaient avidement les enseignements de la tombe. Nous autres modernes semblons fuir la vue de la mort : nous reléguons nos cimetières dans quelque endroit écarté, loin de nos demeures, loin de nos regards, sans doute parce que notre vie craint les avertissements et peut-être aussi les reproches du cercueil !

Ces tombeaux de Syracuse sont d'origine grecque ; car les Romains, qui brûlaient les morts, confiaient leurs cendres à une urne déposée dans un mausolée. Le christianisme naissant se servit des sépulcres grecs et y enterra ses morts, soit que ces sépulcres se trouvassent à ciel ouvert, comme à Syracuse, soit qu'ils eussent été creusés au sein de catacombes, comme à Rome et à Naples.

J'aimais à errer dans cette rue des tombeaux si bien en harmonie avec les ruines de Syracuse ; j'évoquais les ombres des citoyens en présence de la grande ombre de leur patrie !

Le théâtre de Syracuse est un monument grec, avons-nous dit ; mais l'amphithéâtre, comme du reste tous les amphithéâtres, date seulement de l'époque romaine. Les Grecs, nation éminemment civilisée, aux mœurs douces, au goût pur, délicat, ne connurent pas le plaisir barbare de se repaître de la vue du sang de l'homme immolé par son semblable ou par de féroces animaux. *Amphithéâtre.*

Chez les anciens, l'amphithéâtre, qui servait aux combats des bêtes et des gladiateurs, était généralement plus vaste que le théâtre ; à Syracuse, on remarque le contraire, et cette exception s'explique facilement. Le théâtre remonte à l'époque où cette ville nageait dans l'opulence et regorgeait de population, tandis que sa richesse, le nombre de ses habitants étaient déjà considérablement réduits quand elle tomba sous la domination des Romains, constructeurs de l'amphithéâtre. Ce monument, assez bien conservé, exigerait encore de grandes fouilles, pour qu'on pût en apprécier convenablement l'ensemble. On reconnaît sa forme elliptique, on distingue les corridors qui servaient à introduire les bêtes, et la disposition des gradins en partie taillés dans le roc et en partie maçonnés. A peu de distance, on aperçoit les ruines d'un bel aqueduc destiné à amener l'eau, lorsqu'on voulait transformer l'arène en bassin, pour donner au peuple le spectacle d'une naumachie.

*Latomies.* On appelle latomies d'immenses cavités, en forme de tranchées, creusées et taillées à pic dans la roche calcaire jusqu'à la profondeur de cent à cent cinquante pieds. Ce furent, primitivement, les vastes carrières d'où l'on extrayait les matériaux nécessaires à la construction des palais, remparts et monuments de Syracuse. Le nombre de ces latomies, leurs grandes proportions, témoignent suffisamment du prodigieux développement qu'avait pris cette cité. Les catacombes, que nous visiterons bientôt, durent également leur origine aux fouilles entreprises pour l'extraction de la pierre; mais les catacombes de Syracuse, comme du reste toutes les catacombes connues, forment de vastes et obscurs souterrains, tandis que les latomies se montrent à ciel ouvert. Elles différèrent également de destination : les catacombes servirent de tombeaux; les latomies furent consacrées à renfermer les prisonniers que les chances de la guerre avaient fait tomber entre les mains des Syracusains. Après la défaite des troupes athéniennes sous les murs mêmes de Syracuse, on entassa dans les latomies bon nombre de soldats et de chefs ennemis ; plusieurs d'entre eux surent adoucir les rigueurs de leur captivité en récitant à leurs vainqueurs les plus beaux vers d'Euripide.

Les prisonniers carthaginois vinrent également traîner dans les latomies les chaînes pesantes de l'esclavage. Enfin, plus tard, les tyrans de Syracuse employèrent les latomies à assouvir leur haine soupçonneuse et leur vengeance contre ceux de leurs sujets qui leur portaient ombrage. Sous Denys l'Ancien, elles regorgèrent de captifs ; Philoxène, dont les poésies faisaient les délices des Siciliens, y fut enfermé, parce que le tyran jalousait les vers et le talent du poète.

Pendant la domination romaine, Verrès, le spoliateur de la Sicile, conserva aux latomies la destination que leur avaient donnée les tyrans de Syracuse ; Cicéron lui reproche de les avoir remplies des nombreuses victimes de sa cupidité.

Le sort d'un prisonnier est toujours cruel, car la perte de la liberté constitue pour l'homme la plus insupportable des douleurs ; et cependant, quelle différence entre la destinée des prisonniers des latomies et celle des malheureux ensevelis dans la profondeur d'un cachot ! Voir la lumière du jour, sentir sur ses membres la chaleur du soleil, respirer l'air pur et parfumé des nuits, contempler l'azur du ciel, entendre le chant de l'oiseau qui passe, tout cela c'est encore vivre, quelque étroit que soit d'ailleurs l'espace où nous puissions mouvoir nos pas ; mais être plongé dans une obscurité complète, n'avoir aucun rapport avec la nature, ni avec ses semblables, se trouver toujours en présence de soi-même, sans autre distraction que le bruit des verroux ou la dure parole d'un geôlier: n'est-ce pas monter lentement les degrés qui conduisent à la mort ou à la folie, cette autre mort anticipée de l'homme?

Dans la plupart des latomies, on remarque un rocher isolé, où se plaçait, dit-on, la sentinelle chargée de la garde des prisonniers. Quelques traces d'anciens degrés sur les parois du rocher, et des débris de construction sur sa cime, peuvent, jusqu'à un certain point, confirmer cette tradition. L'eau nécessaire aux besoins des captifs était amenée par des ramifications du grand aqueduc qui, partant du mont Criniti, allaient alimenter les fontaines de la ville.

Syracuse renferme au moins dix à douze latomies; plusieurs ont été transformées en corderies, et même en usines. Ces latomies sont dispersées çà et là; mais le quartier de Néapoli offre au voyageur la plus vaste et la plus célèbre; on lui a donné le nom d'Oreille de Denys: en voici le motif. Cette latomie présente plusieurs grottes creusées dans les flancs circulaires du rocher et formant comme autant de voûtes naturelles; elles servaient sans doute d'abri aux prisonniers. Une de ces cavernes, haute de soixante-dix pieds à son ouverture, et profonde de cent pieds, va toujours en s'abaissant jusqu'au fond; sa direction sinueuse affecte la forme d'une S ou du conduit auriculaire. Cette disposition particulière produit d'étonnants effets d'acoustique: un mot, dit à voix basse à une des extrémités, s'entend parfaitement à l'autre, et un coup de pistolet (on en fit devant moi l'expérience) retentit à

*Oreille de Denys.*

l'égal d'un coup de canon. Au sommet de l'ouverture extérieure est un trou carré et une espèce de cellule d'où, par une petite lucarne, l'œil plonge dans l'intérieur de la grotte. On prétend que Denys l'Ancien, utilisant ce phénomène physique pour servir sa tyrannie, se cachait au fond de la petite cellule, qu'il recueillait là les moindres paroles échappées aux prisonniers, épiait leurs pensées les plus secrètes, leurs plaintes, leurs gémissements, puis en prenait occasion d'envoyer ces malheureux à la mort. Cette tradition n'est appuyée sur aucune preuve historique; je la donne donc pour ce qu'elle vaut, ne voulant ni la patronner ni la combattre; car si, d'un côté, la nature de Denys l'Ancien le rendait capable de ce détail de tyrannie, je rappellerai, d'un autre côté, combien l'habitude de prêter *aux riches* est usitée parmi les hommes.

Les Epipoles formaient le quartier militaire par excellence, s'étendant sur la longue colline qui se prolonge au nord et domine Syracuse. *Epipoles.*

On avait établi en ce lieu un système de fortifications immenses destinées à repousser toute attaque de l'ennemi; plusieurs forteresses étaient échelonnées, de distance en distance, sur le rempart, et on distinguait parmi elles celles d'Euryalo, de Labdalo et l'Exapilon. Denys l'Ancien, au moment d'entrer en guerre avec les Carthaginois, augmenta prodigieusement les moyens défensifs des Epipoles. Pendant longtemps, soixante mille hommes et trois mille paires de bœufs furent employés à ces gigantesques travaux. Des ingénieurs anglais, en faisant le relevé des fortifications de Syracuse, ont découvert des chemins souterrains qui unissaient entre eux les divers quartiers de la ville, et dont plusieurs, débouchant à l'extérieur des murailles, permettaient aux assiégés d'entreprendre des sorties contre l'ennemi. Ces chemins couverts étaient assez larges pour que plusieurs soldats armés pussent facilement y passer de front.

Les anciens furent donc nos maîtres en fortifications comme en tant de choses! Qui sait si un jour les débris des remparts de nos villes étonneront la postérité à l'égal de cette masse de pierres, de rochers épars aux Epipoles, ruines imposantes des remparts de Syracuse ?

*Camp Romain.*

On montre, près du lieu où se trouvait la forteresse l'Exapilon, l'emplacement sur lequel le consul Marcellus vint établir le camp des troupes romaines. Marcellus avait compris qu'une fois maître des Epipoles, la conquête de Syracuse était certaine; il mit donc tout en œuvre pour s'emparer de cette position importante, tandis qu'une flotte romaine considérable assiégeait la ville du côté de la mer. Mais le consul trouva dans Syracuse une résistance à laquelle il ne pouvait s'attendre ; cette résistance vint du génie d'un seul homme. Archimède, à la fois mathématicien, astronome, mécanicien, consacra les ressources de sa vaste érudition à la défense de sa patrie. Il fut au moment d'anéantir, par les effets prodigieux de son art, la flotte et l'armée romaine. Placé sur le temple de Minerve, il observait, au moyen de ses instruments d'optique, les manœuvres de l'ennemi. Par ses soins, des armes terribles et inconnues couvraient chaque

*Détails sur le Siège de Syracuse par les Romains.*

point du rempart; des projectiles d'un poids effroyable, des harpons, des leviers assez puissants pour soulever des galères, des feux inévitables étaient lancés sans relâche sur les vaisseaux et les troupes des Romains. Marcellus se vit obligé de faire reculer ses soldats épouvantés, et de convertir le siège en blocus. Mais le blocus d'une ville aussi étendue que l'était Syracuse et communiquant avec la mer par trois ports, ne pouvait, malgré sa rigueur et malgré la vigilance des navires et de l'armée assiégeante, empêcher complètement les vivres d'arriver dans la place. Désespérant du succès, le consul romain eut alors recours à la ruse.

Des réjouissances se pratiquaient chaque année à l'occasion des fêtes de Diane; Marcellus en profita. Pendant la nuit, il fit secrètement monter ses troupes sur le rempart, par une tour mal gardée, située près du port Trogile, et qu'un de ses soldats lui avait dit être facile à escalader; les Syracusains, surpris, accoururent des autres points de l'enceinte pour défendre l'endroit attaqué; mais, pendant ce temps, un autre corps de troupes romaines força la porte d'Exapilon, dégarnie de soldats : les assiégés, entourés de toutes parts par les bataillons ennemis, se rendirent ou se réfugièrent dans le quartier d'Acradine et dans la presqu'île d'Ortygie.

Marcellus, maître des Épipoles, de Tycha et de Néapoli, ne pouvait tarder longtemps à s'emparer des deux quartiers qui résistaient encore. Manquant de vivres et réduits aux dernières extrémités, les Syracusains capitulèrent, stipulant l'inviolabilité des personnes et le respect des monuments de leur patrie. Mais les Romains, irrités par la longueur du siège, se montrèrent sourds à la voix de leur général, fidèle observateur des conditions de la capitulation. Syracuse fut livrée au pillage, la plupart de ses citoyens passés au fil de l'épée, et parmi les victimes se trouva l'illustre Archimède, qu'un soldat romain tua sans le connaître. Plutarque, écrivant la vie de Marcellus, raconte que ce dernier versa des larmes sur le triste sort du dernier héros de Syracuse; ce seul fait rendait le consul romain digne de figurer dans les annales des grands hommes de l'antiquité.

<small>Tycha. Seconde voie des Sépulcres.</small>

Comme le quartier de Néapoli, celui de Tycha possédait également sa voie des Sépulcres. C'est une longue rue, bordée de chaque côté de niches creusées dans le roc et destinées à recevoir les morts.

<small>Tombeau d'Archimède</small>

Une tradition populaire place dans cette voie sépulcrale le tombeau d'Archimède; mais un passage de Cicéron se trouve en contradiction formelle avec cette assertion évidemment erronée. L'orateur romain dit positivement que le tombeau d'Archimède avait été construit en dehors de la ville, près de la porte Acragas, vers l'extrémité du quartier de Néapoli. Dès le temps de la questure de Cicéron en Sicile, cette partie de la ville était abandonnée; les ronces, les épines recouvraient les ruines des monuments, et quand il vint à Syracuse pour saluer la tombe d'Archimède, personne ne sut lui en indiquer l'emplacement; il la chercha lui-même, et la reconnut enfin au cylindre et à la sphère sculptés sur la pierre. « Ainsi, dit Cicéron, la plus illustre des villes grecques, naguère la plus versée dans les sciences, dans les arts, ignorerait le lieu où reposent les restes du plus grand génie qu'elle ait produit, si un simple citoyen d'Arpinum ne fût venu le lui apprendre ! »

Deux ou trois siècles suffisent pour anéantir, dans sa propre patrie, la mémoire d'un homme de la trempe d'Archimède ! S'il en est ainsi, que deviendra, au bout d'un demi-siècle, notre pauvre souvenir ? Ah ! le marbre le plus dur ne peut préserver d'un oubli rapide notre vain passage sur cette terre !

Non loin de la voie des tombeaux de Tycha, on va visiter une antique église souterraine dédiée à saint Jean, monument respectable du christianisme naissant en Sicile. On y remarque le tombeau de saint Marcien, premier évêque de Syracuse, martyrisé dans le second siècle de l'ère chrétienne; ce tombeau est vide, car les Napolitains enlevèrent le corps et le transportèrent à Gaëte, à la suite d'une guerre dont la Sicile fut le théâtre. On a conservé le siège épiscopal qui servait à saint Marcien pour les cérémonies du culte; on montre également une colonne de granit où le saint évêque, ainsi que d'autres martyrs, furent attachés avant leur supplice; enfin, quelques peintures à fresque représentant Jésus, la Vierge, les Apôtres, rendent un témoignage touchant de la foi et de l'art de ces primitifs temps de notre religion. *Eglise souterraine de Saint-Jean.*

L'église de Saint-Jean faisait probablement partie des catacombes, qui lui sont contiguës, et qui forment sous terre une sorte de cité sépulcrale. *Catacombes.*

Le plan des catacombes est fort simple, mais cette simplicité symétrique a fait de ces immenses souterrains un labyrinthe inextricable. On trouve d'abord une longue rue dont la voûte peut offrir sept à huit pieds d'élévation; elle aboutit à une petite place ronde surmontée d'une coupole; de cette place partent quatre nouvelles rues dans des directions différentes, et chacune d'elles, au bout de quarante à cinquante pas, répète la même distribution d'une place en rotonde et de quatre rues nouvelles. Cette succession uniforme de voies et de carrefours présente un dédale tel, que l'expérience du guide n'oserait pas elle-même s'y aventurer trop loin. A droite et à gauche de chaque rue, on aperçoit des excavations voûtées ; elles renferment des sépulcres taillés dans le roc vif et contigus l'un à l'autre; certaines excavations contiennent jusqu'à vingt sépulcres de grandeurs diverses. Tous ces tombeaux sont ouverts et vides; rien ne peut indiquer à quel peuple ils ont servi. Cependant, on présume généralement que ces catacombes doivent aux Grecs leur existence, et que plus tard les chrétiens y cachèrent les cérémonies de leur culte et y déposèrent leurs morts. Quoi qu'il en soit, de si vastes fouilles dénotent chez la nation qui les pratiqua autant d'habileté que de patience.

Le seule chose intéressante qu'offre le quartier d'Acradina, est la vaste latomie attenant au couvent des Capucins. Les religieux l'ont transformée en un délicieux jardin anglais; on ne pourrait plaindre le sort du prisonnier détenu dans ce parterre d'arbustes et de fleurs.

Les nombreux accidents du terrain, l'aspect des piliers et des voûtes à demi ruinées, la variété des points de vue, la solitude, le silence interrompu par la cloche du couvent ou par les pas de quelque moine se rendant à la chapelle, la multiplicité des contrastes, en un mot, font de cette latomie un lieu digne des pinceaux du paysagiste, et des rêveries du poëte.

Telle fut ma visite à Syracuse : j'avais parcouru pas à pas toutes ses ruines, j'avais évoqué tous ses souvenirs, et, en présence d'un passé si glorieux, d'un présent si désolé, mes lèvres ne cessaient de répéter la strophe du comte Gaetani :

| « Questa è pur Siracusa ? | « Est-ce donc là Syracuse? |
| Ah! la superba | ah! la cité superbe, reine de |
| Città di tanti popoli | tant de peuples, est ainsi cou- |
| Regina, | chée sur la cendre, vouée |
| Come in ceneri avvolta, | tout entière à un deuil éter- |
| Al duol si serba! | nel! Où est Néapoli et Tica, |
| Ov'è Napoli e Tica, ove | où est l'Acradine? » |
| Acradina? » | |

## CHAPITRE VIII.

### De Syracuse à Girgenti.

—

Le mardi 6 octobre, à la pointe du jour, nous nous éloignions de Syracuse et nous prenions la route directe qui, par l'intérieur de la Sicile, devait nous conduire à Girgenti. Nos quatre mules reposées marchaient d'un pas rapide, excitées d'ailleurs par les gestes et les chants de Matteo, notre guide, homme excellent et bien précieux dans un pays si dénué de ressources; il nous servait à la fois de cicerone, de domestique, de cuisinier.

Nous traversons la vaste plaine que baigne l'Anapo, en longeant la colline des Epipoles, couverte de pierres et de débris. A l'extrémité de cette plaine, nous passons l'Anapo sur un mauvais pont en ruine, et nous pénétrons dans un étroit défilé de montagnes, de rochers, où l'on ne rencontre, en fait d'êtres animés, que des troupeaux et leurs pasteurs.

Après une montée pénible, nous nous trouvons sur un plateau escarpé. De là, un horizon immense, éclairé par un magnifique soleil, se développe à nos regards; nous adressons à Syracuse nos derniers adieux. La presqu'île d'Ortygie ressortait, comme une blanche perle, sur la ligne azurée de la mer; à notre gauche, l'Etna dominait dans le lointain tout le paysage de sa tête gigantesque ; on ne peut faire un pas sans apercevoir le roi de la Sicile.

Nous dînons, comme une caravane arabe, en plein air, à l'ombre d'un olivier, puis nous continuons notre route à travers un pays toujours accidenté, toujours aride. Cette nature sauvage, désolée, est-ce donc là la terre de Sicile si belle d'aspect, si féconde, le grenier de l'Italie? Ces tristes effets du manque de population, de l'ignorance, de l'apathie des habitants, sont tels, qu'on se demande si une violente commotion volcanique n'a pas, de fond en comble, bouleversé ces lieux? Quelques paysans nous saluent avec une apparence d'honnête bienveillance qui dément la réputation de brigands dont on gratifie les indigènes de cette partie de la Sicile.

Notre étape est Palazzolo, petite ville située sur la cime d'une montagne. On ne saurait se faire une idée de l'aspect misérable de cette bourgade ; les rues sont d'une malpropreté révoltante ; une population déguenillée se presse sur nos pas, avide de contempler des figures d'étrangers, spectacle rare dans ces parages peu fréquentés.

*Palazzolo.*

Les quelques prêtres que nous rencontrâmes nous parurent seuls faire contraste avec le reste des habitants, par leur bonne tenue et l'élégance même de leur mise.

L'auberge de Palazzolo répond à la cité : impossible de passer la nuit dans un bouge plus abject, digne tout au plus de servir d'asile à des lazzaroni ou à des mendiants. Les Siciliens de distinction, quand ils voyagent dans l'intérieur de leur pays, ne fréquentent jamais ces affreuses *locande;* ils descendent soit chez les particuliers, soit chez le curé de l'endroit, ou s'en vont demander l'hospitalité à quelque couvent du voisinage. Mais l'étranger n'a point généralement à sa disposition une semblable ressource. Je conseillerai donc au touriste de parcourir la Sicile comme l'Orient, de se pourvoir d'une tente, et de camper le soir hors de l'enceinte des villes, dans le fond d'une vallée solitaire. C'est le moyen de s'éviter beaucoup d'ennuis, beaucoup d'impatiences, et de couper court à la curiosité indiscrète et toujours intéressée de la police municipale de chaque village.

Acre. A une petite distance de Palazzolo, nous visitons les ruines de l'antique ville grecque appelée Acre. De la haute colline où elle était placée, l'œil embrasse un vaste horizon dans lequel on distingue parfaitement l'Etna, Syracuse et le cadre immense de la mer. On retrouve à Acre les degrés encore bien conservés d'un théâtre, et l'on aperçoit de tous côtés des catacombes qui servirent de tombeaux aux Grecs et plus tard aux chrétiens.

Nous quittons Palazzolo avec plaisir, comme un lieu créé pour la torture du voyageur. Nous traversons un site semblable à celui de la veille : des mamelons brûlés par le soleil, des montagnes pierreuses, des bancs de rochers ressemblant aux gradins d'immenses amphithéâtres, tel est l'ensemble du tableau monotone offert à nos regards. Mais, en approchant du village de Chiaramonte suspendu sur la cime d'un rocher comme un nid de vautours, le défilé de montagnes où nous cheminions depuis si longtemps s'élargit tout à coup; nous découvrons une vaste plaine couverte d'arbres, entourée d'une ceinture de collines dentelées qui vont se perdre dans la transparence vaporeuse de l'horizon. Nous croyons enfin avoir trouvé la Sicile si vantée pour sa fertilité, sa population nombreuse et active : vain espoir! à peine avions-nous mis le pied dans la plaine, qu'elle nous apparaît inculte, sans habitants, semblable à un désert! De loin en loin se montrent quelques visages suspects, jetant sur la mule aux bagages un regard fort significatif; le guide nous engage à nous tenir sur nos gardes, et à accélérer le pas de nos montures. « C'est une des parties de la route la moins sûre, nous dit-il; tous ces hommes que nous rencontrons ne vivent que de brigandage. » Ces paroles, comme on le pense bien, furent pour nous un puissant stimulant; et, grâce à la rapidité de notre marche, nous pûmes, vers le coucher du soleil, atteindre la petite ville de Biscari.

Matteo, sur lequel nous avions déversé la veille une partie de notre bile, à raison de l'affreuse locanda de Palazzolo, ne voulant pas s'exposer de nouveau à notre colère, fort injuste du reste, car le brave homme était bien innocent de la mauvaise tenue des auberges du pays; Matteo, dis-je, ne nous conduisit pas à la locanda de Biscari, mais à un couvent de capucins situé en dehors du village; il nous assura que là nous serions mieux traités que partout ailleurs. Les religieux nous accueillirent avec bienveillance, et remplirent de leur mieux à notre égard les devoirs de l'hospitalité;

*Biscari.*

si le repas fut frugal, si nous dormîmes sans draps sur la paille, au moins la propreté régnait dans le couvent, et notre sommeil ne fut pas incessamment troublé, comme à Palazzolo, par les atteintes d'une dégoûtante vermine. Le soir, nous eûmes tout le temps d'étudier la vie intime de ces moines, leurs habitudes, leur caractère. Ils nous semblèrent de braves gens, mais croupissant dans la plus grossière ignorance, et presque exclusivement préoccupés des besoins matériels de l'existence. Il n'est pas étonnant du reste que, chez ces religieux presque abandonnés à eux-mêmes et vivant sans relations avec les autres couvents de l'ordre, les liens de la discipline monacale se soient considérablement relâchés. Une règle sévère, observée jusque dans ses moindres détails, peut seule faire fleurir les vertus du cloître; la retraite et le silence, voies les meilleures pour arriver à la sainteté, deviennent, sans la règle, les plus dangereux écueils!

*Château de Biscari.*

Le lendemain 8 octobre, nous prenons congé de nos hôtes. Nous traversons le village de Biscari au milieu duquel s'élève un château moderne, propriété du prince Biscari, dont nous avions visité à Catane le palais et le riche musée. Ce château inhabité, comme la

*Délaissement des grandes propriétés par la noblesse.*

plupart de ceux de la Sicile, tombe en ruines. Les seigneurs siciliens ne résident jamais dans leurs terres; deux mois de l'année sont consacrés par eux à quelque villa située à une petite distance d'une grande cité, sans dépendances territoriales, et entourée seulement d'un parc ou même d'un simple jardin; ils importent là l'existence des villes : elle n'a pas le moindre rapport avec ce que nous appelons en France la vie de château. Ils passent le reste du temps soit à Naples soit à Palerme. Cet absentéisme des grands propriétaires constitue en Sicile, comme en Irlande, un véritable fléau ; c'est une des causes principales de la misère, de l'ignorance et de la dégradation des populations. Ne connaissant la valeur de leurs biens que par les rapports d'intendants avides, les seigneurs pressurent forcément le villageois qui cultive leurs domaines ; ils tirent du pays tout l'argent qu'il peut produire, afin de subvenir à la satisfaction de leur luxe, et cet argent, une fois sorti de la terre, n'y revient plus ; il profite à l'industrie des villes et non aux améliorations agricoles ni aux besoins des campagnes.

Sous le rapport moral, les conséquences de l'absentéisme ne sont pas moins fatales. Que devient la noblesse au milieu des villes ? elle languit, s'étiole, s'abâtardit : il lui faut, pour ne pas dégénérer, la vie *des camps* ou la vie *des champs.* Un noble, quand il ne peut payer à sa patrie l'impôt du sang, doit payer au sol même et aux populations qui le travaillent l'impôt du dévouement personnel et de la vertu ! l'exemple, venu d'en haut, porte infailliblement ses fruits ; c'est de la tête que part l'impulsion bonne ou mauvaise donnée au reste du corps. Notre noblesse française perdit son influence, sa considération, sa puissance, parce qu'elle déserta ses châteaux pour les villes et la cour ; elle ne recouvrera sa force, son prestige (chose essentielle, à mes yeux, à la marche régulière de toute société), qu'en retournant au sol si malheureusement abandonné par elle, et en y modelant sa vie sur la vie et les exemples de ses aïeux. La noblesse sicilienne, déchue par la même cause, ne se relèvera qu'à la même condition.

En sortant de Biscari, on descend dans une vallée charmante, appartenant tout entière au prince de Biscari, bien véritablement le seigneur de la contrée. La terre y est parfaite, mais la culture des plus misérables : à chaque pas on rencontre des palmiers nains que le paysan n'a pas le courage d'arracher pour en débarrasser ses champs.

Bientôt nous quittons cette vallée, oasis du désert, et nous entrons dans un étroit défilé formé de collines arides. Matteo nous engage à hâter le pas, « car, dit-il, il y a cinq ans, des étrangers, dont j'étais le guide, se virent en cet endroit assaillis par des brigands, et ne durent leur salut qu'à leur contenance énergique, leur nombre, et surtout à leurs fusils. » Quant à nous, nous ne pouvions compter que sur notre contenance, car nos armes se réduisaient à deux petits pistolets de poche.

On nous montre dans le lointain, sur la droite, les hauteurs de Caltanisetta, chef-lieu d'une intendance. Une fois le défilé franchi, nous arrivons à la vaste plaine qui entoure Terra-Nuova, petite ville bâtie sur une colline baignée d'un côté par la mer.

*Terra-Nuova* De loin, l'aspect de cette cité frappe agréablement les regards, mais l'illusion s'en va vite en mettant le pied dans son enceinte ; il est impossible de trouver rien de plus sale et de plus abject que l'intérieur des rues et des places publiques : il faut du courage pour braver la malpropreté des auberges de l'endroit.

Terra-Nuova est l'antique Géla, détruite par un tyran d'Agrigente, et dont les habitants se virent transportés à Fienzia, actuellement Alicata.

Frédéric II, de la maison de Souabe, empereur d'Allemagne, roi de Naples et de Sicile, bâtit Terra-Nuova, au treizième siècle, sur l'emplacement où elle se trouve aujourd'hui. Cette position était bien choisie, à raison du voisinage de la mer, pour fonder une ville puissante par son commerce et son industrie; mais la misère habite seule maintenant ces rivages !

De Terra-Nuova à Alicata, il n'y a d'autre route que la plage même de la mer. Pendant que nos mules, enfonçant dans le sable, cheminaient avec lenteur, je me laissais aller aux rêveries ineffables que l'aspect de l'immensité des flots apporte toujours à ma pensée ; je prêtais une oreille attentive à cette harmonie des vagues, qui, après une succession incessante de luttes et de bondissements, venaient mollement tour à tour expirer en blanche écume à mes pieds !

Un spectacle inattendu me tira de ma contemplation des beautés de la mer. Après avoir doublé un petit promontoire, j'aperçus devant moi, se dressant sur le rivage, un vieux château flanqué de tours crenelées, et offrant le cachet de l'architecture normande la plus féodale : des herses, des ponts-levis donnaient seuls accès dans l'enceinte du castel, véritable place forte, qui semblait encore prête à recevoir le choc d'une armée sarrasine.

*Château du prince Radzwill.*

Au milieu de ces grèves désertes, sur ces plages inhabitées, ce château produit un effet magique. Il est la propriété du prince Radzwill, gentilhomme allemand, qui, ayant épousé une princesse Butera, recueillit en partie l'héritage des Butera, une des familles les plus anciennes et les plus riches de la Sicile.

On me dit que le prince venait de temps à autre habiter son manoir; ce séjour ne peut convenir qu'à la mélancolie du poète ou aux rêveries solitaires de l'amour !

*Alicata.* Nous passâmes à gué une rivière appelée *Il Fiume salato*, et nous arrivâmes à la nuit tombante à Alicata, dont le nom est d'origine sarrasine.

*Dénominations et divisions arabes de la Sicile.* Plusieurs villes de la Sicile gardent ainsi leurs noms arabes : telles sont *Caltanisetta* ou *Calatanisetta, Calatafimi*, etc. : en Arabe, le mot *calata* signifie château. L'île a conservé non-seulement les dénominations arabes de ses cités, mais encore la division sarrasine de son territoire en trois vals ou vallées, savoir : « le val de Mazara, comprenant la partie occidentale de la Sicile; le val de Mona, au nord-est, ayant l'Etna au centre; et le val de Noto au sud-est. »

*Division moderne.* Adoptée par les géographes, cette division n'a plus aucun rapport avec les divisions modernes administratives. On compte aujourd'hui en Sicile sept provinces ou intendances qui peuvent correspondre à nos préfectures; les chefs-lieux de ces intendances sont : « Palerme, Messine, Catane, Syracuse, Caltanisetta, Girgenti et Trapani. » Chaque intendance se partage en plusieurs sous-intendances, équivalentes à nos arrondissements; la sous-intendance en districts, et le district en paroisses ou communes.

*Position et commerce d'Alicata.* Alicata, bâtie en amphithéâtre sur un promontoire, est une ville de treize à quatorze mille âmes, assez importante par son commerce de soufre. Ce produit, extrait en abondance des montagnes voisines, se transporte à dos de mulets jusqu'au petit port que possède la cité; là, on le charge sur les navires indigènes ou étrangers qui se livrent à ce genre de cabotage. En raison du commerce d'Alicata, plusieurs nations ont des agents consulaires accrédités dans cette résidence; la France y est représentée par un vice-consul.

Du reste, rien de curieux à Alicata. On montre dans son voisinage les restes d'un vieux château, dont une tradition, sans base sérieuse, fait l'ancienne demeure de Phalaris, tyran d'Agrigente. Ces ruines sont baignées de tous côtés, excepté d'un seul, par les flots de la mer, qui minent peu à peu les pierres gigantesques des soubassements de l'antique édifice. *Palais de Phalaris.*

On compte quatorze milles d'Alicata à Palma; après avoir traversé cette petite ville, nous cheminons longtemps au milieu de montagnes pierreuses, remplies de soufrières, et ne présentant aux regards qu'un aspect aride, dénudé. Mais tout à coup, en débouchant d'une gorge étroite, un merveilleux panorama se déroule à nos yeux : une plaine inculte, ravinée, gisait à nos pieds, ceinte à l'ouest et au nord par une ligne de montagnes sombres, et s'abaissant au midi vers les flots bleus d'une mer tranquille; sur les flancs d'une colline abrupte apparaît une ville, qui ressemble de loin à un amas de rochers blanchis; au-dessous, dans la plaine, on aperçoit disséminés çà et là, au milieu de cyprès et d'oliviers des débris, de murailles, des colonnes isolées, des temples entière- *Route d'Alicata à Girgenti.*

ment debout, avec leurs frontons, avec leurs pierres, que le soleil dore de ses derniers rayons. Cette ville, qui domine le tableau, c'est la cité moderne de Girgenti; ces remparts, ces colonnes, ces temples, sont les derniers vestiges de l'antique Agrigente, rivale de Syracuse par la gloire, la richesse et la puissance!!!

## CHAPITRE IX.

### Girgenti. — Agrigente.

En traversant lentement, pour arriver à la colline où est située Girgenti, la plaine jonchée des ruines d'Agrigente, ma pensée évoquait les souvenirs historiques de ces lieux. Là, près des bords du fleuve Acragas, dont le cours sinueux se déroulait devant moi, Phistile et Aristonoüs, colons de Géla, vinrent asseoir les premiers fondements d'une cité destinée à devenir à jamais illustre. Ils firent de l'antique Camica, forteresse des premiers peuples de la Sicile, la citadelle de la nouvelle ville; cette citadelle se trouvait sur la hauteur, à la place même où s'élève aujourd'hui la moderne Girgenti. Ainsi, de même que Syracuse, Agrigente est rentrée dans son berceau.

*Coup-d'œil historique sur Agrigente.*

Comme la plupart des colonies grecques, Agrigente adopta, dès le début, le gouvernement républicain ; mais là, comme ailleurs, les discordes intestines d'une part et l'ambition de l'autre, ne tardèrent pas à substituer le pouvoir d'un seul au pouvoir de la multitude.

Des citoyens audacieux, rarement supérieurs par le caractère et le génie, s'emparèrent successivement de la puissance suprême et l'exercèrent sous le nom de tyrans, expression qu'il faut prendre dans le sens général de son étymologie grecque, et non dans le sens particulier que lui a donné notre langue.

*Phalaris.* — Parmi les nombreux tyrans d'Agrigente, l'histoire mentionne Phalaris, homme exécrable pour sa cruauté. Afin d'assouvir ses appétits sanguinaires, ce monstre fit fondre par Périlaüs un énorme taureau de bronze, dont les flancs s'entr'ouvraient par un mécanisme ingénieux : Phalaris enfermait là les malheureux que sa nature ombrageuse avait destinés à périr. On allumait sous le taureau un immense feu; les parois du bronze, en s'échauffant, formaient les murailles embrasées d'une fournaise ardente, d'où s'échappaient les cris, les convulsions, les râles d'agonie des victimes vouées à cet affreux genre de mort.

On prétend que Phalaris fit l'essai de cette infernale machine sur l'inventeur lui-même.

De même que Denys abreuva Platon de persécutions, Phalaris accabla Zénon le Philosophe de sa haine et envoya au supplice l'illustre chef des stoïciens. A aucune époque l'indépendance de la pensée n'a trouvé grâce devant la tyrannie !

Tant de forfaits soulevèrent contre Phalaris l'indignation générale; il fut impitoyablement massacré, et la liberté proclamée à Agrigente. Elle n'y dura pas longtemps; bientôt d'autres tyrans se saisirent du pouvoir, et, sauf quelques réveils passagers, le gouvernement populaire fut entièrement étouffé sous les étreintes du despotisme.

*Théron.* — Théron, l'un des successeurs de Phalaris, se distingua exceptionnellement par ses talents, ses vertus, son courage. Après avoir rétabli l'ordre et l'empire des lois à Agrigente, il s'appliqua à conjurer les dangers extérieurs, qui pouvaient seuls menacer désormais la prospérité de sa patrie.

Carthage avait déjà pris pied en Sicile, et Théron comprit, comme Gélon, souverain de Syracuse, qu'il fallait dès le début arrêter les envahissements de la puissance africaine, sans quoi c'en était fait de la liberté d'Agrigente, de Syracuse, de l'île tout entière. Ces deux princes réunirent leurs moyens d'attaque et leurs soldats, dans le but patriotique d'affranchir la Sicile du joug étranger.

La victoire d'Himère couronna leurs généreux efforts. Agrigente eut sa bonne part des immenses dépouilles de l'ennemi, et, grâce à la paix, elle put employer ces riches trophées à élever des temples, des palais, des monuments qui firent d'elle une des plus splendides cités de la Sicile.

L'ambition de Carthage, terrassée par la bataille d'Himère, n'était cependant pas morte sous ce coup terrible. Assoupie pour un temps, un jour elle se réveilla plus ardente, plus insatiable que jamais; car, à son besoin de domination se joignait le désir de réparer l'affront fait à l'honneur de ses armes. Agrigente, voisine du littoral africain, se trouvait la première exposée à devenir le point de mire des vengeances carthaginoises. Théron, d'ailleurs, n'était plus; sous ses indignes successeurs, l'anarchie avait détrôné l'ordre, la corruption la vertu, et par conséquent la faiblesse avait pris la place de la force dans la ville d'Aristonoüs.

Carthage, mettant habilement à profit cet état intérieur si favorable à ses projets, fit partir sur de nombreux navires une armée formidable commandée par Annibal. Ce général commença par s'emparer de Sélinunte qu'il détruisit de fond en comble, puis vint assiéger Agrigente. Dès le début, les Agrigentins se défendirent avec une énergie qui démentit la réputation de mollesse dont l'histoire les a gratifiés ; malheureusement, cette énergie ne se soutint pas devant les horreurs de la famine, suite du blocus étroit dans lequel les enfermait l'armée carthaginoise. Des discordes intestines naquirent parmi eux ; il leur manqua un chef capable, par la supériorité de son esprit et la force de son caractère, de ramener sous l'autorité de la discipline ces volontés indépendantes, et de les faire toutes converger au grand et unique but de la défense de la patrie. Si Agrigente eût possédé dans son sein un pareil homme, fût-il même un tyran comme Denys de Syracuse, Agrigente pouvait encore espérer son salut.

*Siège et prise d'Agrigente par les Carthaginois*

Ne sachant plus comment résister aux attaques incessantes des Carthaginois, prévoyant qu'à tout moment ceux-ci pouvaient forcer l'enceinte, les Agrigentins résolurent de dérober au moins leurs personnes aux horreurs d'une ville prise d'assaut.

A la faveur des ténèbres, l'armée assiégée, la population tout entière, les femmes, les enfants, les vieillards, sortent, dans le plus profond silence, de ces murailles où la plupart vinrent à la vie et où la mort seule les attendait désormais !

Le triste et long cortège s'achemine inaperçu vers ce défilé de montagnes que j'avais traversé le matin même. Nul de ces malheureux n'a la suprême consolation accordée presque toujours par la destinée à ceux qui quittent leur patrie ; car nul d'entre eux ne peut, à cause de la nuit, voir encore une fois, de quelque colline élevée, les murs, les temples d'Agrigente, et leur dire un dernier adieu ! Ils s'en vont tous ainsi vers Géla, vers Syracuse, demander un asile et faire appel à l'hospitalité !

Quel ne fut pas l'étonnement des Carthaginois de ne voir le matin nul soldat sur les remparts, de n'entendre aucune voix, aucun bruit s'échapper de l'enceinte assiégée ! Ils escaladent les murailles, ils pénètrent pas à pas dans les divers quartiers, craignant toujours quelque piège caché, et partout ils ne trouvent que des rues désertes, que des maisons sans habitants. Leur vengeance déçue, ne pouvant s'assouvir sur le sang de l'ennemi, cherche à s'assouvir sur les ruines de ses monuments, de ses demeures abandonnées ; elle saccage, renverse tout ce qui s'offre à sa vue ; le marbre, la pierre, lui paient ainsi la dette de l'homme !

Les Carthaginois voulurent repeupler leur conquête ; mais, malgré leurs efforts, Agrigente ne renferma désormais qu'un nombre d'habitants fort restreint ; elle devint, entre les mains de la nation africaine, plutôt une vaste place d'armes qu'une colonie florissante. Aussi, lorsque les Romains, débarqués en Sicile, vinrent se mesurer avec les armées de Carthage, une de leurs premières entreprises fut-elle de tenter de se rendre maîtres d'Agrigente ; ils pensaient avec raison porter, par ce moyen, un coup décisif à la puissance de leurs ennemis.

*Siège et prise d'Agrigente par les Romains.*

Le siège d'Agrigente par les Romains n'offrit ni la longueur ni les incidents glorieux que présenta plus tard le siège de Syracuse. Il ne se trouva pas à Agrigente un Archimède et un Marcellus, pour rendre à jamais mémorable la défense et l'attaque.

L'armée carthaginoise, campée sous les murailles, du côté du midi, cherchait avant tout à maintenir ses communications avec la mer, d'où lui arrivaient ses vivres et ses renforts ; les Romains, partagés en deux corps, déployaient leurs tentes au nord et au levant de la cité. Les deux armées s'observèrent longtemps avant d'en venir aux mains : mais les troupes romaines, manquant de vivres, se virent forcées les premières d'engager la bataille; elle fut terrible, acharnée de part et d'autre. Malgré les efforts désespérés d'Annibal et d'Hannon, leurs généraux, les Carthaginois complètement défaits s'enfuirent en toute hâte, laissant au pouvoir des Romains les richesses de leur camp et un grand nombre de prisonniers. Agrigente ouvrit ses portes aux vainqueurs, qui la livrèrent impitoyablement au pillage.

*État d'Agrigente sous les Romains.*

Sous la domination romaine, et quand la Sicile put enfin respirer, la ville d'Aristonoüs jouit elle-même de quelques siècles de repos et de prospérité. Les empereurs repeuplèrent et restaurèrent cette

*Sa destruction définitive par les Arabes.*

malheureuse cité tant de fois détruite ; mais à l'époque des invasions sarrasines, les enfants de Mahomet la renversèrent de fond en comble ; elle perdit tous ses habitants, et de la superbe Agrigente il ne resta plus que les ruines que l'on voit aujourd'hui, des souvenirs, un nom impérissable, et sa forteresse transformée peu à peu en la moderne Girgenti !

Je finissais à peine de jeter ce regard rapide sur la destinée d'Agrigente, que déjà je commençais à gravir la pente escarpée qui conduit dans l'enceinte même de Girgenti. Cette ville n'a pour elle que sa position pittoresque. Des hauteurs où elle est assise, l'œil plonge sur la plaine, les temples d'Agrigente, sur les montagnes et sur l'horizon immense de la mer. Quant à l'intérieur des rues et des places, il n'offre qu'une sorte de cloaque infect. *Girgenti.*

La cathédrale, remarquable seulement par ses grandes proportions, renferme un sarcophage antique, couvert de sculptures grecques représentant l'histoire d'Hippolyte, fils de Thésée. Dans un de ces bas-reliefs, le héros, renversé de son char, est traîné par ses fougueux coursiers, et va devenir la victime du monstre qui s'approche pour le dévorer ; dans un autre, Phèdre apprend la fatale nouvelle de la mort de son incestueux amant. Il faut convenir que ce tombeau et ces sujets païens sont singulièrement placés au milieu d'un temple catholique. Mais cet asile religieux, offert généreusement aux produits de l'art antique, répond victorieusement aux reproches d'obscurantisme et de barbarie adressés à l'Eglise par certains hommes qui parlent d'elle sans la connaître. *Cathédrale.*

Girgenti possède un antiquaire d'un grand mérite dans la personne de M. Politi, homme excellent, au- *M. Politi.*

quel nous étions recommandés. Il nous accueillit avec une affabilité charmante, et se mit à notre disposition pour nous rendre agréable le séjour de sa patrie. Presque vieillard, M. Politi a la fraîcheur de pensées d'un jeune homme ; il s'exprime avec facilité, même en français ; nous le trouvâmes entouré d'un petit cercle d'amis dans lequel on traitait avec esprit, jugement, enthousiasme, des questions littéraires et artistiques.

Par patriotisme autant que par goût, M. Politi a consacré sa vie à l'étude des ruines qui attestent la grandeur passée de son pays. Il contribua puissamment à diriger les fouilles, les restaurations des temples d'Agrigente, et a publié plusieurs écrits estimés sur l'ensemble de ces travaux, ainsi qu'une description détaillée des vases grecs trouvés dans des sépulcres. Lui-même est possesseur d'un petit musée renfermant une intéressante collection de vases, un magnifique camée antique, et un plan en relief du temple de Jupiter Olympien, restauré d'après ses savantes indications.

Cette visite à M. Politi rendit encore plus vif, s'il est possible, notre désir d'aller contempler de près les antiquités d'Agrigente, qui venaient de faire presque exclusivement les frais de notre conversation.

On se rend facilement compte de la situation générale de cette cité fameuse, car les pierres, qui jonchent le sol, indiquent encore à l'œil les sinuosités et l'étendue de son enceinte. Elle ne comprenait pas moins de soixante-dix stades ou trois lieues : à l'ouest, elle était limitée par le fleuve Acragas, qui longeait ses murailles ; au midi, par une colline dont la pente s'inclinait vers la mer ; au nord et au levant, des ravines profondes, d'énormes bancs de rochers fortifiaient naturellement la place et la rendaient très difficile d'accès à une armée assiégeante. Les divers quartiers s'élevaient en amphithéâtre, dominés au septentrion par la citadelle et par la roche, dite Athénienne, sorte de montagne pierreuse, rougeâtre d'aspect.

Six à sept cent mille habitants peuplaient autrefois cette ville, où l'on ne voit plus aujourd'hui circuler aucun être humain, et où n'apparaissent que des tombeaux, des colonnes de temples et de longues allées de cyprès funéraires !

En suivant la roche Athénienne, on arrive au temple de Cérès, de tous les temples d'Agrigente, le plus rapproché de Girgenti. Il ne reste de cet édifice que le pourtour du soubassement, sur lequel on a construit la chapelle dite de Saint-Blaise. *Temple de Cérès.*

Du temple de Cérès, nous nous rendîmes au temple de Junon Lucine, placé à l'angle d'intersection des remparts du midi et de l'est.

Ce monument apparaît suspendu au-dessus d'une ravine profonde, remplie de blocs de rochers, et bien qu'il ne soit pas conservé tout entier, rien n'égale l'aspect majestueux de ses belles colonnes à travers lesquelles l'œil aperçoit le ciel ! Elles étaient au nombre de trentre-quatre, d'ordre dorique, dont six sur chaque face et onze sur les côtés ; leurs chapiteaux offraient la plus grande simplicité, et elles reposaient immédiatement, sans base, sur le soubassement. *Temple de Junon Lucine.*

On montait par des degrés au temple qu'entourait une sorte de plate-forme où se tenait le peuple. L'entrée des lieux réservés aux prêtres se trouvait au levant. Ces lieux réservés se composaient de la *cella*, partie secrète dans laquelle était amenée la victime et où l'on préparait le sacrifice, et de la *procella*, endroit consacré aux ministres du culte pour revêtir leurs habits sacerdotaux.

Zeuxis avait orné ce temple du tableau célèbre représentant Junon, reine de l'Olympe, dans toute la grâce et la splendeur de sa beauté. Les dieux du paganisme étaient l'image des mœurs corrompues de la société antique; l'art, la littérature, ne comprenant que le beau matériel, ne soupçonnaient pas l'existence du beau moral. Les appétits grossiers gouvernaient le monde, élevaient des autels à Junon incestueuse, à Vénus impudique, avant la venue de Celui qui prit une vierge pour mère, et fit de la pudeur de la femme un charme incomparable et une vertu. L'art puisa désormais à cette source nouvelle, il s'agrandit, s'épura. Se dégageant des étreintes de la matière, il prit son essor vers les horizons infinis du spiritualisme chrétien; l'artiste ne vit plus dans la forme un but, mais seulement un moyen d'exprimer les créations de la pensée et ses aspirations vers le beau idéal! Les chefs-d'œuvre de l'antiquité ressemblent à la statue de Pygmalion; quelque belle qu'elle fût, il lui manquait l'ame, l'étincelle divine!

Après avoir visité le temple de Junon Lucine, nous nous dirigeons vers l'ouest, en longeant les remparts, taillés dans le rocher, qui protégeaient Agrigente du côté du midi. Ces murailles formidables, construites par Théron après la bataille d'Himère, pouvaient rivaliser avec celles de Syracuse. Presque à leur pied on trouve, de distance en distance, des excavations maçonnées, véritables silos destinés à la conservation du blé, et dans les blocs de pierre encore intacts qui faisaient partie de l'enceinte, on aperçoit à chaque pas des ouvertures en forme de bouche de four, appelées *columbaria*, usitées chez les Romains pour y renfermer leurs urnes cinéraires. Les murailles d'Agrigente servaient donc à la fois de remparts aux vivants et de dernier asile aux morts ! A ce titre elles prenaient un caractère sacré aux yeux des habitants, d'autant plus animés à les défendre qu'il s'agissait de préserver des profanations de l'ennemi les restes vénérés des aïeux !

<small>Columbaria</small>

Il n'existe pas en Sicile et peut-être dans le monde entier un monument antique mieux conservé que le temple de la Concorde. Cet édifice remonte à l'époque où l'art grec jeta le plus vif éclat. Il frappe les yeux par la régularité, par l'harmonie de ses proportions, la couleur dorée de ses pierres, la hardiesse de ses frontons, l'effet grandiose de ses colonnes, qui coupent de leurs lignes précises et pures le bleu foncé du ciel de Sicile.

<small>Temple de la Concorde.</small>

Le temple de la Concorde appartient à l'ordre dorique; ses colonnes cannelées reposent simplement sur un soubassement formé de quatre degrés.

Il y a six colonnes sur chaque face, treize de chaque côté, ce qui porte leur nombre total à trente-quatre, car il convient de ne compter qu'une seule fois les quatre colonnes, qui, placées aux angles, figurent simultanément dans une face et dans un côté.

Elles sont légèrement coniques; leur chapiteau offre la plus grande simplicité.

Le monument, un des plus grands dus à l'art grec, a cinquante-deux pieds de largeur sur cent vingt-deux de longueur.

La cella, sanctuaire intérieur consacré aux sacrifices, est encore parfaitement conservée, et ses murs de côté se terminent par deux énormes pilastres.

On convertit autrefois cette cella en chapelle catholique. Pour l'approprier aux besoins du culte, on perça dans chaque muraille latérale trois fenêtres cintrées; leur forme contraste d'une façon étrange avec le style général de l'édifice. Peut-être cependant devons-nous à cette pieuse transformation la conservation extraordinaire du temple de la Concorde.

Un escalier intérieur, dont on ne comprend pas trop la destination, conduit au faîte du monument exposé à toutes les intempéries des saisons, car la couverture, qui jadis l'abritait, fait maintenant complètement défaut.

Une inscription en gros caractères, placée dans l'un des frontons, atteste que la restauration du temple a eu lieu en 1838, par les ordres de Ferdinand II, roi des Deux-Siciles.

Les temples de Junon Lucine et de la Concorde se trouvent situés sur une même ligne droite, parallèle aux remparts dont elle est fort rapprochée.

Les autres temples d'Agrigente sont placés près des murailles, sur la continuation de cette ligne.

L'accumulation d'une si grande quantité d'édifices religieux presque à la même place, tient sans doute à deux causes : d'abord à la beauté de la position, à la vue merveilleuse qui de là se déroule aux regards, et qui était faite pour élever les esprits vers l'idée sublime de la divinité, puis peut-être à la sage pensée des Agrigentins de mettre l'enceinte de la ville sous la protection immédiate des dieux.

Le temple d'Hercule n'est plus debout, mais on reconnaît son emplacement rempli de blocs de pierre, de tronçons de colonnes, de débris de chapiteaux, de corniches et de frises ! Tout cela colossal comme la force du dieu à qui le temple avait été dédié. On peut encore voir les traces de la cella et de l'autel.

*Temple d'Hercule.*

La statue d'Hercule, un des chefs-d'œuvre de l'art grec, excita les convoitises du préteur Verrès, le spoliateur de la Sicile. Résolu de s'en emparer par la violence, s'il en était besoin, il envoya des soldats pour accomplir ce vol sacrilège ; mais les prêtres préposés à la garde du temple font un appel au peuple ; il accourt tout armé à la défense du sanctuaire déjà envahi. Le combat s'engage, et les satellites de Verrès, tombant victimes de la fureur de la multitude, vont rougir de leur sang impie les pieds mêmes de la statue du dieu.

Un tableau représentant Hercule étouffant, jeune encore, deux serpents sous les yeux de sa mère Alcmène, avait, dit-on, été fait pour la décoration intérieure de l'édifice par le célèbre Zeuxis.

**Tombeau de Théron.**  De l'éminence sur laquelle se trouve le temple d'Hercule, on découvre, en dehors des murs, un tombeau isolé ; là, suivant la tradition, furent déposés les restes de Théron, restaurateur de la liberté et de la splendeur d'Agrigente.

L'aspect de ce tombeau porta l'effroi au sein de l'armée carthaginoise : en s'en approchant, elle entendit tout à coup retentir le bruit du tonnerre, et crut que les dieux menaçaient de frapper de leur foudre quiconque oserait profaner le dernier asile de cet homme illustre. Aussi, son sépulcre fut-il respecté par les phalanges africaines. Quelques auteurs ne veulent pas reconnaître dans ce monument le mausolée de Théron, mais bien celui élevé par un riche citoyen d'Agrigente à son cheval favori. Ces honneurs funèbres, rendus à des chiens et à des coursiers préférés, étaient usités parmi les Agrigentins.

Dans l'intérêt de la mémoire de ce peuple, j'incline plus volontiers à croire à la vérité de la première supposition qu'à celle de la seconde : j'aime mieux avoir sous les yeux le témoignage éternel de la reconnaissance d'une cité pour un héros, que la trace indestructible d'une affection ridicule et puérile. Si cependant des faits positifs forçaient à admettre cette dernière version, quelle conséquence en tirer, sinon une preuve de plus du néant des destinées humaines, et de la fragilité des souvenirs que laisse notre passage sur cette terre ? La postérité retrouve le tombeau d'un vil animal mort, il y a plus de deux mille ans, et elle ne connaît pas même la place où reposent les cendres d'un roi vertueux !

Un péu plus loin que le tombeau de Théron et toujours en dehors des murailles, on découvre les débris du temple dédié à Esculape ; ils consistent en quelques blocs de pierre, et en plusieurs colonnes tronquées. Une statue d'Apollon ornait le monument ; moins heureuse que celle d'Hercule, elle ne put échapper à la rapacité de Verrès. *Temple d'Esculape.*

Le temple de Jupiter Olympien, dans l'enceinte de la ville, était placé à une petite distance de la porte Aurea par laquelle on passait pour se rendre à la mer. *Temple de Jupiter Olympien, dit des Géants.*

Cet édifice, le plus grandiose des monuments d'Agrigente et peut-être de l'antiquité, remonte à l'époque où la Grèce élevait, en l'honneur du maître de l'Olympe, les temples fameux d'Elis et d'Athènes. Les colonies grecques de la Sicile, piquées d'émulation, résolurent d'imiter l'exemple de leurs métropoles, et construisirent à Syracuse, Sélinunte, Agrigente, des temples aussi vastes que splendides, consacrés à Jupiter. Celui d'Agrigente les surpassa tous par la hardiesse de ses immenses proportions, par la magnificence de ses décorations intérieures.

Pour donner un aperçu de ce monument, je ne puis mieux faire que de copier textuellement la description complète qu'en a laissée l'historien Diodore de Sicile. « La construction des temples d'Agrigente,
» dit-il, et particulièrement la construction de celui
» de Jupiter Olympien, fait connaître quelle était la
» magnificence des hommes de cette époque. Cet
» édifice a trois cent quarante pieds de long, sur
» cent soixante de largeur, et cent vingt pieds d'é-

» lévation jusqu'à la naissance du comble. Il est le
» plus grand de tous les temples de Sicile, et on peut
» à cet égard le comparer avec les plus beaux qui
» existent ; car bien qu'il n'ait jamais été achevé, il
» semble parfait dans son ensemble. Tandis que les
» autres temples sont soutenus seulement par des
» murs ou par des colonnes, on a réuni dans celui-ci
» ces deux systèmes d'architecture sans les séparer ;
» en effet, on a placé dans l'épaisseur des murs, de
» distance en distance, des piliers qui ressortent en
» dehors comme des colonnes arrondies, et qui en
» dedans ont la forme de pilastres taillés carrément.
» En dehors, les colonnes ont vingt pieds de tour,
» elles sont cannelées, et un homme peut se placer
» dans une de ces cannelures ; les pilastres intérieurs
» offrent douze pieds de largeur. Les portiques sont
» d'une beauté et d'une magnificence prodigieuses.
» Sur la façade du côté de l'Orient, on a représenté
» en sculpture un combat de géants, admirable par
» la grandeur et l'élégance des figures. Du côté de
» l'Occident, on voit la prise de Troie, et on y dis-
» tingue les héros par la différence de leurs habil-
» lements et de leurs armes. »

Il y a peu d'années, l'emplacement du temple n'offrait encore qu'un chaos confus de débris et de matériaux gigantesques, un pêle-mêle inextricable de blocs de pierres, de tronçons de colonnes, de morceaux de frises, corniches et chapiteaux. Mais le gouvernement napolitain s'étant décidé à ordonner des fouilles sérieuses, elles ont permis de vérifier, sur le terrain même, l'exactitude du récit de l'historien.

Grâce à elles, on retrouve parfaitement aujourd'hui l'enceinte extérieure du monument, le pourtour de la cella, la place même de l'autel, le tout marqué par les premières assises et par les fondations. Ces fouilles firent découvrir au milieu des déblais et retirer du sol des parties entières de statues gigantesques ; M. Cokerell, architecte anglais, et M. Politi, dont le nom se trouve mêlé à tous les travaux entrepris dans les ruines d'Agrigente, classèrent patiemment et rapprochèrent les uns des autres tous ces fragments mutilés : ils recomposèrent ainsi plusieurs statues colossales dont l'une se voit encore, étendue sur la terre, dans la position d'un atlante.

Fazello, écrivain du seizième siècle, auteur d'un travail consciencieux et estimé sur les antiquités de la Sicile, fait mention de l'existence de ces géants ; suivant lui, trois se trouvaient encore debout vers le milieu du quinzième siècle. Il ajoute que le nom de temple des Géants, donné au temple de Jupiter, venait de ces figures colossales, et que telle est également l'origine des armes de la ville moderne de Girgenti, composées de trois atlantes avec cette légende :

« Signat Agrigentum mirabilis aula Giganteum. »

Malgré le silence de Diodore sur ce point, il est donc évident que ces prodigieuses statues avaient dû jouer un rôle, et un rôle fort important, en raison de leur masse, dans l'ordonnance générale du temple de Giove. Mais quel était ce rôle? ici un vaste champ s'ouvrait à l'hypothèse, car nulle donnée certaine ne fournissait la moindre indication sur la solution de l'énigme. Cependant les opinions des antiquaires et touristes compétents peuvent se résumer à cet égard en deux principales. Les uns supposent que les divisions intérieures du temple, divisions formant la cella et les bas côtés, se composaient de murs et de pilastres placés de distance en distance ; que ces pilastres supportaient l'architrave, sa corniche, et que les géants avaient été disposés sur deux rangs au-dessus de l'architrave, dans le but de porter la charpente et le comble du monument. Les autres établissent les géants sur le sol même de la cella où ils servaient de pilastres et de soutènement à l'architrave et à la corniche. Cette seconde explication me semble la plus rationnelle ; il est en effet plus naturel de faire reposer ces colosses sur les assises des murailles intérieures que de les tenir suspendus sur un entablement, qui, quelle que fût sa force et sa solidité, n'eût pas été capable de porter une pareille masse. D'ailleurs l'aspect de ces atlantes, vus à distance et de bas en haut, aurait considérablement perdu de son caractère grandiose.

*Temple de Castor et Pollux; temple de Vulcain.*

Auprès du temple de Jupiter Olympien, on montre celui de Castor et Pollux, et plus loin celui dédié, suivant la tradition, à Vulcain. Chacun de ces temples n'offre, au milieu de débris de pierres éparses, que deux colonnes encore debout, bien conservées et remarquables par la richesse sculpturale de leur ornementation.

*Église de St-Nicolas.*

A quelque distance de ces deux temples et sur le chemin que nous suivions pour regagner Girgenti, se trouve une petite église dédiée à saint Nicolas ; elle est construite dans le style ogival, chose rare en Italie et en Sicile, et par cela même d'autant plus appréciable.

Un tombeau, que l'on dit être celui du cruel Phalaris, touche presque l'église de Saint-Nicolas. Rapprochement singulier! Les restes d'un des tyrans les plus sanguinaires de l'antiquité reposent à l'ombre du sanctuaire où habite le Dieu de paix, de charité infinie! *Tombeau de Phalaris.*

La nuit couvrait déjà la terre quand nous retournâmes à Girgenti. Malgré la fatigue résultant de l'ardeur du soleil de Sicile, brûlant même au mois d'octobre, cette journée, passée au milieu des ruines d'Agrigente, laissa dans ma pensée d'impérissables souvenirs. Des temples, des tombeaux étaient les seuls témoins que j'avais trouvés encore debout pour m'attester l'existence d'une ville célèbre, autrefois assise en ces lieux. L'idée de la divinité, l'idée de la mort survivent à toute chose : les générations disparaissent tour à tour, ne léguant aux générations qui les suivent d'autre héritage que des monuments funèbres, preuves de la fragilité de l'homme, et des édifices sacrés, preuves de l'éternité de Dieu!

## CHAPITRE X.

### De Girgenti à Palerme.

Séparation.

Le 11 octobre, après avoir pris congé de M. Politi, nous quittions Girgenti, mon compagnon de voyage et moi, pour nous rendre à Palerme, mais chacun de nous par une direction différente. Ch. de L. M., voulant réaliser complètement le plan que nous nous étions tracé en débarquant à Messine, résolut d'achever le tour de l'île, de traverser Sélinunte, Marsala, Trapani, avant de visiter la capitale de la Sicile. Son ame ardente, avide d'entreprises hardies, parfois même téméraires, lui inspira le projet d'aller de Trapani mettre le pied, pendant quelques jours seulement, sur la terre d'Afrique, séparée par un bras de mer étroit de cette pointe de la Sicile; il espérait trouver un bâtiment de cabotage ou même une simple barque de pêcheur prête à faire voile pour Tunis, et pouvoir ainsi jeter un regard rapide sur les ruines de Carthage.

Quant à moi, fatigué par la chaleur, la mauvaise nourriture et l'absence de sommeil, je n'avais qu'un désir, celui de prendre la voie la plus courte pour gagner Palerme, terme de cette longue excursion! Il fallut donc nous séparer à la porte de Girgenti;

Ch...... marchait vers l'ouest en suivant le rivage de la mer; moi, j'avais à traverser l'île dans toute sa largeur, du midi au nord-ouest. Mon compagnon de voyage s'étant pourvu d'un autre guide à Girgenti, je gardai le fidèle Matteo.

Nous devions nous retrouver à Palerme sous dix ou douze jours au plus; nos adieux cependant furent tristes, comme le sont les adieux de deux êtres qui s'aiment! On se quitte sans nulle certitude de se revoir, tant l'homme a instinctivement conscience de la caducité de sa vie! Si, dans le cours ordinaire des choses, une telle perplexité plane sur notre destinée, combien augmente-t-elle avec les incidents imprévus d'un voyage lointain!

Notre amitié d'ailleurs était ancienne; elle naquit du voisinage, de l'intimité, de l'alliance de nos deux familles : enfants, nous avions mêlé nos jeux; adolescents, nous nous étions assis au collège sur les mêmes bancs.

Les six mois que nous venions d'employer à visiter ensemble une partie de l'Italie, avant d'entreprendre le voyage de Sicile, avaient encore resserré davantage, s'il était possible, les liens de notre affection. Rien n'est plus propre qu'un voyage à rapprocher, à unir : on devient nécessaire l'un à l'autre, et cette intimité de chaque instant rend forcément communes toutes les impressions, toutes les pensées. Ch...... étant naturellement peu communicatif, ce qui provenait d'une grande modestie et d'une défiance de lui-même portée jusqu'à l'excès, il ne m'avait jamais été donné, comme pendant notre séjour en Italie, de lire dans son ame, et de découvrir les trésors de dévouement, de délicatesse, d'honneur chevaleresque qu'elle recelait; mais en même temps mon regard ne tarda pas à voir qu'un grand fond de mélancolique tristesse voilait à demi ces qualités, qui, semblables à des fleurs charmantes cachées dans les replis secrets du cœur, ne pouvaient librement s'épanouir au soleil. Le monde, qui juge seulement à la surface, n'était pas capable de deviner ces choses. En apparence, Ch.... ne réunissait-il pas toutes les conditions du bonheur ? n'avait-il pas la naissance, la fortune, la beauté physique, la grâce, la distinction des manières, et les dons plus précieux encore d'une intelligence cultivée ? que lui manquait-il donc ?...... Quand un être ne suit pas la voie dans laquelle l'appelaient les desseins de la Providence, bien rarement il est heureux. Nous arrivons tous à la vie avec une aptitude spéciale, une vocation particulière plus ou moins tranchée, dont le non-accomplissement devient généralement une source de malheurs, soit pour nous, soit pour la société. Doué d'une grande activité, d'un grand courage, Ch..... était évidemment né pour embrasser la carrière des armes; la révolution de juillet l'empêcha d'obéir à la loi de sa nature, car il n'hésita jamais à se sacrifier lui-même pour écouter la voix de l'honneur et du devoir.

Cette activité sans emploi, ne pouvant se répandre au dehors, ne s'éteignit pas, mais elle couva au dedans, semblable à un feu intérieur qui ronge et consume lentement.

Telle fut l'origine, telle fut la cause de ces douleurs secrètes, de ces plaies cachées dont plus d'une fois j'avais sondé la profondeur. La souffrance constitue un des liens les plus forts entre les hommes, et lorsque mon ami m'apparut ainsi en proie à ces troubles de l'ame, il me devint plus cher encore. J'avais compris combien la solitude pouvait lui être funeste; aussi je le laissais le moins possible abandonné à lui-même, et j'éprouvai un véritable sentiment de tristesse en le quittant à Girgenti.

Oui, la solitude est bien contraire à ces pauvres natures que leur propre ardeur dévore! Lorsque, un an plus tard, l'infortuné jeune homme abandonna de nouveau la France, ses amis, sa famille, et s'en alla dans le Nouveau-Monde promener sa vie remplie d'angoisses et de découragements, s'il eût eu près de lui un cœur tendrement dévoué pour y verser ses épanchements et ses larmes, peut-être n'aurait-il pas laissé prématurément sa cendre sur les rivages de l'Atlantique, à deux mille lieues de la terre qui fut son berceau!

Indépendamment de la peine que me causait notre séparation, j'avais un vif regret de ne pas visiter les ruines de Sélinunte.

*Sélinunte.*

Ces ruines immenses doivent être dignes du plus haut intérêt, si j'en juge d'après ce que dit Denon, voyageur français fort érudit, du temple de Jupiter Olympien : « On croit voir un ouvrage de géants
» dans les débris de ce temple, le plus grand de
» ceux que renfermait Sélinunte; on se trouve si
» petit auprès des plus petits détails, qu'on ne peut

» croire que des hommes aient préparé et mis en
» place ces masses énormes, que l'œil même a de
» la peine à mesurer; chaque colonne est une tour,
» chaque chapiteau un rocher. »

Marsala.

Un peu plus loin que Sélinunte, j'aurais trouvé Marsala, l'antique Lilybée, une des places les plus fortes de la Sicile pendant la domination carthaginoise, et qui, sous les Romains, devint la résidence d'un questeur, magistrat préposé au gouvernement de l'île entière. Cicéron compta parmi les titulaires de cette charge.

Ainsi, depuis Messine jusqu'à Trapani, les rivages de la côte méridionale de Sicile étaient couverts, dans l'antiquité, de cités remarquables par leurs monuments, leur richesse et leur puissance; mais aujourd'hui, la mer, en brisant ses vagues sur leurs ruines, trouble seule le silence de la plage abandonnée.

« Muojono le città, muojono i regni;
Copre i fasti e le pompe arena et erba;
E l'uom d'esser mortal par che si sdegui.
O nostra mente cupida e superba! »

« Les royaumes disparaissent, les cités s'écroulent; les ronces et le sable recouvrent les débris de notre faste, de notre splendeur, et l'homme s'étonne d'être mortel, tant est grand l'orgueil et la cupidité de notre cœur!

Vivement contrarié du changement que ma santé apportait à mon itinéraire, je cheminais absorbé en moi-même, sans faire attention à la route que suivait machinalement ma monture en sortant de Girgenti. Je restai longtemps plongé dans cette muette concentration et n'en fus tiré que par la voix de Matteo, qui, pour tromper l'ennui du voyage, se mit à chanter quelques *canzonette* siciliennes. Ces airs, d'une mélodie simple et naïve, d'un rhythme accentué, finirent peu à peu, malgré leur monotonie, et peut-être même à cause de leur monotonie, par rasséréner mon ame.

La voix de l'homme retentissant au milieu du calme de la nature, exerce sur l'imagination et la pensée je ne sais quel charme mystérieux : par son expression vague et incertaine, la musique se met à l'unisson de tous les sentiments de notre cœur; elle sait s'harmoniser avec les sourires et les larmes; à tout âge elle berce et endort nos douleurs, comme elle berça et endormit notre première enfance!

Les environs de Girgenti abondent en soufrières; elles offrent aux propriétaires du sol une source féconde de richesses, et au pays, le seul élément important de son commerce. Mais les procédés d'exploitation sont très arriérés et par conséquent très dispendieux ; au lieu de profiter de la belle route qui conduit à Girgenti et de transporter la matière extraite sur des chars attelés de bœufs, on se sert de troupeaux d'ânes; chacun de ces animaux porte un seul morceau de soufre, et met beaucoup de temps avant d'arriver à la *caricatora*, sorte d'entrepôt situé sur le rivage de la mer, où les navires de commerce font leur chargement.

<small>Soufrières.</small>

A deux lieues de Girgenti nous quittâmes la grande route, et nous prîmes, à travers les montagnes, un chemin plus court, mais tellement raviné par les torrents et présentant des pentes si rapides, que nos mulets marchaient avec peine et ralentissaient forcément leur allure.

<small>Triste aspect de la route.</small> Le site était excessivement sauvage; ici, les montagnes se rapprochent à un tel point qu'à peine si, dans le défilé formé par leurs flancs resserrés, il y a place pour notre étroit sentier et pour le lit d'un torrent rempli de pierres roulantes; plus loin, elles s'éloignent tout à coup et figurent les parois d'un vaste bassin circulaire, semblable à l'ancien cratère d'un volcan; d'énormes blocs de rochers entassés pêle-mêle, et les profondes inégalités du terrain à la surface, accusent les bouleversements qui remuèrent autrefois ce sol jusque dans ses entrailles.

Du reste le pays est, pour ainsi dire, inhabité, sauf quelques pauvres villages suspendus, de loin en loin, sur la cime de monts pierreux et brûlés, et la petite ville d'Aragona que nous apercevons à notre gauche.

Nous nous reposons, vers le milieu du jour, dans une affreuse métairie, véritable repaire de voleurs.

Plus nous avançons, plus les montagnes s'élèvent et plus aussi la campagne se montre aride, dénudée.

Il semble que toutes les cités de la Sicile soient séparées les unes des autres par de véritables déserts, tant la culture s'y trouve abandonnée, tant les communications offrent de difficultés, tant la population est clair-semée et pauvre. Et cependant des routes sûres, bien entretenues, relieraient sans peine chaque ville à la ville la plus voisine; on ferait ainsi de l'île entière un tout homogène. Mais trop souvent l'homme ne sait pas profiter des faveurs du ciel ; envers quelle contrée la nature fut-elle plus prodigue de ses dons qu'envers la terre de Sicile ?

Le village d'Alcara, terme de cette journée longue et pénible, est situé au fond d'un vaste entonnoir fermé de tous côtés par de hautes montagnes.

La nuit tombait déjà lorsque j'atteignis les premières maisons du hameau ; tous les villageois, la tête recouverte du capuchon de leur manteau, regagnaient leurs demeures; leurs femmes, debout sur le seuil de la chaumière, guettaient leur retour tout en préparant le modeste repas du soir, tandis que les enfants couraient en jouant à leur rencontre, avides d'un baiser, d'une carresse, et désireux de rapporter avec leurs faibles mains les outils paternels. Douceurs du foyer domestique, charme de la famille, vous êtes faits pour le cœur du pauvre comme pour celui du riche : si sur les peines morales, les tristesses de celui-ci, vous versez un baume ineffable, vous donnez à celui-là l'oubli des travaux de la journée, et la force de porter les fatigues du lendemain !

J'étais harassé de lassitude quand j'entrai dans la modeste auberge du village; j'avais parcouru à cheval, depuis Catane, près de deux cent trente milles, et en prenant seulement deux ou trois jours de repos. Mais la perspective d'arriver sous vingt-quatre heures à Palerme stimulait mes forces et soutenait mon énergie.

Je quittai Alcara le lendemain 12 octobre à six heures du matin. Le ciel était pur, le soleil radieux, la campagne paraissait moins aride et moins déserte que la veille.

A Bellofrate, nous rejoignîmes la grande route de Caltanisetta à Palerme.

Le peu de voies de communication qui existent en Sicile offre encore des entraves de plus d'une sorte. Souvent les ponts et autres ouvrages d'art ne sont pas faits ; il en résulte que si une pluie d'orage grossit subitement le torrent qu'il faut traverser à gué, force est aux diligences et même aux malles-postes d'attentendre sur la rive la décroissance de l'eau. On rencontre également, de distance en distance, des barrières où l'on est obligé d'acquitter un droit pour le passage des chevaux et des voitures. Ces péages forment autant d'obstacles et apportent autant de retards à la circulation ; elle devrait être complètement libre et affranchie de toute taxe comme en France.

Le pays devenait de plus en plus riant, animé ; les montagnes, couvertes de verdure, présentaient suspendus sur leurs flancs de nombreux villages ; la terre, mieux cultivée, annonçait le voisinage d'un grand centre de population. Enfin, après avoir tourné une colline escarpée, j'aperçois la mer, remplissant l'horizon de son immensité, et sur le rivage, Palerme gracieusement assise, ressemblant avec ses blanches coupoles à quelque cité d'Orient. La plaine où repose la capitale de la Sicile est cernée par une ligne demi-circulaire de montagnes qui vont se prolongeant jusqu'aux flots : dans cette plaine fertile, on découvre de tous côtés des villas à moitié cachées sous des massifs d'orangers et de citronniers en pleine terre. La brise de la mer, en traversant ces campagnes délicieuses, s'imprègne des plus doux parfums ! Quel contraste entre cette nature ravissante et celle qui avait frappé si tristement mes regards depuis mon départ de Girgenti !

J'atteignis bientôt les faubourgs de Palerme. La population en habits de fête, car c'était un dimanche, encombrait les rues, les places publiques, respirant l'air doux et embaumé d'une belle soirée d'automne. Mes quatre mules, mes deux guides, faisaient tourner toutes les têtes vers moi, comme vers un spectacle étrange. L'on n'est plus habitué à voir cheminer dans un tel équipage, depuis qu'un réseau de routes entoure la capitale de l'île. *Arrivée à Palerme.*

J'eus de la peine à traverser les flots pressés de cette multitude curieuse et à me frayer passage jusqu'à l'hôtel de la Trinacria.

Là, le bon Matteo prit congé de moi, et lorsqu'après nos adieux il s'éloigna, je vis de grosses larmes tomber de ses paupières. J'éprouvais moi-même une peine réelle de cette séparation; les fatigues, les incidents de voyage rapprochent les hommes même de conditions différentes. D'ailleurs, un véritable sentiment de tristesse s'empare de l'ame en quittant un être que jamais on ne reverra plus !!!

## CHAPITRE XI.

*Palerme. Intérêt particulier de Palerme pour moi. — Aperçu de l'histoire de cette ville. — Son aspect général, sa situation. — Rues et places principales, promenades, ports, rade.*

*Souvenir de mon père.* Palerme m'offrait un attrait particulier, l'attrait d'un souvenir intime de famille à quatre cents lieues de la patrie ! Au début de la tourmente révolutionnaire, mon père, n'écoutant que la voix du dévouement et de l'honneur, s'empressa d'accourir avec la plupart des membres de la noblesse française autour du drapeau royal arboré, sur la rive du Rhin, par la main des Condé. Après le licenciement de l'armée des Princes, sans autre appui que lui-même et presque sans ressources, il se vit réduit à promener en Allemagne d'abord, et ensuite dans le nord de l'Italie, sa vie errante et proscrite. Il crut trouver un refuge assuré contre l'orage au milieu des montagnes de la Toscane qui abritent, à quelques lieues de Florence, le monastère de Vallombreuse ; il y eut en effet trêve à ses infortunes pendant l'année de calme, de recueillement qu'il passa dans cette paisible retraite. Mais, hélas ! la maison de la prière ne put servir longtemps d'asile au malheur ! Les armées républicaines envahissaient l'Italie : comme un torrent dont nul obstacle n'arrête le cours impétueux, elles renversaient tout sur leur passage, chassant les rois de leurs trônes, les moines de leurs cloîtres, le Pape lui-même de la chaire de Pierre ! Forcé de quitter Vallombreuse, mon père traverse Rome, se hâte de gagner les rivages de Naples, espérant que là du moins il pourra se regarder à l'abri du péril. Vain espoir ! les États napolitains subissent le sort du reste de la Péninsule ; l'exilé n'a plus d'autre moyen de salut que de mettre la mer entre lui et les phalanges de la révolution. Il se dirige vers les côtes de Sicile, débarque à Palerme, et, comme ses ressources pécuniaires se trouvaient épuisées, il lui faut demander au travail le pain de chaque jour.

Palerme possédait alors le roi de Naples Ferdinand IV et sa femme Marie-Caroline, archiduchesse d'Autriche, fille de Marie-Thérèse : ils étaient venus se réfugier en Sicile après la conquête de leur royaume et la prise de leur capitale par les Français. Sœur de l'infortunée Marie-Antoinette, proscrite elle-même, la reine de Naples, femme capable, étrangement calomniée, comprenait la solidarité des couronnes relativement aux attaques dont chacune d'elles était l'objet, et relativement à la fidélité de leurs défenseurs. Aussi, accueillait-elle avec bienveillance et couvrait-elle de sa royale protection les émigrés que leur destinée faisait aborder en Sicile.

Mon père, grâce à l'intervention de quelques amis, trouva bientôt une position honorable ; il fut chargé par le duc de C., grand seigneur Sicilien, de l'éducation de ses deux fils. La conscience qu'il apporta à l'accomplissement de cette tâche difficile, la distinction de son esprit, de ses manières, la variété de ses connaissances, la sûreté de son jugement formé de bonne heure à l'école de l'infortune, sa solide piété et ses vertus, ne tardèrent pas à faire du jeune précepteur l'ami de chacun des membres de la famille ; et lorsque des jours meilleurs lui permirent de revoir sa patrie, ces relations intimes, formées dans l'exil, se perpétuèrent et s'accrurent encore dans la prospérité.

<small>Princesse de S. C.</small> La princesse de S. C., fille du duc de C., habitait Palerme. Le lendemain de mon arrivée je me rendis à son palais situé sur la place de la Marine : elle me reçut comme une mère recevrait son enfant, et exigea que, sur l'heure, je quittasse l'hôtel de la Trinacria, et que je vinsse occuper un appartement chez elle.

Douée d'un aspect noble, distingué, d'une physionomie vive, spirituelle, et d'une intelligence cultivée par l'étude, la princesse de S. C. jette dans la conversation un intérêt varié et soutenu. Sa naissance, l'agrément de sa personne, le charme de son esprit, la mirent en rapport avec les sommités de la société européenne, pendant les longs séjours qu'elle fit sur le continent, et particulièrement à Paris de 1814 à 1830. Que ne sait-elle pas sur les choses et sur les hommes notables de cette époque ? Que d'aperçus nouveaux, que d'appréciations piquantes sa parole facile fait passer devant vous !

Mais quelque chose, chez cette femme d'élite, vaut

mieux encore que la finesse de l'intelligence, c'est la bonté de son ame : d'une sensibilité exquise, elle ne peut lire ou entendre raconter un trait touchant sans verser des larmes ; la mémoire du cœur sera toujours une des plus douces habitudes et une des plus chères préoccupations de sa vie. Comme je la remerciais de son hospitalité bienveillante : « Pourquoi me remercier? me dit-elle ; ne dois-je pas m'estimer trop heureuse d'avoir une occasion de payer au fils une partie de la dette que j'ai contractée envers le père ? Mes frères ne furent pas seuls à recevoir ses leçons ; j'en pris aussi ma part, et je n'oublierai jamais, ajouta-t-elle d'une voix émue, que je dois à ces premiers enseignements d'un émigré français les jouissances de l'intelligence et le culte de ce qui est beau, de ce qui est grand dans le domaine de la pensée ! »

Bien que la société palermitaine soit généralement peu visiteuse, je voyais, de temps à autre, des personnes distinguées dans le salon de la princesse. De ce nombre se trouvaient le prince M. et le duc de S....; tous deux avaient connu et apprécié mon père, tous deux me parlaient de lui avec un vif intérêt. Moi, qui le perdis quand j'étais encore enfant, je recueillais avec avidité, de la bouche de ces nobles étrangers, les moindres détails sur son existence en Sicile. Ces détails m'apportaient autant de preuves nouvelles de sa force d'ame, de son dévouement, de sa vertu ! Je me sentais d'avance disposé à aimer cette cité, ce pays qui rappelaient si fidèlement à mon cœur des traits chéris, une mémoire vénérée! Le souvenir d'un père est le plus émouvant des souvenirs ; il résume tous les autres, ceux de la mère, de la famille, du sol natal. Le souvenir d'un père est, comme sa bénédiction, ce qu'il y a de plus doux, de plus sacré sur la terre, après le souvenir et la bénédiction de Dieu!... Mon installation chez la princesse de S. C. me permettait de visiter tout à mon aise Palerme, ses curiosités, ses monuments, et me donnait en même temps plus de facilité pour étudier les mœurs, les usages de ses habitants.

Dès que mon ami m'eut rejoint, après avoir accompli, sans incidents fâcheux, son excursion à Sélinunte, Trapani et Ségeste, nous consacrâmes tout notre temps à explorer la capitale de la Sicile.

*Rang secondaire de Palerme dans l'antiquité.*

Palerme ne fut pas, comme Agrigente et Syracuse, la ville des Grecs et des Romains : quoiqu'elle existât dès l'époque où brillaient de tout leur éclat les cités grecques de l'île de Trinacrie; bien qu'il en soit fait mention, sous le nom de Panorme, dans les guerres des Carthaginois dont elle formait une des places fortes et un des principaux ports, elle semble ne tenir qu'un rang très secondaire pendant la période antique ; Syracuse, Agrigente, jouissent alors du privilège, pour ainsi dire exclusif, de résumer en leurs propres destinées celles de la Sicile et de concentrer sur elles seules les regards de l'histoire.

*Décomposition de la société païenne.*

Mais du neuvième au onzième siècle les choses changent d'aspect. Depuis que le christianisme avait fait son apparition sur la terre, le monde ancien, travaillé sourdement jusque dans ses fondements par la nouvelle doctrine, tombait en ruines; les croyances, les idées, les systèmes du paganisme en fait de religion, de philosophie, de constitution politique et sociale, disparaissaient d'une manière lente mais non interrompue, et cédaient la place aux principes chrétiens; la société se dissolvait avant de reprendre une nouvelle vie.

Les invasions des barbares doivent être envisagées comme le grand moyen dont se servit la Providence pour hâter et accomplir cette œuvre de destruction et de régénération successives. Renversant d'une main l'édifice vermoulu du paganisme, ils apportaient de l'autre des matériaux solides propres à reconstruire le temple chrétien sur un sol libre et purifié. *Les invasions, moyen providentiel de régénération.*

La société antique ne pouvait se retremper, si le sang de peuples jeunes et vigoureux ne se mêlait à celui de ses générations énervées.

Cette transformation chrétienne, par l'intermédiaire de l'élément barbare, s'opéra d'une façon plus ou moins rapide chez les nations diverses dont se composait l'empire romain. En Sicile, si elle se fit attendre plus qu'ailleurs, elle fut du moins radicale et complète.

L'île, depuis la fin de l'empire d'Occident, se trouvait sous la domination éphémère et presque nominale des empereurs de Constantinople. Vers l'an 832, le gouverneur de la Sicile pour l'empereur Michel le Bègue s'étant révolté contre lui, appelle à son secours les Sarrasins d'Afrique : les hordes musulmanes se hâtent d'accourir, elles se précipitent sur la Sicile comme sur une proie depuis longtemps convoitée; rien ne leur résiste, rien n'arrête leur fureur destructive, instrument nécessaire et fatal d'une mis- *Invasions des Sarrasins.*

sion providentielle. Les antiques cités disparaissent, ravagées par le fer et la flamme ; plusieurs perdent jusqu'à leur nom. Agrigente, Syracuse ne présentent plus que des ruines ! Les lois, les mœurs, le commerce, les arts, la langue elle-même, tout périt dans cet épouvantable cataclysme.

La domination des Sarrasins en Sicile, qui dura près de deux siècles, fut, comme la conquête, une époque marquée du sceau de la dévastation. Exclusivement occupés du soin de se défendre et de maintenir sur la tête de populations réduites à l'esclavage un joug abhorré, ils couvrirent l'île entière de châteaux forts, de redoutes crenelées, dont les noms, ainsi que je l'ai fait observer en parlant d'Alicata, se sont, en certaines parties de la Sicile, perpétués jusqu'à nous ; Palerme devint, non leur capitale, mais le centre de leurs opérations militaires et la résidence du principal émir. Au surplus, les Sarrasins ne fondèrent rien de durable en Sicile où ils ne vécurent, pour ainsi dire, que *campés,* en leur appliquant l'expression si juste de M. de Bonald à l'égard de la présence en Europe des Turcs, leurs coreligionnaires.

*Palerme, centre militaire des Sarrasins.*

*Fin de l'occupation arabe*

L'occupation sarrasine est donc le tombeau de l'antique civilisation sicilienne, c'est la nuit recouvrant tout à coup les annales d'un peuple. Mais bientôt les ténèbres se dissipent, une aurore nouvelle luit pour la Sicile, quand apparaissent les braves chevaliers normands, fils de Tancrède de Hauteville ; les Sarrasins sont chassés de leurs conquêtes, l'heure de la régénération a sonné ! L'île se transforme, sa physionomie se modifie entre les mains de la royauté puissante et

*Régénération de la Sicile par les Normands.*

chrétienne des *hommes forts du Nord* ; la période moderne commence, la vie passe des rivages méridionaux aux rivages opposés, et Palerme, recueillant l'héritage des cités antiques, devient la brillante capitale de la Sicile !

Ce titre, elle le conserve sous les dynasties diverses qui se succèdent tour à tour : elle est la résidence des rois, et, lorsque la Sicile ne forme plus une monarchie séparée, mais constitue le plus beau fleuron des couronnes aragonaise, castillane, autrichienne, napolitaine, Palerme aura toujours le privilège d'abriter le représentant du souverain.

*Palerme, capitale de l'île.*

Avec une semblable destinée, cette ville ne nous offrira pas de monuments grecs ou romains, mais nous y rencontrerons des souvenirs arabes et de nombreuses traces de la domination normande, angevine, allemande, espagnole; un édifice nous montrera les lignes pures, élancées du gothique de l'époque de saint Louis; un autre les richesses pompeuses, trop souvent exagérées, de l'architecture castillane. A Palerme, comme ailleurs, les œuvres de l'art sont le reflet de l'histoire.

Je pris une petite barque de pêcheur et m'en allai dans le golfe, à quelques centaines de mètres du rivage, pour apprécier l'ensemble de la situation de la capitale de la Sicile.

*Aspect général et situation de Palerme.*

Palerme se trouve placée sur le bord même de la mer; ses plus riches palais ne sont séparés des flots que par une large jetée appelée la Marina. Derrière cette longue ligne de résidences somptueuses, apparaît la ville dans une profondeur d'un mille environ.

De belles routes ombragées dessinent son enceinte ; au nord-ouest elle se termine au port : là, l'œil aperçoit de nombreux navires, dont les mâts aux pavillons variés semblent se balancer jusqu'aux pieds du mont Pellegrino.

Autour de Palerme s'étend une vallée large de quatre milles, d'une fertilité tellement luxuriante, que les anciens lui avaient donné la désignation charmante de *Conca d'oro*, la *Conque d'or*. Elle est sillonnée par des ruisseaux limpides qui doivent leur existence aux eaux abondantes descendues des hauteurs ; tantôt ces ruisseaux promènent leurs cours sinueux à travers les gazons des prairies, tantôt ils disparaissent dans un bois d'orangers, ou vont arroser les jardins d'une villa tout émaillée de fleurs. Une pente douce, presque insensible, unit la vallée aux premiers contreforts des montagnes ; leurs cimes dentelées, leurs flancs, en certains endroits dénudés et sauvages, en d'autres verdoyants et habités, forment le cadre du ravissant tableau au milieu duquel, caressée par les parfums de la brise, repose noblement la belle Palerme !

Quel contraste, pensais-je en retournant vers le port, entre ce magique tableau et celui que m'avaient montré les plages désertes d'Agrigente, les marais insalubres de Syracuse ! Là bas un sol inculte, abandonné, ici une nature riante, animée ! là bas les ruines, les souvenirs de l'antique civilisation païenne, ici la vie de la société moderne sortie du christianisme et développée par lui ! Deux courants de civilisation distincts et pour ainsi dire contraires, telles sont les deux grandes divisions de l'histoire de Sicile et de l'histoire du monde !

L'intérieur de Palerme, bien que ne répondant pas au charme de ses dehors et à sa situation merveilleuse, est cependant digne d'une cité considérable peuplée de cent cinquante mille habitants.

L'ensemble de la ville forme à peu près un vaste carré, divisé en quatre parties par deux rues larges, tirées au cordeau, ayant chacune plus d'un mille de longueur; perpendiculaires l'une à l'autre, elles traversent entièrement Palerme du nord au sud, de l'est à l'ouest. La principale, dite de *Tolède*, ou *Cassero*, ornée de beaux édifices, part de la mer, se rend directement à *Porta nuova*, et là se perd dans la campagne en suivant une route également tirée au cordeau, longue de quatre milles. Si on se place dans l'axe de cette grande ligne droite, on jouit d'une magnifique perspective, soit qu'on se tourne du côté de la vallée et des hauteurs ombragées qui la couronnent, soit que l'on jette le regard sur la mer, et qu'un navire couvert de ses voiles apparaisse tout à coup sillonnant la surface des flots. Rue de Tolède.

A l'intersection des deux rues dont je viens de parler, se trouve une petite place centrale et régulière, dite des *Quatre cantons*. Les édifices qui l'entourent sont surchargés d'ornementations et de statues d'un mérite fort contestable. Du reste, la plupart des rues et places de la ville offrent ainsi un grand nombre de statues élevées en l'honneur de souverains, de ceux surtout qu'a fournis la dynastie espagnole. Place des Quatre cantons.

Parmi la quantité de places que renferme Palerme, Piazza Marina.

une seule mérite d'être citée, la Piazza Marina ; elle a de vastes proportions, mais son enceinte de maisons et de palais ne présente aucune régularité d'ensemble; de plus la Piazza Marina, n'étant pas même pavée, la circulation, le soir, y devient fort scabreuse, avec un système d'éclairage nocturne qui brille surtout par son absence.

A l'entrée de la Piazza Marina on a placé une statue de Charles-Quint, mais tellement grotesque que le grand empereur fait l'effet d'un spectre.

Plusieurs quartiers, surtout ceux habités par le bas peuple, ont des rues étroites, malpropres, à l'instar des villes du midi de l'Italie. Il existe d'ailleurs à Palerme un usage singulier, qui ne contribue pas à l'embellissement de la voie publique, c'est celui de tendre des cordes de la fenêtre d'une maison à la fenêtre située vis-à-vis, et d'installer de la sorte un séchoir en plein air au-dessus de la tête des passants. Coutume commode peut-être, mais à coup sûr fort disgracieuse.

*La Marina.* La porte dite *porta Felice,* décorée de magnifiques pilastres, donne de la rue de Tolède accès sur la Marina, promenade la plus délicieuse qu'on puisse imaginer. Elle consiste en trois terrasses d'un demi-mille de long, superposées l'une à l'autre ; la mer d'un côté, une suite de riches palais de l'autre leur servent de limites. De distance en distance sont de petites places circulaires symétriquement disposées, et au milieu s'élève un édifice en forme de rotonde, destiné à contenir l'orchestre de musiciens qui se font entendre pendant les soirées d'été.

Cette promenade est le Corso de Palerme, le rendez-vous de la société élégante et distinguée; elle s'y porte dans ses plus brillants équipages; de longs colloques, des conversations animées s'établissent d'une voiture à l'autre; on se rend là des visites qu'ailleurs on se fait à domicile, et souvent l'on s'attarde jusqu'à une heure fort avancée de la nuit, afin de respirer plus longtemps la brise saturée de la fraîcheur des flots.

Je conçois l'amour des Palermitains pour la marine : quoi de plus enchanteur que l'aspect de ce vaste golfe entouré par la ligne sinueuse de la pointe de la Bagaria et par la masse rougeâtre du Pellegrino!

Quoi de plus ineffable que la clarté de la lune glissant d'un ciel pur, en lueur mystérieuse, sur la mer tranquille! Puis soudain, lorsque le vent s'élève et remue dans sa fureur les vagues amoncelées, quelle harmonie plus sublime que le terrible mugissement de l'onde se brisant contre la dalle du rivage où vous promenez vos pas!

Le jardin public, gracieusement appelé *la Flore*, est situé près de la mer, à l'extrémité est de la Marina dont il forme la continuation. On ne pouvait tirer un meilleur parti d'un petit espace, agrandi en quelque sorte par l'art de sa distribution. C'est un carré symétriquement percé d'allées, avec des places ornées de bustes, de statues, de nombreuses fontaines, avec des volières remplies d'oiseaux et plusieurs tribunes disposées pour recevoir des orchestres de musique. Grâce à l'abondance de ses eaux, la Flore offre

La Flore.

une très grande richesse de végétation. On y voit des berceaux d'orangers impénétrables au soleil, des lauriers-roses dont la fleur éclatante se montre pendant les plus fortes chaleurs de l'été, des peupliers à larges branches, des azédaracs ou lilas des Indes, des mûriers-papier importés des tropiques, des rosiers de l'Inde, arbrisseaux qui s'élèvent de douze à quinze pieds et se couvrent, au commencement de l'automne, de roses blanches d'abord et ensuite progressivement colorées. La variété du feuillage de tant d'arbres divers charme les yeux et contribue à l'embellissement de cette promenade délaissée, je ne sais pourquoi, par les habitants de Palerme et presque exclusivement fréquentée par les étrangers.

*Jardin botanique.* Le jardin botanique ou jardin des plantes, attenant à la Flore, doit sa création à la munificence et au goût éclairé du vice-roi, prince de Caramanica, qui gouverna la Sicile, avec un intelligent dévouement, de 1790 à 1796.

Le bâtiment destiné à l'étude de la botanique a la forme d'un temple grec avec un péristyle de colonnes cannelées, décroissantes depuis la base jusqu'au sommet et surmontées de chapiteaux d'ordre dorique.

Le jardin en lui-même m'a semblé réunir tous les éléments nécessaires à son but scientifique et présenter également une très agréable promenade.

*rand port.* A l'ouest de la Marina s'étendent les deux ports de Palerme : le grand port est formé par une belle jetée ou môle, d'environ quatre-vingts mètres de large et quatre cents mètres de longueur; les voitures peuvent y circuler facilement. Près de la tour du fanal, un vaisseau à trois ponts trouverait un mouillage sûr. Les contours sinueux du mont Pellegrino, ses flancs gigantesques qui s'avancent dans la mer comme un promontoire de rochers, protègent contre les vents du nord la ville et les navires.

Le petit port consiste en une anse touchant Palerme : on le nomme *la Cale ;* il sert seulement aux bâtiments de transport et de cabotage ; ils y font commodément leur cargaison.

*Petit port.*

La rade de Palerme, qui renferme ces deux ports, est vaste, d'un bon fonds ; elle peut avoir quatre ou cinq lieues d'ouverture depuis la pointe dite *della Vergine Maria* au nord, jusqu'au cap *Zafferano* à l'est. Les vents du nord-ouest, appelés en italien *Grecali,* venant de la pleine mer, sont les plus à craindre ; les vents du sud-ouest, *Libaccio,* du sud-est, *Scirocco,* ordinairement très violents, produisent une mer orageuse, agitent et tourmentent la rade, mais la plupart du temps sans dangers sérieux.

*Rade.*

L'aspect de cette rade, de ces ports, ces promenades successives et variées que nous avons parcourues, constituent le cachet particulier et la véritable physionomie de Palerme. Cette rive de la mer est le centre de l'animation, le siège de la vie de la capitale de la Sicile. On ne se lasse jamais d'y revenir pour voir, rêver, admirer !

## CHAPITRE XII.

**Palerme. — Cathédrale.**

*Sa fondation.*
La cathédrale date du douzième siècle; elle fut élevée dans l'espace de 23 ans, de 1162 à 1185, par les soins de Gauthier, archevêque de Palerme, ainsi que l'indique une vieille et naïve inscription latine placée sous le portique qui regarde la place :

« Si ter quinque minus numeres de mille ducentis,
» Invenies annos quibus hanc Gualterius ædem
» Condidit, atque Deo Patri Mariæque dicavit. »

« Si de mille deux cents vous retranchez trois fois cinq,
» vous aurez l'époque dans laquelle Gauthier construisit cet
» édifice qu'il dédia à Dieu le Père et à Marie. »

On trouve sous le même portique cette autre inscription :

« Prima sedes,    « Premier siège, première égli-
» Corona regis,    se du royaume, lieu de couron-
» Regni caput. »    nement du Roi. »

*Ce qui peut expliquer la rapidité de construction.*
La promptitude avec laquelle s'acheva la cathédrale de Palerme tient du prodige; elle ne peut s'expliquer que par la foi ardente de ce temps, seule capable d'opérer de telles merveilles. Les croisades stimulaient alors, dans toute la chrétienté, le zèle, la piété des fidèles; les chevaliers, revenus de Pales-

tine, racontaient les combats livrés, les souffrances endurées en Terre Sainte; ils faisaient la description des lieux, des sanctuaires, témoins des mystères de notre rédemption; ces récits, excitant partout la ferveur religieuse, portaient les populations à élever les admirables monuments sacrés que le moyen âge a laissés, comme traces de son passage, sur le sol de la France, de l'Espagne, de l'Italie, de la Sicile.

Les quêtes, les aumônes formaient les seules ressources destinées à couvrir les frais de construction des grandes cathédrales. La charité privée réunissait spontanément des sommes immenses, qui feraient reculer d'épouvante notre richesse moderne et notre indifférence religieuse. De l'or! nous en avons pour bâtir des bourses à la spéculation, des palais à l'industrie; nous n'en trouvons plus pour élever ces vastes temples que les siècles chrétiens multiplièrent par centaines! Nos ouvrages, productions frivoles de l'égoïsme et de l'amour des jouissances matérielles du moment, passeront comme ces jouissances elles-mêmes; la grandeur, la durée n'est acquise qu'aux œuvres ayant la foi pour principe et pour base; car la foi s'appuie sur l'éternité même de Dieu!

A l'époque où fut commencée la cathédrale, Guillaume II, dit le Bon, troisième roi Normand, et l'un des souverains les plus remarquables de cette dynastie, gouvernait glorieusement la Sicile; forcé de conduire ses armées en Orient par suite d'une guerre survenue entre lui et l'empereur grec de Constantinople, l'achèvement de l'édifice sacré ne s'en poursuivit pas moins avec vigueur. Nouvelle preuve de l'enthousiasme religieux de l'époque, puisque, malgré les dépenses d'une longue guerre, on put mener à bonne fin, en peu d'années, une aussi grande entreprise.

Dédiée dans le principe à la Vierge, ainsi que l'indique l'inscription du portique, la cathédrale porta plus tard le vocable de Sainte-Rosalie, lorsque cette sainte fut devenue la patronne de Palerme et de l'île entière.

*Aspect extérieur de l'édifice.* La cathédrale offre extérieurement l'aspect pittoresque et singulier de l'architecture gothique alliée à l'architecture mauresque; l'influence de la domination sarrasine se fit sentir même longtemps après l'expulsion des enfants de Mahomet. Ce mélange de deux genres d'architectures différentes blesse sans doute les lois sévères de l'art, mais il donne un cachet original, une élégance asiatique au monument.

A voir sa forme rectangulaire, et en faisant abstraction des clochetons placés aux quatre angles, de la coupole et de la tour de l'entrée, on croirait contempler une vaste forteresse sarrasine avec ses flammèches de pierre, ses bastions et ses tours. La maison de la prière semble avoir été construite dans le but de pouvoir soutenir un siège.

La pesanteur de l'ensemble de l'édifice est largement compensée par la légèreté, la finesse des détails; les quatre clochetons et la tour présentent l'ornementation la plus dentelée. Les colonnes, qui ont la forme torsale du style arabe, et les fenêtres, l'arc en pointe du gothique, sont surchargées de broderies délicates et charmantes; la même grâce se révèle dans les arabesques des deux portes, surtout de la porte latérale. Mais la coupole byzantine nuit à l'effet général des monuments.

En pénétrant dans son enceinte, on éprouve un véritable désappointement de la trouver modernisée et badigeonnée, suivant le malencontreux système de restauration pratiqué en Italie.

*Intérieur de la Cathédrale.*

Du reste, le vaisseau manque de proportion et d'harmonie quant à sa division intérieure : ses trois nefs sont trop étroites, et le chœur trop petit au moins de moitié.

Sous les pilastres formant des arcs gothiques, on a placé deux à deux des colonnes de marbre et de granit, belles en elles-mêmes, mais de nul effet pour le développement architectural.

La coupole, peinte à fresque, à la fin du siècle dernier, par Rossi, artiste sicilien, représente l'expulsion des Sarrasins : cette composition, dans laquelle le duc Roger joue le rôle principal, est d'un coloris brillant, d'une bonne perspective ; elle pèche seulement sous le rapport de la correction du dessin.

En fait de riches détails, on doit remarquer deux bénitiers d'albâtre adossés à des colonnes de marbre, un tabernacle massif ayant la forme d'un globe, tout entier en lapis-lazuli, et, dans une chapelle renfermant les dépouilles mortelles de sainte Rosalie, des bas-reliefs qui ont pour sujet la cessation des fléaux de la guerre, de la peste et de la famine, grâce à l'intercession de la protectrice de Palerme.

Une chapelle de la cathédrale, fermée par une grille, contient des monuments précieux, d'une sim-

*Chapelle des tombeaux.*

plicité noble, majestueuse et intéressants au point de vue de l'histoire; ce sont les tombeaux de plusieurs princes et princesses, membres des races royales auxquelles échut successivement le gouvernement de la Sicile. Là, reposent côte à côte un roi normand, des souverains de la maison de Souabe et de la dynastie aragonaise. La mort réunit ainsi dans la même enceinte des êtres dont les siècles avaient séparé la vie !

<small>Tombeau de Roger.</small> Le premier des sarcophages par la date chronologique, sinon par l'élégance, est celui du roi Roger, mort en 1154. Construit en porphyre, avec colonnes et baldaquin de marbre blanc parsemé de mosaïques à fond d'or, il porte cette inscription :

« Quieti et paci Rogerii, strenui ducis et primi Regis Sici-
» liæ; mortuus est Panormi, februario mense, anno MCLIV. »

« Au repos et à la paix de Roger, général illustre et pre-
» mier roi de Sicile; il mourut à Palerme dans le mois de
» février de l'année onze cent cinquante-quatre. »

Il ne faut pas confondre ce Roger, le premier des princes normands qui prit le titre de Roi, avec son père, du même nom que lui, le héros fameux dont l'invincible épée délivra l'île de Trinacrie du joug des Sarrasins. Celui-ci fut le conquérant, se contenta du titre de comte, tandis que son fils, appelé à recueillir l'héritage de ses Etats, consolida et compléta son ouvrage en fondant une dynastie souveraine. Il en arrive presque toujours ainsi : un grand homme annonce et prépare l'avènement des races royales par ses exploits ou par son habileté; ses descendants viennent ensuite récolter l'abondante moisson due à la prudence et au génie paternels. César ouvre à Octave les voies de la fortune et de l'empire; Charles-Martel précède Charlemagne; Hugues-le-Grand, Hugues-Capet.

Du reste, si le roi Roger n'atteignit pas jusqu'à l'immense réputation chevaleresque de son père, cela tient à la diversité des temps et des circonstances au milieu desquelles il se trouva; il n'en fut pas moins un des plus remarquables souverains qui gouvernèrent la Sicile.

Sur le second tombeau, de la même matière et de la même forme que le premier, on lit l'inscription suivante : {Tombeau de Constance, femme de Henri VI.}

« Constantiam, imperatricem et reginam Siciliæ, regiæ Normannorum stirpis ultimam, hoc habet monumentum. Elata est Panormi, mense novembris, anno MCXCVIII. »

« Ce monument renferme les restes de Constance, impératrice et reine de Sicile, dernier rejeton de la race royale des princes normands. Elle mourut à Palerme, dans le mois de novembre de l'année onze cent quatre-vingt-dix-huit. »

Constance était la fille posthume du roi Roger; elle épousa Henri VI, empereur d'Allemagne, et lui porta en dot des droits éventuels sur la couronne de Sicile; ils se réalisèrent à la mort de Guillaume III, dernier descendant mâle de la race normande. Cette femme forma donc le lien qui rattacha cette dynastie à la dynastie de la maison de Souabe, appelée à lui succéder.

Palerme vit le couronnement de l'empereur Henri VI et de l'impératrice Constance comme roi et reine de Sicile.

*Tombeau de Henri VI.*

Henri VI repose près de sa femme, dans un sarcophage en porphyre, dont les colonnes et le baldaquin sont de la même matière. Le tombeau offre cette inscription :

« Memoriæ Henrici VI, imperatoris et regis Siciliæ : decessit Messenæ, mense septembris, anno MCXCVII. »

« A la mémoire d'Henri VI, empereur et roi de Sicile, mort à Messine, dans le mois de septembre de l'année onze cent quatre-vingt-dix-sept. »

Henri VI, surnommé le Cyclope, à cause de ses cruautés, hâta, par ses mauvais traitements, la mort de Guillaume III, enfant roi, seul obstacle à ce que lui-même pût faire valoir ses droits au trône de Sicile. L'infortuné Conradin, dernier représentant de la maison de Souabe, expia plus tard cruellement ce crime du fondateur de sa dynastie ! Les membres d'une même race sont solidaires, et souvent l'innocent paie la dette du coupable. Charles I$^{er}$, Louis XVI n'en fournissent-ils pas aux temps modernes la preuve évidente ? Cette loi providentielle, faite pour les particuliers et les princes, explique des choses qui nous semblent parfois blesser les règles de l'éternelle justice. La pensée que notre postérité sera responsable un jour de nos actes doit contribuer à nous porter davantage à la droiture et à la vertu !

Heureusement le règne d'Henri VI dura peu ; arrivé au trône en 1195, il mourut en 1197, un an avant la reine Constance, indignée comme les Siciliens du caractère violent et sanguinaire de son époux.

*Tombeaux de Frédéric II et de Pierre II d'Aragon.*

Le plus magnifique de ces mausolées est celui qui contient les restes de Frédéric II, empereur et roi, et aussi la dépouille mortelle de Pierre II d'Aragon. Le monument, tout en porphyre, présente divers détails de sculpture très finie. On doit remarquer d'un côté une rose et une tête de lion portant un anneau suspendu à sa gueule, de l'autre une couronne et une croix.

Chaque prince a son inscription séparée; on lit sur la première :

« Hic situs est ille magni nominis imperator et rex Siciliæ, Fredericus II. Obiit Florentini in Apulia, idibus decembris, anno MCCL. »

« Ici fut déposé Frédéric II, ce grand et illustre Empereur, en même temps roi de Sicile. Il mourut à Florence en Apulie, pendant les ides de décembre de l'année douze cent cinquante. »

Et sur la seconde :

« Illatus etiam huic tumulo Petrus II, Aragonensis, rex Siciliæ, ab Calatanisetta, quo fato cessit, anno MCCCXLII. »

« Dans ce même tombeau fut placé le corps de Pierre II, d'Aragon, roi de Sicile, après avoir été rapporté de Calatanisetta, où l'atteignit la mort en l'année treize cent quarante-deux. »

Il fallait qu'à cette époque du moyen âge la Sicile composât un des plus riches fleurons de la couronne impériale, puisqu'un puissant empereur, maître de nombreux États, ordonnait par son testament que ses cendres, rapportées de Florence, reposassent à Palerme, comme en un lieu de prédilection.

Frédéric II, fils de Constance et de Henri VI, avait trois ans à peine, lorsqu'en 1197, date de la mort de son père, il fut sacré roi de Sicile, dans la cathédrale de Palerme. Constance remplit avec sagesse et énergie les fonctions de tutrice du jeune souverain; mais étant morte en 1198, elle laissa cette royauté fragile exposée aux orages que produit toujours une minorité.

Le pape, cédant aux instances de la reine-mère à son lit de mort, avait accepté la tutelle de Frédéric; cette haute protection ne put empêcher les factions de troubler, de la manière la plus déplorable, les prémices du nouveau règne.

Mais à la majorité du jeune roi les choses changèrent d'aspect; dès qu'il eut saisi les rênes du pouvoir, en lui se révélèrent une grande supériorité d'intelligence et une énergique volonté; il rétablit l'ordre dans ses États et réduisit à l'obéissance la noblesse et les hauts dignitaires du clergé, habitués jusque-là à une entière indépendance.

Bientôt Frédéric arriva à l'apogée de la souveraineté en se faisant couronner empereur d'Allemagne, à l'exclusion de son compétiteur Othon, que le roi de France, Philippe-Auguste, venait de vaincre à la sanglante journée de Bouvines.

Empereur, Frédéric eut moins à s'occuper de la Sicile; il revint cependant plus d'une fois la visiter pendant un règne qui dura cinquante-trois ans, et qui fut le plus long, le plus glorieux parmi ceux des princes de la maison de Souabe.

Quant à Pierre II d'Aragon, le compagnon de Frédéric II dans la tombe, qu'en dire, sinon que sa royauté, courte et troublée, passa presque inaperçue aux yeux de l'histoire ?

L'empereur et roi Frédéric II eut pour femme Constance d'Aragon, qu'il avait épousée en l'année 1209; sa mère s'appelait également Constance, nous l'avons déjà vu.

Les restes de cette seconde Constance sont placés dans un sarcophage voisin de celui de Frédéric, et le seul tout entier en marbre blanc parmi les tombeaux que renferme la chapelle. Il est décoré d'un bas-relief représentant une chasse, et porte cette élégiaque inscription en vers latins : {Tombeau de Constance, femme de Frédéric II.}

« † Sicaniæ regina fui, Constantia conjux
» Augusta, hic habito, Federice, tua. »

Sur un angle du sépulcre on lit encore :

« Obiit Cataniæ MCCXXII. »

« Moi, Constance, reine de Sicile, et ton auguste épouse, O Frédéric, je repose en ce lieu..... »

« Elle mourut à Catane, dans l'année douze cent vingt-deux. »

Le sixième et dernier tombeau, incrusté dans la muraille et en marbre blanc, offre un bas-relief représentant un prince revêtu du costume religieux : l'inscription, à moitié effacée et presque illisible, ne m'a pas permis de savoir quel était ce prince. {Sixième tombeau.}

En 1781 tous ces mausolées furent ouverts. On n'y trouva que des ossements informes, presque entièrement calcinés, et quelques lambeaux d'étoffes frangées d'or.

Le monument de Frédéric II renfermait trois cadavres superposés. On reconnut celui de l'empereur, placé en dessous, à une couronne de fines lames d'argent doré qu'il portait en tête, à un globe impérial trouvé à son côté, et aux riches étoffes dont étaient encore recouverts les ossements. On a conjecturé que le cadavre supérieur était celui de Pierre II d'Aragon; mais on n'a pas su à qui attribuer le cadavre intermédiaire, plus petit que les deux autres.

En quittant cette chapelle sépulcrale, je lus sur un des murs de l'église l'inscription suivante en vers latins; elle donne la succession des rois de Sicile et la date de leur avènement au trône :

« 1109. Maxima Rogerio maiis hæc idibus ædes
        Ensem, oleum, sceptrum, jus, diadema dedit.
1154. Muniit ense sacro Wilelmum paschale primum.
1166.   Et Wilelmum alium, vere ruente, bonum.
1177. Hæc unxit nuptam februantis more Joannam.
1190.   Unxit Tancredum, quum colit ara Magos.
1193. Rogerio tulit, incerto sub tempore, sceptrum.
1194.   Rursus Wilelmo, dum timet omen, hymen.
1195. Hic mense Henricus simul et Constantia nono.
1197.   Tertioque apud Siculos jus Fredericus habet.
1258. Ornat in Occidui Manfredum sede Leonis.
1282.   Inque augusti habitu celsa corona Petrum.
1286. Evehit ad solium pars anni extrema Jacobum.
1296.   Pars Fredericum alto in culmine prima locat.
1322. Purpurat inde alter sub aprilis chloride Petrus.
1342.   Et Ludovico offert septima luna tronum.
1374. Janitor uxorem Frederico nexuit unctam.
1398.   Martinum et Mariam complicuere rosæ.
1713. Post trecentum annos, rex Victor et Anna sacrantur,
        Tantæ molis erat sole regente frui.
1735. Carolus hic caput Borbonius aurea cingit
        Serta ferens fuso victor ab hoste pedem. »

Cette nomenclature versifiée doit avoir été composée à la fin du dernier siècle, puisqu'elle relate l'avènement au trône de Sicile de la maison de Bourbon, représentée par Charles III, en 1735.

Six familles princières figurent dans ce tableau des souverains qui ont gouverné la Sicile : la dynastie normande, celle des Souabes, les dynasties angevine, aragonaise, enfin la maison de Savoie et la race bourbonienne. De 1398 à 1713 il existe une lacune; c'est l'époque pendant laquelle l'île fut vice-royauté espagnole.

L'auteur de l'inscription assimile poétiquement la Sicile, veuve de ses rois durant trois cents ans, à la terre privée de la lumière du soleil.

Le vers contenant cette comparaison « *tantæ molis erat sole regente frui*, » rappelle presque mot pour mot celui de l'Enéide :

« *Tantæ molis erat Romanam condere gentem.* »

On remarquera, surtout dans les vers consacrés à la dynastie normande, l'expression formelle de la croyance politique du moyen âge. On regardait alors les rois comme tenant leurs droits de Dieu seul. Sans l'onction sainte donnée par les ministres du Seigneur, le pouvoir royal n'existait pas aux yeux des nations :

« Maxima Rogerio............
 *Ensem, oleum, sceptrum, jus, diadema dedit.* »

Les temps sont bien changés ! Le dogme de la souveraineté du peuple a pris la place du dogme de la souveraineté de Dieu ; l'huile sacrée ne coule plus sur la tête des monarques; on se contente des suffrages de la multitude mobile, capricieuse, qui peut renverser demain ce qu'elle élève aujourd'hui. La société moderne, en mettant en pratique le principe de la souveraineté populaire, a ouvert le gouffre des révolutions : quand se refermera-t-il ? L'avenir seul se chargera de la réponse; car, suivant les prévisions humaines, les doctrines politiques maintenant en honneur sont loin d'avoir perdu leur prestige; et cependant les États ont besoin avant tout de fixité et d'ordre.

## CHAPITRE XIII.

**Palerme.**

**Autres Églises. — Palais-Royal. — Palais Forcella. — Musée.**

Les églises de Palerme n'offrent qu'un intérêt médiocre et secondaire après la visite de la cathédrale ; elle seule montre les lignes majestueuses de l'architecture du moyen âge : les autres édifices religieux datent, pour la plupart, du dix-septième siècle, époque où l'art de la renaissance est en pleine décadence ; où, par une alliance singulière, on mêle les arcs arrondis, les coupoles du style byzantin, aux formes carrées et triangulaires du style grec. On semble avoir pris à tache de dissimuler cette architecture bâtarde en prodiguant les richesses de l'ornementation ; mais cette multiplicité de sculptures, de bas-reliefs, de tableaux, de fresques, fatigue les yeux et n'aboutit qu'à engendrer de la confusion et des effets du goût le plus hasardé.

L'église des Jésuites est celle dans laquelle le clinquant et la profusion des détails s'étalent avec le plus d'exagération. Les chapiteaux des colonnes surchargés de décorations, le plafond couvert de têtes d'anges, un pêle-mêle inextricable de dorures, d'ornements en plâtre et en marbre, accusent là plus qu'ailleurs les mauvaises tendances de l'art au moment de la construction de l'édifice.

*Église des Dominicains.* L'église des Dominicains présente plus de simplicité ; la colonnade de la nef principale est imposante par le grandiose et l'harmonie de ses proportions.

On voit dans une chapelle une sainte famille due au pinceau de Raphaël.

Au surplus, il y a lieu de remarquer qu'en Sicile et en Italie un style architectural sévère et élevé distingue généralement les églises de Dominicains. Est-ce un reflet, jusque dans ses monuments, de la rigidité de l'ordre ?

*St-Joseph.* Saint-Joseph, au couvent des Théatins, a trois nefs soutenues par de belles colonnes en marbre gris : celles qui supportent la coupole, au nombre de huit, accouplées deux à deux, sont d'une grosseur prodigieuse, d'une élévation proportionnée, et presque aussi imposantes que les colonnes de l'église des Chartreux à Rome.

La carrière d'où elles furent tirées se trouve à neuf milles de Palerme ; l'extraction et le transport de ces blocs énormes font honneur aux ouvriers siciliens.

Des pierres dures, agathes et lapis-lazuli, composent le grand autel du chœur, et des marbres précieux revêtent les parois de la majeure partie du temple, un des plus riches de Palerme.

*L'Olivella.* L'église de l'Olivella renferme deux tableaux estimés de Pietro Novello.

La congrégation des Pères de l'Olivella, fondée par

saint Philippe de Néri, est justement aimée et vénérée des Palermitains à cause de la vie exemplaire de ses membres, et du bien qu'ils opèrent constamment. La prédication, l'enseignement, l'aumône forment les titres de ces religieux à la reconnaissance publique.

Cet ordre a le privilège d'attirer dans son sein beaucoup de sujets appartenant aux premières familles de la Sicile.

Saint-Jean, jolie petite église gothique, fait, par la simplicité et la grâce de son style, une diversion heureuse à l'ornementation exagérée et confuse des autres édifices religieux de Palerme. Malheureusement Saint-Jean n'est plus consacré au culte. *St-Jean.*

La Martorana, également dans le style ogival de la meilleure époque, c'est-à-dire du treizième siècle, contient de superbes mosaïques à fond d'or. Cette église ou plutôt cette chapelle serait un chef-d'œuvre exquis d'architecture, si une restauration malencontreuse ne l'avait défigurée en la couvrant de mauvaises peintures. *La Martorana.*

Parmi les églises fort nombreuses de Palerme, aucune autre, après les précédentes, ne mérite une mention spéciale.

Sur une place voisine de Porta-Nuova, s'élève le palais servant de résidence au roi de Naples pendant le temps que ce prince consacre à la Sicile. *Palais-Royal*

Ce palais se compose de deux parties distinctes, l'une moderne, quoique restaurée dans le style gothico-mauresque, l'autre très ancienne et remontant au règne de Roger, premier roi de la dynastie normande. Cette dernière partie a perdu sa physionomie extérieure par le percement de nombreuses fenêtres qui sont sans rapport avec l'architecture de l'édifice. Il n'existe aucun luxe dans l'ameublement intérieur du palais ; la simplicité y règne comme dans la demeure d'un particulier. On me montra les portraits de Ferdinand premier et de sa femme, la reine Marie-Caroline. Ce monarque est celui des rois de la maison de Bourbon qui séjourna le plus de temps en Sicile. Il vint chercher et trouva, sur cette rive hospitalière, un refuge assuré contre l'orage, pendant que Naples, au pouvoir des armées françaises, se transformait en royauté napoléonienne, sous les sceptres successifs de Joseph et de Murat.

La partie du palais, qui date de l'époque de Roger, offre trois choses du plus haut intérêt.

C'est d'abord une sorte d'antichambre ou salle des gardes, à arcades gothiques soutenues par des colonnes de granit, et présentant dans son ensemble l'aspect architectural du plus pur moyen-âge ; vient ensuite une vaste salle décorée tout entière de mosaïques à fond d'or : plusieurs ont été restaurées avec un tel soin et une telle habileté qu'on ne saurait distinguer l'ancien du moderne.

*Chapelle palatine.* Mais la merveille du palais est la chapelle, dite chapelle palatine, spécimen délicieux du style ogival, chef-d'œuvre intact même quant à son ornementation intérieure. La nef et les deux bas-côtés sont revêtus de mosaïques d'un fini et d'une richesse extraordinaires ; elles représentent des sujets tirés de l'Écriture sainte ; je remarquai certaines figures d'une expression véritablement sublime.

Des colonnes en marbre précieux, élégantes, élancées, portent les arcades ; les plafonds, en bois sculpté couvert de dorures, ont la forme d'un toit légèrement incliné ; les dessins les plus variés décorent le pavé également en mosaïque ; enfin la chaire, avec ses colonnes mauresques, produit l'effet le plus charmant.

La visite de cet édifice sacré remplit l'ame d'un recueillement mystérieux ; on éprouve là une impression analogue à celle que l'on ressent en pénétrant dans l'enceinte de la Sainte-Chapelle de Paris : quiétude de la pensée, éloignement des préoccupations habituelles de la vie, élévation spontanée du cœur vers Dieu !

La chapelle palatine fut construite un peu avant la chapelle due à la piété de saint Louis ; celle-ci l'emporte par la grandeur des proportions, celle-là par la richesse, le fini des détails ; l'usage des mosaïques ne s'implanta jamais d'une manière aussi complète en France qu'en Italie. A part cette différence dans l'ornemention, la chapelle de Palerme et celle de Paris appartiennent toutes deux au temps où l'art ogival, presque à son début, brilla pourtant de l'éclat le plus pur.

Le palais Forcella, situé sur la promenade de la marine, doit sa réputation non à son architecture mais à ses décorations intérieures aussi riches que variées. Nous pûmes le visiter de la manière la plus complète, puisque nous eûmes pour cicérone son propriétaire lui-même, le marquis de Forcella. Il nous fit les honneurs de son palais avec une grâce charmante ; c'est un homme dont l'excessive modestie relève encore le mérite et la science.

Passionné pour les arts, doué d'une véritable intelligence non-seulement de la partie théorique, mais encore de la partie pratique de chacun, il a consacré sa vie à élever un sanctuaire à l'art grec, romain et arabe. Achevé, ce palais formera une des merveilles de Palerme.

La salle de bal, en style mauresque, est délicieuse de légèreté, de grâce, de coquetterie ; le salon, qui a vue sur la mer, renferme des marbres et un pavé en mosaïque du plus grand prix ; là s'étalent avec profusion le vert antique, l'agathe, le porphyre : on a offert au marquis de Forcella mille piastres pour une seule colonne de marbre égyptien. Un autre salon est décoré avec la noble simplicité du style corinthien ; plus loin, la salle dite de Pompeï et celle des Vestales offrent des fresques parfaitement exécutées d'après des modèles de Pompeï.

Cette variété de style ne choque pas les yeux, parce que chaque salle a son unité complète et bien caractérisée ; tout, jusqu'aux meubles, se trouve entièrement en rapport avec le genre d'ornementation choisi. Ce qu'il a fallu au marquis de recherches, de travaux, pour arriver à un semblable résultat, est incalculable ; non-seulement il a dû compulser les poètes grecs, latins, les chroniques arabes, interroger les monuments de Syracuse, de Palerme, de Pompeï, d'Agrigente, explorer la Sicile, l'Espagne, l'Italie, mais encore étudier à fond les peintures, sculptures et mosaïques ; car, s'il donne seul l'idée et le plan de toute chose, tout se fait également sous ses yeux ; aucun des moindres détails n'échappe à sa direction active et éclairée. Il a retrouvé lui-même des procédés anciens dont les modernes avaient perdu la connaissance et la pratique. Enfin il convient d'ajouter que l'homme qui a réalisé cette création artistique ne jouit pas d'une fortune extraordinaire. Mais l'intelligence soutenue par le travail et la patience ne triomphe-t-elle pas de tous les obstacles?

Le marquis de Forcella, se trouvant sans enfants, aurait, dit-on, l'intention de léguer son palais au roi de Naples et d'assurer ainsi la conservation de son œuvre. Pensée heureuse! sa réalisation permettrait à la postérité d'admirer longtemps cette reproduction intéressante de l'art grec, romain et arabe. Un pareil monument avait sa place marquée en Sicile, pays des colonies grecques, des conquêtes romaines, des invasions sarrasines ; terre qui, par sa position entre trois continents, fut dans la période antique de l'histoire le champ de bataille où se jouèrent les destinées du monde.

Musée.

Le musée, situé dans un bâtiment dépendant de l'Université, ancien couvent de moines Théatins, renferme une galerie de tableaux et une galerie de sculptures.

La première est peu importante ; les rares toiles qui s'y trouvent proviennent non des dons du gouvernement, mais de la libéralité de quelques particuliers : parmi les plus généreux on doit citer le prince Belmonte. Je remarquai un Luca Giordano, deux charmantes compositions de Pietro Novello, et un

Salvator Rosa représentant le crucifiement de saint André.

La galerie des statues et bas-reliefs antiques offre un véritable intérêt : elle n'est pas très considérable, car les fouilles faites dans les vieilles cités de la Sicile sont encore, pour ainsi dire, seulement ébauchées ; mais, d'après les curieux objets d'art qu'elle contient, on peut se figurer combien cette collection présenterait de richesses si les ruines de Tyndaris, Syracuse, Girgenti, Sélinunte, Ségeste et Solunto avaient été entièrement explorées. Quoi qu'il en soit, même en son état actuel, la collection des sculptures mérite de fixer l'attention sérieuse de l'artiste.

Parmi les bas-reliefs, je citerai ceux trouvés dans les temples de Sélinunte : quelques-uns sont grossièrement faits, mais d'autres ont le fini et la perfection que le ciseau grec savait imprimer à ses productions. Ainsi les bas-reliefs de Jupiter et de Junon, d'Hercule, de Diane et d'Actéon, de Mars et de Minerve peuvent à bon droit passer pour des chefs-d'œuvre.

Quant aux statues, je signalerai celle d'Esculape, provenant du temple de ce nom à Agrigente ; une statue colossale de Jove assis, trouvée à Solunto, ville antique dont il ne reste plus de traces et qui était située à dix milles de Palerme sur le cap de la Bagaria ; une autre statue de Jove debout, armé d'une lance, découverte à Tyndaris, ancienne cité voisine de Messine ; enfin un magnifique torse de femme et les statues de Marc-Aurèle, Nerva, Trajan, toutes trouvées également à Tyndaris et datant de l'époque romaine.

Deux candélabres en terre cuite, de nombreux débris de colonnes et chapiteaux dus aux fouilles opérées à Sélinunte, un sarcophage apporté d'un couvent de Dominicains, se recommandent encore aux touristes avant de quitter l'enceinte du musée de Palerme.

## CHAPITRE XIV.

**Environs de Palerme.**

Mont Pellegrino. — Légende de sainte Rosalie. — Sa grotte. — Fêtes de la sainte.

*Chemin du Pellegrino.*   Pour arriver au pied du Pellegrino on côtoie le port dominé par les flancs rougeâtres, dénudés, de la montagne qui se reflètent jusque dans les flots limpides de la mer. L'ascension se fait en suivant un chemin abrupt tracé au milieu d'énormes blocs de rochers; la solitude, le silence de ces lieux, où errent seulement quelques troupeaux sous la conduite de leurs pâtres, contrastent étrangement avec l'animation de la ville que vous venez de quitter et dont le bruit confus frappe encore votre oreille.

*Vue dont on jouit du sommet du Pellegrino.*   La cime du Pellegrino se termine par un large plateau d'où se déroule un panorama admirable. On domine Palerme et la riche vallée qui l'entoure, on aperçoit Montréal se détachant en relief sur un fond de collines, de montagnes étagées en plans divers et reconnaissables à chacune de leurs teintes variées; la grâce des détails s'unit au grandiose de l'ensemble. Ces scènes successives où apparaissent, ici un village au milieu des bois, là la ligne d'un cap qui s'avance dans les flots, quelquefois la voile blanche d'un navire glissant sur l'onde, forment autant d'incidents divers qui augmentent encore les enchantements de ce merveilleux tableau.

Quelques souvenirs de la mythologie et de l'histoire se rattachent au mont Pellegrino ; les Grecs lui avaient donné le nom d'Ercta. Les traditions de la fable attribuent à Saturne, roi puissant et cruel, la construction de la première forteresse élevée sur cette montagne, qu'aurait habitée une race gigantesque dont on prétendrait avoir retrouvé les ossements. *Souvenirs de mythologie et d'histoire.*

Quant aux faits historiques, il paraîtrait qu'Amilcar, général carthaginois, se serait établi avec son armée sur le Pellegrino. De cette position inexpugnable il aurait pendant cinq ans bravé les Romains, jusqu'au moment où la victoire navale gagnée près de Drepanum, par le consul Luctatius, eut forcé les Africains à évacuer le sol de la Sicile.

Des ruines situées vers le sommet de la montagne appartiendraient, dit-on, au camp d'Amilcar; on peut supposer avec plus de vraisemblance que ce sont les débris d'un de ces châteaux fortifiés dont les Sarrasins avaient couvert les points de l'île les plus culminants.

Quoi qu'il en soit, le mont Pellegrino ne doit sa célébrité, ni aux magnifiques points de vue qu'il présente, ni à ces données historiques incertaines, mais à une pieuse et touchante légende.

Au commencement du douzième siècle, et sous le règne de Roger, vivait à Palerme une jeune fille nommée Rosalie ; issue, dit-on, du sang royal, elle se trouvait par sa naissance appelée à paraître à la cour. Cette cour sicilienne était alors fort brillante; les *Rosalie à la cour de Roger.*

chevaliers, que les chroniques nous représentent tout bardés de fer, aimaient à transporter au milieu des douceurs de la paix l'image des combats. Aussi, les tournois, dans lesquels la galanterie s'alliait à la valeur, formaient-ils le passe-temps des preux, pendant les courtes trêves qui apportaient une interruption momentanée aux fatigues de la guerre. Les nobles dames et gentilles damoiselles étaient l'ornement, l'inspiration et le but de ces fêtes chevaleresques ; on entrait dans la lice, on y rompait des lances pour obtenir un sourire de la maîtresse de ses pensées. Rosalie, douée d'une beauté rare, se vit, dès son apparition à la cour, entourée des hommages des seigneurs siciliens ; mais les séductions du monde qui, d'ordinaire, portent la fascination et l'ivresse dans le cœur des femmes, remplirent d'effroi celui de la timide jeune fille ; son innocence s'alarma des dangers auxquels pouvait être exposée sa vertu ; elle résolut de se dérober à ces enchantements terrestres et de consacrer à Dieu seul ses charmes, son ame et sa vie.

*Retraite et vie de Rosalie sur le Pellegrino.* Elle abandonna soudain Palerme et ses plaisirs, comme d'autres fuiraient la douleur. Choisissant pour lieu de sa retraite une grotte obscure, humide, ignorée, du mont Pellegrino, elle cacha là à tous les yeux son existence vouée désormais aux privations, aux veilles, à la prière. Le bruit des fêtes de la capitale arrivait parfois à son oreille, mais jamais jusqu'à son cœur ; loin d'éveiller en elle le désir de redescendre vers les agitations de la terre, il lui faisait apprécier davantage le calme de sa solitude et l'air pur du sommet inaccessible où elle se sentait plus rapprochée du ciel!

Cependant, si Rosalie ne laissa plus tomber un regard d'envie ou de regret sur le monde, elle ne cessait pas de tourner vers lui les élans de sa miséricordieuse charité. Du port où elle était parvenue elle dominait la mer, elle voyait ses écueils, elle apercevait se former les orages qui menacent les navires errants sur les flots, et elle conjurait Dieu de prendre en pitié tant d'existences ballottées, de les sauver du naufrage dont il l'avait sauvée elle-même. La pure jeune fille s'offrait en expiation à la colère divine; elle redoublait ses mortifications, sa pénitence, les consacrant au rachat des fautes, des crimes peut-être de ses concitoyens. Pendant ce temps, ceux-ci ne pensaient guère à l'ange tutélaire qui, du haut de la montagne, veillait sur leur destinée. Les hommes, entraînés dans le tourbillon de leurs joies éphémères, oublient vite ceux qui les ont quittés. Si l'on déserte la scène, quelque rôle brillant qu'on y ait joué, on perd ses droits au souvenir de la foule; elle devient ingrate quand on ne l'amuse plus. Palerme ne soupçonna pas à sa porte cette vie pieuse, méritoire, et ne sut pas davantage le moment où Dieu appela vers lui son humble servante.

Seulement, quelques pauvres bergers, uniques témoins, avec le ciel, des vertus et de la mort de Rosalie, recueillirent et gardèrent dans leur cœur, comme de suaves parfums, les souvenirs de ce séjour d'une jeune fille sur la montagne. Cette tradition, confiée à de simples familles de pâtres, fut pendant longtemps connue d'elles seules ; elle descendit plus tard des cimes du Pellegrino vers la vallée et se répandit peu à peu dans la ville où chacun l'accueillit avec foi et respect. Le sacrifice d'un tel rang, de tant de beauté et de jeunesse, fait par une femme, cette existence de souffrances, de larmes, préférée aux splendeurs du monde et voilée à tous les regards, sauf aux regards des anges, frappèrent l'imagination du peuple ; on reconnut dans ces faits, si contraires au cours ordinaire des choses, le doigt de Dieu, qui, marquant Rosalie du sceau de la prédestination, avait pu seul l'amener à une vocation opposée aux tendances de la nature. Dès ce moment la mémoire de Rosalie fut entourée d'une pieuse vénération ; on ne parla plus d'elle sans ajouter à son nom l'épithète de sainte. Mais pour qu'on pût lui rendre des hommages solennels, il fallait découvrir le lieu du Pellegrino où avait été déposé son corps ; chose sur laquelle ni la tradition, ni l'histoire locale ne fournissaient aucun renseignement ; de plus il était nécessaire qu'un fait miraculeux, authentique, vînt montrer dans tout son éclat l'auréole céleste dont Dieu avait orné le front de la sainte fille de Palerme. Une circonstance terrible produisit ces résultats environ cinq siècles après que Rosalie eut quitté la terre.

*Peste de Palerme.* En l'année 1624, une peste affreuse ravageait la capitale de la Sicile : il n'y avait pas de quartier, pas de rue, pas de maison, pas de palais qui ne fût atteint. Chaque famille fournissait son contingent de victimes, chaque demeure se vidait peu à peu de ses habitants ; la ville ne présentait partout que scènes de désolation et de deuil! Personne ne circulait plus sur les places publiques devenues désertes et semblables à celles d'une cité abandonnée : dans toute l'enceinte de Palerme régnait un lugubre silence; il n'était troublé que par les gémissements convulsifs des mourants ou par le bruit des chars transportant au cimetière les cadavres des pestiférés. Beaucoup d'entre eux expiraient, chose affreuse à penser, sans nuls témoins de leurs derniers moments; car, comme le mal était contagieux, comme il suffisait d'avoir touché les vêtements, le linge, les draps d'un malade pour prendre soi-même les germes du fléau, on s'éloignait à la hâte des personnes chez lesquelles apparaissaient les premiers symptômes. On vit ainsi des parents fuir leurs parents, des amis leurs amis, des femmes leurs époux, et jusqu'à des mères abandonner leurs enfants, tellement la frayeur avait tari les sources de la pitié, et éteint sous un égoïsme brutal les sentiments les plus sacrés! Au milieu de ces calamités, dont nul pinceau ne saurait retracer l'horreur, le clergé avait seul conservé le calme de la pensée en face du danger commun ; il semblait que la charité, bannie de tous les cœurs, eût choisi pour son dernier refuge le sein des moines et des prêtres. Leur dévouement inépuisable rivalisait avec le mal; plus la peste étendait son empire, plus ils multipliaient les prodiges de leur zèle et les efforts de leur abnégation. On les voyait partout en ces mauvais jours : du chevet des pestiférés, auxquels ils prodiguaient les consolations de la religion, ils allaient rendre aux morts les devoirs de la sépulture, tenant seuls, dans le lugubre cortège, la place des parents et amis du défunt frappés déjà eux-mêmes par le fléau ou éloignés par la peur! Si ces dignes ministres du Seigneur quittaient le lit des moribonds, c'était pour diriger leurs pas vers le temple le plus rapproché; là, humblement prosternés au pied des autels, ils offraient à Dieu leurs prières, leurs larmes, le conjuraient de désarmer le bras de sa colère et de prendre en pitié ce peuple si cruellement éprouvé. Vain espoir! le ciel se montrait sourd aux supplications de la terre, la mort continuait à moissonner des victimes!

Un jour, on annonce aux magistrats assemblés qu'un homme demande à leur faire une communication importante,: on l'introduit dans le conseil. Cet homme était un pauvre pâtre, au maintien fier et digne, à la physionomie accentuée, au regard vif empreint de vérité; il portait avec une certaine noblesse le vêtement pittoresque des bergers siciliens, composé du petit manteau rejeté sur l'épaule, du chapeau haut de forme, à larges bords, et d'une sorte de sandales grossières d'où partent des bandelettes de laine qui, développées autour de la jambe, la recouvrent jusqu'au genou; des médailles étaient attachées à son cou, un long chapelet pendait à sa ceinture.

D'une voix émue mais ferme pourtant, et comme s'il obéissait à une force irrésistible, le pâtre s'exprime en ces termes : « Ce matin, en gardant mon troupeau, je m'endormis à l'entrée d'une grotte de la montagne; tout à coup m'apparut une vision que je reconnus pour celle d'un ange à ses grandes ailes blanches bordées d'or : une blonde chevelure ornait

sa tête, ses traits purs reflétaient à la fois l'enfance et la jeunesse; une grâce et une majesté célestes étaient répandues sur toute sa personne, et l'auréole éclatante qui entourait son front illuminait la grotte d'une radieuse clarté. Debout à mes côtés et tournant des yeux pleins de bonté vers moi : « Ne crains rien, me dit-
» il; Dieu, cédant à la puissante intercession de Ro-
» salie, placée au premier rang parmi les élus, a ré-
» solu de mettre fin aux maux qui désolent Palerme;
» mais il impose une condition à la cessation du fléau :
» il veut que les ossements de Rosalie, enterrés au
» fond de cette grotte obscure, soient solennellement
» transportés dans la ville et entourés de la vénéra-
» tion et des hommages de ses habitants. Il m'a en-
» voyé comme son messager vers toi; et toi-même,
» simple pasteur, il te charge de porter à la cité la
» bonne nouvelle. Si des bergers connurent et racon-
» tèrent seuls autrefois la vie de Rosalie, un berger
» sera encore le premier aujourd'hui à révéler la gloire
» dont elle jouit dans le ciel. » A ces mots, la vision se tut et disparut à mes yeux. Je m'éveillai soudain, ajouta le pâtre, et descendis en toute hâte vers Palerme, pour remplir la mission divine que l'ange m'a confiée près de vous. »

Les magistrats, émus par cette révélation inattendue faite avec un accent convaincu, ne doutent pas un instant de la réalité du message ; tombant à genoux, ils remercient Dieu de la grâce inespérée qu'il accorde à ce malheureux peuple. Du conseil la nouvelle se répand promptement au dehors ; elle remplit tous les cœurs d'espérance. Les pestiférés eux-mêmes, se soulevant sur leurs lits de douleur, semblent reprendre des forces et renaître à la vie. Chacun a foi dans la parole de clémence que le ciel envoie à la terre, chacun tressaille de joie en pensant que l'heure de la délivrance a sonné.

Une procession solennelle part de Palerme ; elle était composée du clergé, des religieux de la ville, des magistrats, de la noblesse, de tous ceux en un mot que le mal avait épargnés. Elle gravit rapidement les pentes du Pellegrino ; précédée par le pâtre, elle se dirige vers la grotte de la vision céleste, et, à l'endroit indiqué, des fouilles sur le champ pratiquées découvrent aux regards les ossements de sainte Rosalie. A la vue de ces dépouilles sacrées, des pleurs inondent tous les visages, des transports d'allégresse partent des rangs pressés de la multitude, des hymnes de reconnaissance font retentir les échos de la montagne. Les restes précieux sont déposés dans une châsse d'or enrichie de pierreries ; on se dispute l'honneur de porter le vénérable fardeau.

<small>Invention des ossements de Ste Rosalie.</small>

La procession reprend le chemin de la cité ; elle fait le tour des murailles, parcourt les rues, les places publiques ; on veut que le gage du salut soit, pour ainsi dire, mis en possession de la ville entière, que chaque malade puisse tourner ses regards abattus vers cette autre arche d'alliance.

Le pieux cortège transporte son trésor dans la cathédrale ; une chapelle est consacrée à la sainte, et on commence immédiatement à lui élever un magnifique tombeau.

<small>Cessation de la peste.</small>

A dater de cette journée mémorable, la peste

cessa ses ravages ; la plupart des malades guérirent ; Palerme, miraculeusement sauvée, put enfin respirer à l'abri des atteintes du fléau ! Dieu se sert souvent ainsi des plus timides, des plus modestes créatures, de jeunes filles faibles, ignorées du monde et connues de lui seul, pour en faire les intermédiaires et les ministres de sa bonté miséricordieuse envers les hommes : Geneviève, simple bergère, arrête Attila aux portes de Paris ; Jeanne, pauvre villageoise, affranchit sa patrie du joug de l'étranger ; Rosalie délivre sa ville natale du mal le plus terrible.

Dans les jours mauvais, le Seigneur suscite ses humbles servantes, les soutient et les inspire ; elles apparaissent, semblables à des astres bienfaisants qui répandent sur les ténèbres du monde une céleste lumière. Nul historien contemporain n'écrit généralement la vie de ces héroïnes suivant le cœur de Dieu ; mais leur nom, recueilli dans les légendes populaires, arrive, porté sur les ailes de la tradition, à la postérité la plus reculée.

L'humilité parvient à la gloire, gloire incontestée et plus durable que celle des conquérants et des héros.

La vérité même n'a-t-elle pas prononcé ces prophétiques paroles : « Quiconque s'abaisse sera élevé? »

Rosalie, souveraine protectrice de Palerme, en devint la patronne, à la place de sainte Agathe qui jusque-là avait eu ce privilège. La nouvelle sainte, désormais l'objet de la dévotion la plus fervente, fut pour la capitale de la Sicile et pour l'île entière ce que saint Janvier est pour Naples : la sainte populaire, la sainte nationale. Les dons des particuliers, des offrandes royales ornèrent et enrichirent à l'envi la chapelle de la cathédrale où repose son corps.

Le mont Pellegrino fut regardé comme la montagne sainte. Sur le chemin qui conduit à son sommet, on éleva de distance en distance de petits oratoires, stations pieuses du fidèle se rendant à la grotte de sainte Rosalie.

*Chapelle de la grotte.*
Cette grotte, qu'illustra à jamais la vie et la mort d'une vierge, a été depuis longtemps convertie en chapelle. A l'entrée, se trouve un péristyle offrant trois autels riches, élégants, incrustés d'albâtre et de marbre. Vient ensuite une sorte de coupole taillée inégalement dans le rocher, ouverture circulaire non vitrée, qui rappelle celle de la voûte du Panthéon de Rome ; par là seulement le jour pénètre dans la grotte, par là l'œil découvre un coin bleu du ciel. A cet endroit commence, à proprement parler, la chapelle : elle renferme également trois autels, décorés de la plus somptueuse ornementation, due à la munificence des grands et des rois. On voit, suspendus de toutes parts, des ex-voto, témoignages de la piété des pèlerins. Une statue en marbre représentant la sainte magnifiquement habillée et couverte de diamants, est placée sous l'autel principal, devant lequel brûle toujours une longue rangée de cierges.

La grotte, où de petites sources coulent sans cesse des fissures de la roche calcaire, peut avoir trente pieds de profondeur sur quinze d'élévation.

L'intérieur de la chapelle présente un aspect voilé, mystérieux, favorable aux pieuses pensées. La clarté des cierges se projette tout entière sur le visage de sainte Rosalie, elle semble plongée dans un doux sommeil ; son image seule étincelle de lumière ; l'ombre recouvre les autres parties du sanctuaire et les parois du rocher. A chaque instant du jour, des villageois en habits de fête, venus de tous les points de la Sicile, entrent dans la grotte pour accomplir quelque vœu secret. Humblement agenouillés, ils prient avec la ferveur et l'enthousiasme habituels aux populations du midi de l'Italie. L'expression de leur foi vive se traduit tantôt par de muettes extases, tantôt par des larmes qui baignent leurs yeux, le plus souvent par des prières fortement accentuées. Quel contraste entre cette piété sincère et l'indifférence religieuse des habitants de nos campagnes de France, qu'engourdit le culte presque exclusif des intérêts matériels !

Les bâtiments d'un couvent forment une enceinte autour de la chapelle ; ils servent de demeure à douze chapelains constitués les gardiens du sanctuaire vénéré.

Le 4 septembre de chaque année, jour anniversaire de l'invention des ossements et de la cessation de la peste, les magistrats de Palerme se rendent solennellement à la grotte pour remercier, au nom de leurs concitoyens, sainte Rosalie de sa puissante protection, et pour la supplier de continuer à étendre sa main tutélaire sur la cité autrefois sauvée par elle.

Le souvenir reconnaissant des Siciliens envers leur libératrice, a fait, depuis longtemps, instituer en son honneur à Palerme une suite de magnifiques fêtes populaires et célèbres ; elles attirent annuellement

*Fêtes de Ste Rosalie*

un grand concours de nationaux et d'étrangers dans la capitale de l'île. Je n'ai pas eu la bonne fortune d'y assister, mais un témoin oculaire m'a transmis à cet égard les détails les plus minutieux.

Ces fêtes ont lieu en juillet, sans doute parce que ce mois vit la mort de sainte Rosalie ; elles commencent le onze et se prolongent pendant cinq jours consécutifs.

*Première journée, — char colossal.*
Le premier jour, on promène dans la principale rue de la ville un char colossal dont la forme varie chaque année ; il doit porter cinquante musiciens et s'élever, par la boule et la croix qui le terminent, jusqu'au niveau des maisons les plus hautes ; une charpente considérable soutient la machine montée sur quatre roues et deux essieux énormes ; le tout est recouvert en carton ou papier coloré, et de loin ne laisse pas que de produire un certain effet. Autrefois quarante chevaux, attelés quatre de front, mettaient en mouvement ce char gigantesque ; on les a remplacés depuis longtemps par des bœufs dont le tirage est plus égal et plus sûr : on en met trente-six, liés deux à deux, et caparaçonnés d'une toile peinte passablement ridicule, ainsi que le vêtement pastoral des bouviers. Vingt-quatre gardes de la ville, à cheval, et un officier subalterne du Sénat forment le cortège de la masse roulante qui, suivie d'une foule immense, s'arrête devant les principaux palais, pendant que les musiciens exécutent quelque marche ou brillante symphonie.

*Aspect de la rue de Cassero.*
La rue de Cassero, longue d'un quart de lieue et tirée au cordeau, offre alors un magnifique coup d'œil

tant par les flots compacts de la multitude que par la vue de tous les balcons garnis de spectateurs et de femmes élégamment parées. C'est l'aspect, sur un parcours plus large et plus étendu, du Corso à Rome, pendant les journées du carnaval ; c'est la même animation, le même entrain, la même ivresse dans la joie, la même bonhomie dans le plaisir. Durant ce jour et les suivants on interdit jusqu'à minuit la circulation des voitures, afin de laisser à la foule des piétons toute liberté d'allures et toute sécurité.

Le char, après trois heures d'une marche lente, difficile, arrive enfin à l'autre extrémité de la rue, sur la place du Palais, terme de sa course de la journée ; il reste là, en plein air, exposé à la curiosité du public, et tout prêt à figurer dans la fête du lendemain.

Le soir, dès que la nuit a déployé son voile sombre, on se porte à la promenade de la Marina pour jouir du spectacle d'une illumination vraiment superbe par la beauté de l'emplacement et par la profusion des lampions élégamment disposés en brillantes arcades le long des terrasses étagées. *Illumination de la Marina.*

Sur les dix heures, on tire, en ce même lieu, un feu d'artifice de grand appareil, représentant ordinairement un vaste palais dont les murailles et colonnes étincelantes plongent leurs pieds dans les flots ; de nombreuses barques, couvertes de lanternes vénitiennes, sillonnent en tous sens la mer ; sa surface ondulée, miroitante, reflète au loin l'éclat de ces feux, de ces lumières qui montent et disparaissent tour à tour, semblables aux lueurs d'un incendie immense. *Feu d'artifice à la Marina.*

**Illumination de la Flore.**

Après le feu d'artifice de la Marina, la foule se rend au jardin la Flore, illuminé *a giorno*.

Rien n'est magique comme l'aspect de ce lieu, où la lumière se joue à travers le feuillage des arbres, où l'on respire un air frais, embaumé, où deux orchestres font entendre successivement leurs accords harmonieux.

**Seconde journée.**

Trois courses de chevaux, qui ont lieu dans la rue de Cassero, remplissent seules presque entièrement le programme des divertissements de la seconde journée.

**Courses de chevaux.**

La première course est celle des chevaux les plus communs, connus sous le nom de *bardaiuoli* ; la seconde est celle des juments, et la troisième, des chevaux les plus fins, dits *jannetti*.

Les courses de France et d'Angleterre ne peuvent donner nulle idée de celles usitées à Palerme ainsi que dans la plupart des villes d'Italie. Pour ce genre de courses il n'est pas besoin d'un vaste terrain servant d'hippodrome : la rue principale de la ville en tient lieu ; on se passe également de jokeys, car les chevaux font la course sans cavaliers et portent seulement quelques vessies armées de pointes destinées à leur battre les flancs. Amenés en main au bout de la rue fixé comme point de départ, on les range de front derrière une corde qui sert de barrière, et là ces nobles animaux, pleins d'ardeur et de fougue, piaffants, hennissants, sont retenus avec peine, tellement leur merveilleux instinct semble comprendre l'importance de la lutte, tellement leur jalouse impatience a soif du triomphe.

Enfin le signal est donné ; les coursiers s'élancent, leurs pas rapides dévorent l'espace. A mesure qu'ils avancent dans la carrière, les flots pressés de la foule s'entr'ouvrent devant eux, puis se rapprochent et se referment soudain dès leur passage, chaque spectateur hâtant le pas afin de mieux suivre les incidents de la course et de voir le moment de l'arrivée. Excités par les gestes, les clameurs de la multitude, les chevaux redoublent d'efforts, d'énergie, de courage : les retardataires, piqués d'honneur et sensibles aux huées dont le peuple les accable, tâchent de rejoindre leurs devanciers ; chacun tour à tour dépasse son rival ou est distancé par lui sans qu'on puisse prévoir l'issue de la lutte. Cependant le terme approche ; bientôt l'atteint le coursier le plus vigoureux, le plus rapide. Des cris de joie, des transports d'enthousiasme accueillent le vainqueur, on proclame solennellement son triomphe, toutes les mains le caressent à l'envi, des bouquets de fleurs sont attachés à son front. On promène dans la ville le héros de la journée ; fier de sa victoire, il porte la tête haute et paraît enivré des ovations dont il devient l'objet.

Le peuple de Palerme se montre passionné pour ce genre de spectacle ; il semblerait devoir occasionner mille accidents parmi la masse compacte des curieux que nulle police, nulle barrière ne contient. Cependant les courses se passent généralement sans aucun épisode fâcheux.

Vers les dix heures de cette seconde soirée, le char triomphal, brillamment illuminé, se remet en marche dans la rue de Cassero éclairée *a giorno* au moyen de milliers de lampions attachés à des arcs, colonnes, pyramides en bois peint dressés le long des maisons.

La pesante machine, après avoir accompli cette excursion nocturne, est conduite sur une place voisine où on l'abandonne aux mains de la populace ; celle-ci se fait un jeu de la détruire et d'emporter le carton peint, les dorures formant sa décoration. Ainsi, ce gigantesque édifice roulant a une courte existence, bien peu proportionnée au temps fort long et à la somme d'argent considérable qu'a demandés sa construction. Mais, à toutes les époques, dans tous les pays, il a fallu toujours dépenser beaucoup pour les plaisirs de la multitude. L'argent consacré à des spectacles éphémères rapporte de plus gros intérêts qu'on ne pense généralement ; amuser la foule constitue un des plus puissants moyens de la gouverner. Les hommes sont semblables aux enfants : on apaise leur colère, on fixe leurs caprices par des jouets.

*Troisième journée.* Le troisième jour des fêtes offre la répétition des divertissements des deux précédentes journées, c'est-à-dire les courses de chevaux, l'illumination de la Marina, de la Flore, et le feu d'artifice tiré sur les bords de la mer.

*Quatrième journée.* Le quatrième jour, après les courses de chevaux qui sont les dernières, on jouit d'un spectacle nouveau.

*Illumination de la Cathédrale.* A l'entrée de la nuit, on illumine extérieurement et intérieurement la cathédrale, où se chantent, en musique et avec beaucoup de solennité, les premières vêpres de sainte Rosalie. Cette illumination est d'un grand effet. Mille à douze cents lustres, suspendus à la voûte de l'église à des hauteurs différentes, forment un dessin plein de régularité et de grâce. Quand on se place à la porte du monument, dont on embrasse l'ensemble, l'œil reste frappé de l'éclat de tant de lumières étincelantes ; elles font ressembler la voûte du temple au firmament parsemé d'étoiles. L'illusion serait encore plus complète, si cette voûte présentait une teinte bleu céleste au lieu de la couleur blanche qui la recouvre.

Les vêpres finies, la foule se promène dans la rue de Tolède jusqu'à minuit. Cette heure est le signal de l'entrée des voitures qui débouchent de toutes parts et forment bientôt, sur deux files, un *corso* fort brillant, rendez-vous de la haute société de Palerme. Deux heures du matin ne voient pas toujours le terme de ces promenades aristocratiques dont on s'explique facilement la prolongation, quand on connaît le charme d'une nuit de Sicile succédant, en juillet, à l'ardeur dévorante et presque intolérable du soleil. *Corso dans la rue de Tolède.*

Le cinquième jour est entièrement consacré aux cérémonies religieuses. Il se célèbre d'abord dans la cathédrale une messe solennelle à laquelle le chef du gouvernement, représentant du roi, le Sénat, la noblesse, les cours de justice assistent en grande tenue, il y a ce qu'on appelle *gala* complet, c'est-à-dire jour de parure extraordinaire pour soi, ses gens et ses équipages. On s'occupe ensuite des préparatifs de la magnifique procession où se porte pompeusement la châsse renfermant les reliques de sainte Rosalie. Cette procession commence vers les neuf heures du soir ; elle se compose du clergé séculier, *Cinquième journée, messe solennelle.* *Procession de la châsse de Ste Rosalie.*

régulier, des autorités de Palerme et des communautés ou confréries, fort nombreuses en cette ville. Chacune des confréries se fait précéder par une espèce de baldaquin pyramidal en bois doré, contenant plusieurs statues de saints. Tous les baldaquins sont brillamment illuminés ; parmi eux, il s'en trouve de fort pesants, que trente-six hommes soutiennent avec peine. On voit ces braves gens couverts de sueur, exténués de fatigue, mais semblant, à chaque pas, puiser une nouvelle force dans le fervent enthousiasme de leur foi.

Les *facchini* de la douane, qui portent le baldaquin où sont placées les statues des saints Côme et Damien, exécutent leur marche au galop, et de temps à autre font faire le moulinet à la lourde machine, comme pour donner au public une haute idée de leur vigueur musculaire. L'exhibition de la force de ces athlètes d'un nouveau genre n'est guère à sa place, il faut l'avouer, dans une pareille cérémonie. Mais, ce qui choque nos yeux, à nous autres Français, ne produit pas le même effet sur les natures italiennes. Les peuples du midi de l'Europe n'ont pas le tact, le sentiment des convenances, au même degré que les peuples septentrionaux. En Italie et en Sicile, la vivacité du caractère, le besoin de liberté d'allures et de tenue se retrouvent partout et toujours ; il ne viendrait à l'esprit de personne de critiquer et de vouloir entraver la satisfaction de ces fantaisies individuelles. Tous les règlements, toutes les mesures de police échoueraient contre la bonhomie et *le laisser-aller* des populations.

La statue de sainte Rosalie, tout entière en argent massif, termine la procession qui parcourt une grande partie de la ville, avec des stations fréquentes aux couvents d'hommes et de femmes. L'image vénérée de l'éminente protectrice de Palerme pénètre ainsi dans presque toutes les églises, chapelles, sanctuaires, où elle demeure quelques instants exposée aux pieux hommages des fidèles.

La marche lente de la procession fait qu'ordinairement elle se prolonge jusqu'à l'aube du jour. Peu à peu les assistants, gagnés par le sommeil, l'abandonnent; bientôt tout le monde a quitté le cortège et il ne reste plus, pour la rentrée à la cathédrale, qu'un petit nombre de dévots fervents, le clergé, et les personnes indispensables au service. La cérémonie, commencée au milieu d'un concours immense de peuple, finit presque dans la solitude.

Cette solitude, qui clot la série de cinq jours de fêtes brillantes, en forme peut-être le trait le plus frappant; il rappelle, mieux qu'aucun autre, le souvenir de la sainte jeune fille qui vécut et mourut isolée sur la cime déserte du mont Pellegrino.

# CHAPITRE XV.

### Environs de Palerme.

**Montréal. — Abbaye de St-Martin. Vêpres siciliennes.**

*Porta Nuova* — On sort par la porte dite *Porta-Nuova*, située à l'extrémité de la rue de Tolède, quand on veut se rendre de Palerme à Montréal. Elle fut construite vers 1537, en l'honneur de l'empereur Charles-Quint.

*Souvenir du passage de Charles-Quint à Palerme.* — Ce prince, après le traité de Cambrai conclu avec son rival François Ier, se voyant tranquille du côté de l'Europe, résolut de porter la guerre en Afrique contre les infidèles. Quel qu'ait été le mobile de cette expédition, soit une pensée religieuse et chevaleresque, souvenir des siècles passés, soit une pensée politique pour faire oublier au Souverain-Pontife, au moyen de cette sorte de croisade, le pillage de Rome, soit plutôt une pensée d'orgueil, afin d'étaler, dans tous les coins du globe, le prestige de son nom et de ses armes, Charles-Quint vainquit les Musulmans devant Tunis, comme il avait vaincu le roi très chrétien sous les remparts de Pavie ; et, lorsqu'en revenant des rivages africains, il visita son beau royaume de Sicile, suivi des dix mille chrétiens délivrés de l'esclavage, son entrée dans Palerme fut un véritable triomphe salué par les acclamations enthousiastes de tout un peuple.

A peu de distance de Porta-Nuova, on aperçoit les restes d'une antique forteresse dont l'origine sarrasine se reconnaît parfaitement, tant à la forme architecturale des fenêtres qu'à la coupe légère et élégante des colonnes.

*Forteresse sarrasine.*

Ainsi, rapprochement singulier! le monument qu'élevèrent les Arabes se tient encore debout près du monument destiné à rappeler le souvenir du vainqueur de leurs descendants.

La route de Palerme à Montréal est délicieuse : alignée sur une longueur de quatre milles, bordée presque sans interruption de maisons, de villas, de massifs de lauriers et d'orangers, elle ressemble à une avenue tracée dans un parc immense.

*Route de Palerme à Montréal.*

Montréal, petite ville de neuf à dix mille ames, suspendue comme un nid de blanches colombes aux flancs rocheux et rougeâtres d'une colline qui domine toute la vallée de Palerme, ne le cède à aucune autre cité sous le rapport pittoresque.

*Position de Montréal.*

La princesse de S. C., possédant une villa à Montréal, nous y avait fait préparer un excellent déjeuner au milieu d'une terrasse protégée contre la chaleur par des citronniers en pleine terre formant sur nos têtes un berceau de verdure. De là, nos yeux embrassaient le paysage le plus gracieux, le plus varié que puisse rêver l'imagination. A nos pieds s'étendait toute la vallée couverte de jardins fertiles, de bois odorants, d'habitations charmantes. Plus loin, nous apercevions le blanc village del Parco, qui conduit *al Piano de' Greci*, où se trouve une population encore grecque par la langue, le costume et le culte. A notre droite, les montagnes, étagées en quatre plans distincts, présentaient des teintes, des effets de lumière différents; leur aspect, suivant la position du soleil, se modifiait à chaque instant du jour, comme les changements à vue d'une décoration théâtrale; à notre gauche, Palerme montrait ses clochers, ses coupoles; le mont Pellegrino dressait sa tête dénudée; le cap de la Bagaria laissait entrevoir à travers une brume transparente les dentelures de ses rivages, et la mer remplissait l'horizon de l'azur de ses ondes!

*Fertilité des environs de Montréal.* Les eaux sont excessivement abondantes dans la vallée de Montréal; elles servent surtout à la culture des orangers qui forment, tout à l'entour, de véritables forêts. Les environs de cette petite ville possèdent un sol tellement fécond et une végétation si luxuriante, qu'un arpent de terre s'y afferme quatre-vingts onces par an, c'est-à-dire environ mille francs de notre monnaie. Combien nos meilleures terres de France sont loin d'approcher de ce produit à peine croyable!

*Deux édifices à visiter à Montréal.* Montréal renferme deux édifices du plus haut intérêt : un couvent et une église de Bénédictins servant de cathédrale. La construction de ces monuments remonte au douzième siècle, au règne de Guillaume II, dit le Bon, le plus grand roi de la dynastie normande, le même prince qui éleva la cathédrale de Palerme.

*Monastère.* L'illustre fondateur du monastère avait obtenu du Pape l'érection de Montréal en archevêché; l'abbé était archevêque de droit, ses religieux formaient le Chapitre. Les immenses concessions successivement faites à ce diocèse l'avaient rendu le plus riche de la

Sicile. Mais plus tard, et je ne sais par quel motif, les moines perdirent leurs droits à l'archevêché de Montréal, il fut donné, comme les autres évêchés de l'île, à un prêtre séculier; les Bénédictins conservèrent seulement le titre et la charge de chanoines.

Le couvent, réparé et presque entièrement reconstruit à neuf dans le dernier siècle, apparaît au dehors sans aucun cachet architectural remarquable; mais la distribution et la décoration intérieures ne manquent pas d'un certain aspect grandiose. On doit visiter l'escalier double du monastère, tout revêtu de marbre, et orné d'un grand tableau, chef-d'œuvre de l'art. Cette toile est due à Pietro Novello, peintre sicilien célèbre, surnommé *il Monrealese*, de Montréal sa ville natale, et aussi le *Divin* par l'enthousiasme de ses compatriotes. Au musée de Palerme, nous avons déjà cité le nom de cet artiste moins connu hors de la Sicile qu'il ne devrait l'être, à raison de son incontestable talent. La correction du dessin et la richesse du coloris, présentant plus d'un rapport avec celui du Titien, forment le trait distinctif de ses œuvres. Cette ressemblance n'a rien d'étonnant, car Pietro Novello, ayant passé cinq ans à Rome, put y étudier à son aise la manière particulière du grand maître de l'école vénitienne.

Le tableau, suspendu aux parois de l'escalier du couvent, représente une assemblée de religieux Bénédictins; toutes ces têtes de moines sont tellement variées, leur caractère si noble, leur coloris si vrai, qu'on croirait avoir sous les yeux des êtres vivants.

A la fin du siècle dernier, on plaça, comme pendant à la magnifique composition de Pietro Novello, une toile de Vélasquez, également peintre sicilien, qui se forma seul, sans avoir jamais quitté son pays. Cette production semble bien pâle en regard du chef-d'œuvre *del Monrealese*.

<small>Cloître attenant au monastère.</small>

Le cloître, intercalé dans l'intérieur des bâtiments du monastère, offre un coup-d'œil féerique. C'est un vaste espace carré, transformé en un jardin délicieux que des arbustes, des massifs de fleurs embaument de leurs parfums, et que plusieurs fontaines jaillissantes remplissent de leur fraîcheur. Le cloître proprement dit règne tout à l'entour; ses portiques aux ogives dentelées s'appuient sur des colonnes sveltes, accouplées deux à deux, décorées de torsades, de chapiteaux du plus riche dessin, incrustées de marbres et même de pierres précieuses. L'élégance, l'ornementation, la légèreté du style arabe, le murmure des eaux retombant dans des vasques d'albâtre, en un mot l'aspect enchanteur de ce lieu, font qu'on se croirait plutôt au milieu de quelqu'un de ces palais magiques, retraites de voluptés mystérieuses où les rois Maures goûtaient tous les plaisirs, que dans l'humble demeure de pieux cénobites voués à l'étude, à la prière.

<small>Cathédrale de Montréal.</small>

La cathédrale de Montréal appartient au style gothique. Plusieurs fois maladroitement restauré, orné après coup d'une coupole byzantine et d'un portail d'architecture grecque, ce monument n'a pas extérieurement l'harmonie ni le majestueux caractère de nos grandes basiliques de France bâties aux douzième et treizième siècles. Mais rien n'égale la magnificence de l'intérieur de l'édifice. Les arcs de la nef hardie et élancée reposent sur de belles colonnes de marbre avec des chapiteaux richement sculptés, le tout provenant d'anciens temples de la Sicile ; les murs de l'église, et la voûte située au-dessus du grand autel, sont entièrement couverts de splendides mosaïques à fond d'or, représentant les principaux récits de la Bible ; le plafond, en bois sculpté et peint, a la forme d'un toit incliné comme à la chapelle Palatine ; le pavé, également en mosaïques, se compose des dessins les plus variés.

Cet ensemble si complet de marbres, de tableaux aux teintes brillantes, cette profusion de dorures, et par-dessus tout les lignes pures du style ogival, saisissent les regards et frappent la pensée d'admiration. L'église de Saint-Marc, à Venise, peut seule se comparer à la basilique de Montréal, et encore celle-ci me semble-t-elle infiniment supérieure par la grandeur de ses proportions, la noblesse de son style d'architecture l'emportant, à mon avis, sur l'architecture byzantine de Saint-Marc, et même par la perfection des mosaïques. Les trois têtes colossales qui se trouvent placées, à Montréal, au-dessus des trois autels du fond de l'édifice, surtout celle du maître-autel représentant le Père éternel, sont empreintes d'une expression et d'une majesté sublimes. On remarquera dans la nef l'histoire de Noé retracée avec des détails de la naïveté la plus charmante.

A droite du chœur, on aperçoit deux tombeaux renfermant les dépouilles mortelles de deux rois de la dynastie normande. Sous le premier de ces sarcopha- *Tombeaux de deux rois de la dynastie normande.*

ges, tout entier en porphyre, fut inhumé le corps de Guillaume Ier, dit le Mauvais; sous le second, en marbre blanc, reposent les restes de son fils, Guillaume II, dit le Bon, dont la dernière demeure était bien convenablement indiquée dans cette église, son ouvrage immortel!

On pourrait s'étonner de voir le mausolée du bon prince composé d'une matière moins précieuse que celle formant le mausolée du mauvais roi; mais cette remarque fait encore ressortir la vertu et la noblesse des sentiments de Guillaume II. Sa piété filiale, ordonnant l'érection d'un monument à la mémoire de son père, ne crut pas pouvoir y mettre trop de magnificence, tandis que lui-même, sans héritiers directs, laissa à des collatéraux le soin de perpétuer après sa mort son propre souvenir.

Ces tombeaux ont servi de modèles à ceux des princes de la maison de Souabe enterrés dans la cathédrale de Palerme.

*Tombeau de St Louis.* De l'autre côté du chœur, en regard de ces deux somptueux sépulcres, on montre sous l'autel d'une modeste chapelle une simple tombe en marbre blanc, recouverte d'un grillage en fer, sur laquelle on lit cette inscription :

« Hic condita sunt viscera sancti Ludovici IX, regis Franc..... »

« Ici sont renfermées les entrailles de saint Louis, neuvième
» du nom, roi de France. »

Comment la cathédrale de Montréal a-t-elle l'insigne honneur de posséder un si précieux trésor?

Lorsque, à la rive africaine, près des ruines de Carthage, saint Louis atteint de la peste eût, couché sur la cendre, rendu le dernier soupir, le 25 août 1270, au milieu des sanglots de l'armée et après avoir dit à son fils ces admirables paroles : « *Plus tes peuples seront heureux, plus tu seras grand,* » Philippe le Hardi, devenu roi, conclut la paix avec le bey de Tunis, fit embarquer pour la France les débris de ses troupes, et emporta lui-même sur son navire trois cercueils, celui du roi son père, celui du comte de Nevers son frère, et celui d'Isabelle d'Aragon sa femme. Une tempête furieuse ayant accueilli la flotte française vers les côtes de Sicile, Philippe perdit dix vaisseaux, quatre mille soldats, et ne put qu'avec beaucoup de peine aborder au port de Trapani. De là il se rendit à Palerme, y passa quelques jours, et avant de continuer sa route vers la France, il céda aux instances de son oncle, Charles d'Anjou, et lui laissa une petite partie des restes de son glorieux père. Ces reliques, solennellement transportées dans la cathédrale de Montréal, furent confiées à la garde des religieux du monastère, tandis que Philippe allait déposer le cœur et le corps de saint Louis dans les caveaux de Saint-Denis, asile funèbre de la royauté !

J'étais heureux de rencontrer sur la terre étrangère ces souvenirs de notre histoire, de m'incliner devant la dépouille mortelle de celui qu'on doit regarder, à juste titre, comme le plus grand de nos rois, puisque aux qualités éminentes du monarque législateur et guerrier, il joignit la piété et les vertus d'un saint. La figure de Louis IX brille de l'éclat le plus pur au milieu de nos annales ; elle apparaît ceinte d'une lumineuse auréole, reflet céleste éclairant la nuit du moyen âge, se projetant sur les siècles qui ont suivi, et jusque sur cette famille illustre des Bourbons qu'il entoure de ses rayons immortels !

<small>St Louis et Charles-Quint.</small> Nous avons trouvé à la porte de Palerme les traces du passage de Charles-Quint, revenant lui aussi de Tunis, mais plein de vie et dans l'enivrement du triomphe; à Montréal, nous voyons saint Louis abandonné par la victoire, mort sous les coups répétés de la maladie et de la douleur. Et pourtant combien la mémoire du roi de France, humble et malheureux, l'emporte sur la mémoire du puissant empereur d'Allemagne en tout comblé des dons de la fortune!

Le mobile de celui-ci fut l'ambition et le désir immodéré de tenir dans ses mains le sceptre de la monarchie universelle; celui-là eut deux uniques pensées : assurer la prospérité de son peuple et délivrer du joug des infidèles le tombeau du Sauveur. A l'un, tous les moyens semblent légitimes, s'ils le conduisent à ses fins; l'autre ne connaît qu'une route, celle de la vertu. Le premier, rempli de ruse et de dissimulation, se joue des hommes, des serments, foule aux pieds les traités les plus solennels, fait de Machiavel sa lecture favorite; le second, pénétré d'amour pour la vérité, embrasé d'une charité immense pour les souffrances de ses frères, se montre partout et toujours esclave de sa parole, soigne lui-même les pestiférés, et ne cesse pas, un seul jour, de méditer l'Evangile !

Charles-Quint enfin, sans croyances, désenchanté de toute chose au sein des grandeurs, se retire au monastère de Saint-Just, quitte le monde comme un comédien quitte la scène, jouant, pour dernier acte, une funèbre parodie de la mort, tandis que Louis IX, plein de foi au milieu de ses cruelles épreuves, plein de constance comme un martyr, répète, à son heure dernière, cette parole qui résume sa vie : « Jérusalem, Jérusalem !!! »

Les entrailles de saint Louis avaient été primitivement déposées dans une simple urne. En 1635, un vice-roi de Naples et de Sicile ordonna de la placer sous le tombeau que l'on voit aujourd'hui. Une seconde inscription, gravée au-dessus de l'autel, constate ce fait :

*Seconde inscription au-dessus du tombeau de St Louis.*

« Sancti Ludovici, Francorum regis IX integerrima viscera,
» propriis visceribus condere voluisset piissimus signore Fer-
» dinandus Henricus de Ribera Alcala, dux III Neap... prorex
» Sicil... moderator, pro singulari sua pietate erga sanctissi-
» mum regem cui affinitate conjunctus, conjunctior extitit re-
» ligione. Id autem non valens, urnam humilem in qua jam-
» din inornate asservabantur, elegantiori opere exornavit.
         MDCXXXV. »

La pureté du goût et la susceptibilité de notre langue ne permettent pas la traduction littérale de cette inscription triviale en certains détails, et dont au surplus voici le sens :

« L'urne humble et modeste dans laquelle on conservait
» jusque-là sans honneur les entrailles de saint Louis, neu-
» vième du nom, roi des Français, a été déposée, en l'année
» 1635, dans cet élégant monument par les soins du très pieux
» seigneur Ferdinand-Henri de Ribera Alcala, troisième vice-
» roi de Naples et de Sicile, désireux de montrer ainsi ses
» sentiments à l'égard de la mémoire du très saint roi, au-
» quel l'unirent les liens du sang, et plus encore ceux de la
» religion. »

Ces reliques de l'église de Montréal forment un trésor d'autant plus précieux pour nous Français, et d'autant plus digne de notre vénération, que notre patrie ne possède pas aujourd'hui le moindre reste du meilleur et du plus grand de ses souverains. Quand les hordes révolutionnaires, avides d'assouvir leur haine contre la royauté jusque sur des cadavres de rois, s'en allèrent profaner de leurs mains sacrilèges les tombeaux de Saint-Denis, elles jetèrent au vent les cendres de Louis le Saint, comme celles de ses aïeux et de ses descendants. Un délire insensé, sanguinaire, voulait, en ces temps néfastes, effacer aux yeux de la France jusqu'aux traces de son passé. Malheur à la nation qui viole les mânes de ses pères ! malheur au peuple qui ne respecte pas les souvenirs laissés dans son histoire par des héros et des saints ! Nous en avons fait la triste expérience. Puisse l'intercession de saint Louis et celle aussi de son petit-fils, le roi martyr, obtenir de Dieu qu'il épargne à la France de nouvelles expiations !

Un violent incendie, survenu en 1811, endommagea gravement la cathédrale de Montréal. Mais, il faut le dire, on apporta autant de soin et de goût aux restaurations intérieures qu'on en mit peu dans celles de l'extérieur de l'édifice.

On ne doit pas quitter la basilique sans examiner les portes de bronze de l'entrée principale, intéressantes surtout sous le rapport de l'histoire de l'art ; on retrouve là la première idée et pour ainsi dire le point de départ des portes du baptistère de Florence.

Une distance de trois milles environ sépare Montréal

du couvent de Saint-Martin. Ce trajet ne se fait qu'à pied ou à cheval, par un sentier abrupte sillonnant les flancs de la montagne rocheuse et dénudée qui domine Montréal.

*Route de Montréal à l'abbaye de St-Martin.*

On nous proposa une escorte pour nous accompagner au monastère et nous défendre au besoin contre les attaques *possibles*, nous dit-on, des brigands. Malgré le peu de sécurité des routes de Sicile, infestées de bandits jusqu'aux portes des villes les plus importantes, nous refusâmes *courageusement* l'offre qui nous était faite, manière indirecte de prélever un impôt sur la bourse des étrangers. Nous avions confiance en la brièveté du chemin à parcourir, et plus encore en notre bonne étoile.

Nous passons au pied d'un vieux château sarrasin ou normand, dont les ruines, d'un effet pittoresque, couronnent une cime escarpée.

Le monastère se trouve placé au milieu d'un entonnoir que ferme de toutes parts une ceinture de montagnes ardues, stériles, presque sans arbres. La température est froide, l'aspect du pays désolé ; on dirait le vaste cratère d'un ancien volcan.

*Position du monastère.*

Cette sévère retraite servit d'asile à la première colonie de religieux Bénédictins venue en Sicile du couvent de la Cava, près Salerne, couvent qui fut lui-même un des premiers rejetons du grand arbre planté par saint Benoît, au mont Cassin, vers l'an 400 de l'ère chrétienne.

L'abbaye de Saint-Martin, à raison de son ancienneté, tient encore le premier rang parmi les nombreuses maisons que l'ordre possède dans l'île.

*Aspect extérieur et intérieur du couvent.*

Les bâtiments du couvent présentent à l'œil une masse énorme ; la façade principale ne laisse pas que d'être imposante. De là, on jouit, à travers une échancrure de montagnes, d'une délicieuse échappée sur la mer ; elle repose les regards de la tristesse du paysage qui les environne de tous côtés.

L'intérieur, d'un large développement dans ses distributions, est orné avec une véritable magnificence ; on remarque surtout le grand escalier, tout en marbre, dont la somptuosité serait digne du palais d'un roi.

Peut-être regrette-t-on un tel luxe en ce lieu ; on craint qu'à la longue son influence énervante ne se fasse sentir sur la nature et les habitudes des moines. Et pourtant combien cette solitude est-elle favorable au recueillement de l'ame, aux méditations de la pensée ! Quels services ceux qui l'habitent ne peuvent-ils pas rendre à la cause de l'histoire et des lettres ! N'ayant aucun souci de famille, aucune préoccupation des intérêts matériels de la vie, rien n'arrête l'essor de leur intelligence. Membres d'un corps, ils jouissent de l'avantage immense de l'association et de la tradition. En ce siècle où l'individualisme domine, on ne comprend plus les trésors infinis de puissance et de force que recèlent ces deux choses : association, tradition. Sans elles, rien de grand ni de durable ne se produit dans le domaine des faits et dans celui de la pensée. Telle est la raison de la prospérité ou de la décadence des corporations religieuses ; suivant que l'esprit d'association et de tradition monte ou décline parmi elles, elles marchent vers le progrès ou descendent vers la ruine.

Au surplus, les éléments de l'étude ne manquent pas aux Bénédictins de l'abbaye de Saint-Martin ; leur bibliothèque renferme vingt-quatre mille volumes, tant manuscrits qu'imprimés ; j'y remarquai de fort beaux missels, avec vignettes et enluminures, suivant la manière du moyen âge. *Bibliothèque*

Le musée, collection curieuse d'antiquités romaines, sarrasines, de vases grecs, d'armures normandes, forme un résumé artistique de l'histoire de Sicile. Un cabinet d'histoire naturelle et d'anatomie, annexé au musée, me sembla tenu avec beaucoup d'ordre. *Musée.*

Près de la chapelle dénuée d'intérêt, se trouve une autre petite chapelle où sont exposés les squelettes des religieux décédés, recouverts de leurs vêtements noirs, comme pendant leur vie. Un pareil spectacle est lugubre et en même temps étrange; car si toutes ces têtes, rongées par les vers, offrent le plus hideux tableau, il y a également je ne sais quoi de grotesque dans ces bouches de cadavres sur lesquelles semble errer le ricanement convulsif de la mort. *Chapelle sépulcrale.*

Nous traversâmes de nouveau Montréal pour revenir du couvent de Saint-Martin à Palerme.

En suivant encore une fois cette belle avenue plantée d'arbres, bordée de villas, qui conduit de Montréal à la capitale de l'île, je me rappelais que cette même route avait vu commencer, six siècles auparavant, le plus grand drame de l'histoire de Sicile.

Charles d'Anjou, frère de saint Louis, après avoir vaincu l'usurpateur Mainfroi, et éteint en la personne du jeune Conradin, cruellement exécuté sous ses *Charles d'Anjou.*

yeux, l'illustre maison de Souabe, régnait sur Naples et la Sicile. Voulant donner une sorte de légitimité à son droit de conquête, qui n'était autre que le droit du plus fort, il avait demandé au Saint-Siège l'investiture de ses nouveaux Etats ; elle lui fut accordée moyennant le paiement d'un tribut annuel. En ces temps de foi profonde, la consécration religieuse semblait nécessaire pour assurer l'autorité des rois et commander l'obéissance des peuples. L'abus quelquefois malheureux des investitures de l'Eglise au profit de l'ambition de certains princes ne diminue pas, mais confirme au contraire, la vérité de cette observation.

Charles avait fait de Naples sa résidence et la capitale de son royaume ; la Sicile, regardée désormais comme une simple province, était gouvernée par un vice-roi exerçant au nom du monarque la puissance souveraine. Tous les emplois, toutes les charges civiles et militaires se trouvaient entre les mains des Français ; ils agissaient en conquérants à l'égard de la population de l'île. Des exactions incessantes, une licence effrénée, rendaient le joug des vainqueurs insupportable aux vaincus. Le désespoir, la haine, en germant dans les cœurs, éveillaient chez les Siciliens des pensées de vengeance et d'affranchissement de la domination étrangère.

*Exactions et licence des Français en Sicile.*

Mais il fallait un chef pour maîtriser et régir cette disposition des esprits, pour donner l'ensemble, l'impulsion à toutes ces haines accumulées, et les faire éclater au dehors en une insurrection formidable. Ce chef se trouva à point nommé. On l'appelait Jean de

*Jean de Procida, chef du mouvement.*

Procida; sa famille, originaire de Sicile, s'était transplantée dans la province de Salerne où elle jouissait d'une grande considération.

Les historiens ne sont pas d'accord sur la cause qui poussa Procida à se mettre à la tête de la révolte sicilienne. Les uns prétendent, qu'ayant eu particulièrement à souffrir de la licence des Français, un désir de vengeance personnelle lui inspira son entreprise; les autres, que son seul mobile fut la noble et généreuse pensée de rendre la liberté à son ancienne patrie; certains, enfin, voient en lui l'instrument docile dont se servit la politique astucieuse de Pierre d'Aragon, pour exploiter au profit de son ambition l'exaspération des Siciliens. Peut-être doit-on concilier ces opinions divergentes et affirmer qu'aucun de ces trois motifs ne demeura étranger à la résolution de Jean de Procida. Son ressentiment personnel contre les Français, son amour enthousiaste de la liberté de son pays attirèrent sans doute sur lui les yeux du roi d'Aragon comme sur l'homme le plus capable de favoriser ses projets de conquête.

*Quels furent les mobiles personnels de son entreprise?*

Quoi qu'il en soit, Procida réunissait en sa personne, au suprême degré, les qualités essentielles au chef d'une vaste conspiration : sûreté et rapidité du coup d'œil, ardeur de l'ame soutenue par l'énergique opiniâtreté du caractère, et modérée par la prudence, la maturité du conseil. D'une activité prodigieuse, cet homme suffisait à toute chose; se transportant partout où il jugeait sa présence nécessaire, il ne s'effrayait ni des obstacles à vaincre, ni des distances à parcourir.

*Qualités de Procida, conformes à son rôle.*

Tantôt il traversait la mer pour s'assurer du concours de l'empereur grec, Michel Paléologue, effrayé des projets ambitieux de Charles d'Anjou sur l'Orient, et applaudissant à une entreprise qui occuperait ce prince dans ses propres Etats; tantôt en Espagne, il combattait les hésitations de Pierre d'Aragon et réchauffait son ardeur en lui montrant l'infaillibilité du succès; il lui conseilla, afin de ne pas éveiller les soupçons du roi de Naples, de feindre de préparer une croisade contre les infidèles, d'envoyer, sous ce prétexte, trente mille hommes de troupes à Tunis, qui, rapprochées du théâtre des évènements, se trouveraient prêtes à agir. Enfin, le plus souvent en Sicile, Procida y fomentait sans relâche la haine et la vengeance; il ourdissait, avec un art merveilleux, la trame de cette conjuration dont chaque fil aboutissait à sa main. Malgré ses allées et venues incessantes dans l'île, il sut déjouer, grâce à ses ruses et à son audace même, les soupçons et les investigations des Français. Tout étant prêt, prévu et combiné par cet homme infatigable, la moindre étincelle suffisait pour allumer en Sicile l'incendie le plus terrible. Ce prétexte de l'insurrection ne tarda pas à s'offrir.

*Prétexte de l'insurrection dite des Vêpres siciliennes.*
Jean de Saint-Remi, gouverneur de Palerme, averti que depuis quelque temps certains symptômes d'agitation se faisaient remarquer dans le peuple, avait enjoint à ses soldats de veiller à ce que les Siciliens ne portassent pas d'armes cachées sous leurs vêtements.

Or, le jour de Pâques, 30 mars 1282, toute la population de Palerme, en habits de fête, se rendait joyeusement à une chapelle située sur la route de

Montréal, pour y entendre les vêpres, suivant un antique usage. Les troupes françaises, échelonnées, de distance en distance, afin de maintenir la tranquillité, outrepassèrent les ordres de leur chef, se mirent à fouiller jusqu'aux femmes, et se livrèrent, contre certaines d'entre elles, aux actes de la plus révoltante brutalité. Une jeune fille d'une beauté rare et appartenant à une des plus illustres familles de Palerme ayant été insultée au milieu même de ses parents, ses cris ameutèrent autour d'elle et de ses agresseurs une foule de peuple. En un instant, comme une flamme rapide qui gagne de proche en proche, la nouvelle d'un si monstrueux attentat pénètre les flots pressés de la multitude ; l'indignation, la vengeance débordent de toutes les ames, des poignards brillent dans toutes les mains, pendant que l'air retentit de ces vociférations tumultueuses : « Mort aux Français, mort aux tyrans ! »

Alors commença le plus épouvantable massacre dont il soit fait mention dans l'histoire. Les Français, surpris avant d'avoir pu songer à leur défense, sont égorgés sans pitié : la fureur des Siciliens, ne respectant ni l'âge ni le sexe, immole femmes, vieillards, enfants ; elle va chercher des victimes jusque dans le sein des mères, tant elle a soif d'anéantir les moindres germes, les moindres rejetons d'une race maudite. L'île entière suit l'exemple de Palerme : partout le sang français coule à flots, partout se reproduisent les mêmes scènes de carnage. La rage des meurtriers ne s'arrête que lorsqu'il ne reste plus un Français à frapper.

*Affreux massacre des Français.*

La seule ville de Sperlinga ne prit aucune part à cet affreux hécatombe; elle favorisa la fuite des Français qui se trouvaient dans son enceinte et qui eurent ainsi le temps d'échapper à une mort certaine. Deux gouverneurs furent épargnés, celui de Calatafimi, Guillaume des Porcelets, et celui de Messine, Philippe de Scamandre ; ils durent leur salut au souvenir de leurs vertus et de leur administration paternelle.

En quelques jours, Charles d'Anjou venait de perdre et l'élite de ses troupes et le plus beau joyau de sa couronne. N'était-ce pas la punition terrible que lui infligeait la Providence, comme représailles de la fin tragique de Conradin, innocent et infortuné prince, dont la vie eût pu, sans danger, être respectée par l'usurpateur de son trône ?

*Pierre d'Aragon devient maître de la Sicile.* Cependant, Pierre d'Aragon, à la première nouvelle de l'évènement, quitte le littoral africain, aborde en Sicile avec son armée, trouve l'île débarrassée des Français, et prend sans coup férir possession d'une facile conquête.

Les Siciliens ne firent que changer de maître; le joug de l'Espagnol remplaça pour eux le joug du Français.

Ainsi il en arrive de presque toutes les révolutions populaires : commencées au nom de la liberté, elles aboutissent au despotisme, souvent à la tyrannie. On dirait que la multitude a conscience de son incapacité à se gouverner elle-même, qu'elle éprouve une frayeur instinctive de sa mobilité, de son inconstance, tant elle semble pressée de remettre les rênes du pouvoir à la main qui se présente pour les saisir !

## CHAPITRE XVI.

**Environs de Palerme.**

Catacombes du couvent des Capucins. — Santa Maria del Gesù. Villas. — La Bagaria.

Les catacombes du couvent des Capucins, situé à une petite distance de la ville, offrent un spectacle peut-être unique en son genre et que je n'oublierai de ma vie. Ces catacombes forment un des cimetières de Palerme.   *Catacombes.*

Qu'on se figure quatre vastes galeries souterraines, éclairées par un jour pâle, incertain, et, dans chaque galerie, deux immenses files de squelettes dressés le long des murailles, pressés les uns contre les autres, et revêtus de lambeaux d'étoffe noire. On croirait s'avancer au milieu des rangs d'une armée dont les soldats seraient des cadavres! Leurs pieds décharnés s'appuient sur des cercueils où reposent également des légions de morts, leurs têtes sans chevelure, leurs yeux sans regards, sans paupières, leurs membres sans chairs, leurs dents, qui se détachent en relief sur les ossements des mâchoires, tout cela saisit affreusement la pensée et la remplit d'un instinctif sentiment d'effroi! Et cependant, à voir les poses, les attitudes naturelles de ces spectres humains, il semble qu'ils vont marcher vers vous, vous adresser la parole, et vous demander des nouvelles *del mondo sereno*, comme ces ombres qui interrogèrent le Dante dans son voyage aux enfers.

Etrange parodie de la vie! vous avez là, sous vos yeux, des hommes avec les signes distinctifs de leur profession, des enfants avec leurs jouets, des vieillards reconnaissables à leur dos incliné, des femmes avec leurs habits de fête, leurs parures, des jeunes filles au front ceint de la couronne des vierges, des prêtres portant l'étole, des religieux enfin recouverts de leur robe de bure! L'existence de ces derniers m'est racontée par le pauvre moine qui guide mes pas, tout en me montrant la place préparée pour lui-même dans ce séjour de la mort!

La vue de cette galerie de cadavres peut convenir à l'étranger qui passe, désireux de trouver un aliment à sa curiosité, ou à l'homme qui cherche à détacher son esprit des vanités de la terre; mais conviendra-t-elle aux regrets, aux souvenirs, aux illusions du cœur? quel enfant, quelle épouse, quelle mère reconnaîtra l'auteur de ses jours, un époux bien-aimé, une fille adorée, sous ces squelettes hideux, sous ces visages décharnés, sous ces lambeaux de linceul?

Notre imagination se plaît à embellir les êtres que nous avons perdus, et elle assimile volontiers leurs visages aux visages des anges. Nous aimons à transformer en une oasis charmante leur dernière demeure, à verser nos larmes aux pieds du mausolée, à cultiver des fleurs sur le vert gazon des tombeaux!

L'abri d'une pierre surmontée d'une croix, l'ombrage des cyprès, le souffle plaintif de la brise, sont seuls en harmonie avec le respect, la paix dus au cercueil, comme avec les rêves consolants que caresse la douleur!

Je quittai, non sans plaisir, ces lugubres catacombes; je m'estimai heureux de revoir le soleil. de contempler la nature, de me retrouver parmi les vivants.

Afin de mieux secouer les tristes impressions reçues de cette visite à la cité des morts, je montai à cheval, et de son pas le plus rapide, je me mis à parcourir, presque à l'aventure, la belle plaine qui entoure Palerme. Fendre l'air, respirer ses parfums, errer au milieu des bois, des prairies, c'était pour mes sens une véritable volupté.

J'eus bientôt ainsi franchi trois à quatre milles. *Santa Maria del Gesù.* Je me trouvai au pied d'une colline verte et boisée, sur les flancs de laquelle étaient suspendus les bâtiments et la chapelle d'un monastère, appelé Santa-Maria del Gesù, et appartenant à des Capucins. La position du couvent, placé presque en face de Montréal, est délicieuse; la vue embrasse la vallée de Palerme, la mer, le mont Pellegrino. Qui ne voudrait se faire moine, pensais-je, pour habiter un pareil séjour?

Après quelques instants passés à admirer ce tableau varié et grandiose, je repris ma course à travers la campagne, résolu de consacrer le reste du jour à visiter plusieurs villas situées aux portes de Palerme. La première vers laquelle je me dirigeai, *Villa Beale.*

fut la villa Reale, dite la Favorite. Elle me parut fort mesquine comme résidence royale, et me fit l'effet plutôt d'un pied-à-terre que d'un palais.

Le parc de la Favorite est étendu et dessiné dans le genre anglais. On y a ménagé de gracieuses échappées sur Palerme, sur la plaine entourée de montagnes qui rappellent celles de la Suisse, et sur les rochers dénudés du Pellegrino.

*Villa Serra-di-Falco.* Au bourg de l'Olivuzza, se trouve la charmante villa du duc Serra-di-Falco ; elle se distingue par un grand luxe intérieur et par l'enchantement de ses jardins, où l'on ne voit que massifs d'orangers et parterres émaillés de fleurs.

Le duc Serra-di-Falco est une des principales autorités archéologiques et scientifiques de Palerme ; il mène une existence cosmopolite et passe beaucoup plus de temps à l'étranger qu'en Sicile. Son érudition, servie par une élocution facile et rehaussée par de belles manières, l'a mis en rapport avec les sommités savantes de l'Allemagne, et même avec certaines têtes couronnées. Il sut plaire au roi Louis de Bavière, le restaurateur artistique de Munich, et celui-ci le présenta à l'empereur et à l'impératrice de Russie. Le duc Serra-di-Falco a rapporté bon nombre de croix et autres distinctions honorifiques de ses voyages à travers l'Europe.

*Villa Butera.* La villa Butera est contiguë à la villa Serra-di-Falco. En 1845, l'empereur et l'impératrice de Russie avaient fait du palais Butera leur résidence pendant l'hiver qu'ils passèrent à Palerme.

Le prince de Butera, de l'illustre maison Branciforte, la même que nos Brancas, avait le titre de premier baron sicilien, et comme tel il présidait de droit, dans le Parlement, la chambre de la noblesse.

Le dernier prince de ce nom n'ayant point laissé d'enfants mâles, son immense fortune passa à sa fille, la princesse de Léon-Forte ; celle-ci, également sans autres héritiers qu'une fille, la maria au fils aîné du prince de Trabia, devenu par cette union le plus riche seigneur de Sicile.

On appelle Bagaria une réunion de villages et de nombreuses maisons de campagne, situés à neuf milles de Palerme, sur la colline qui, en s'avançant dans la mer, forme le promontoire nommé cap Catalfano.

*Bagaria*

Il n'est guère de famille palermitaine qui n'ait sa villa à la Bagaria. Les habitants de Palerme ne professent pas moins que ceux de Catane le culte fervent de la villégiature. La vie de château, je l'ai déjà remarqué, est chose complètement inconnue en Sicile ; rien n'y ressemble moins que le séjour des villas. On se rend à la campagne, non pour y passer, comme en France, le temps des grandes chaleurs de l'été et une partie de l'automne, mais seulement pour y résider quelques jours dans les mois de septembre, d'octobre ou de novembre. On n'y fait point un établissement permanent, mais on semble y être campé sous la tente. Les villas n'offrent à leurs habitants aucune des distractions ou occupations que nous présentent nos terres ; nous avons les ressources de la chasse, de la pêche, de la promenade, de l'agriculture, toutes choses irréalisables pendant la

*La villégiature pratiquée à Palerme comme à Catane.*

villégiature, puisque chaque villa, même la plus grande, renferme tout juste l'espace nécessaire à un jardin d'agrément. Que fait-on donc à la Bagaria? Rien, sinon dès l'arrivée, de songer au départ ; et de même qu'avant de quitter Palerme on répète incessamment à ses amis et connaissances : « *Je vais à la villégiature*, » de même, avant de s'éloigner de la villa, la conversation roule constamment sur ce thème : « *Je retourne à Palerme, et vous ?* » Pendant les mois consacrés à la campagne, ces deux phrases forment le début banal de l'abord des Siciliens entre eux ; c'est le pendant de notre « *comment vous portez-vous ?* »

Ce va et vient perpétuel de Palerme à la Bagaria et de la Bagaria à Palerme, rend fort difficile la rencontre des personnes que l'on veut visiter, ou avec lesquelles on a des relations d'affaires ; comment savoir où couche ce soir ce *principe*, où dîne aujourd'hui cette gracieuse *marchesina?* et *quel baronello*, votre ami, où le saisir ? Vous allez le demander à son hôtel : on vous répond qu'il est à la Bagaria ; vous donnez vite à votre cocher l'ordre de vous y conduire. Mais, quand vous sortez de Palerme par une porte, le cher baronello rentre en ville par une autre.

Le plus sûr moyen de trouver ses connaissances serait de se promener sur la route de la Bagaria, de chercher à distinguer parmi les voitures qui s'y succèdent sans relâche celles de ses amis, et de faire ainsi ses visites au milieu du grand chemin.

Par une de ces matinées radieuses, au ciel pur, *Route de Palerme à la Bagaria.*
à la tiède haleine, qu'en France le seul mois de mai
nous apporte et qui, dans les premiers jours de novembre, semble un véritable phénomène, nous nous
rendîmes à la Bagaria en suivant les sinueux contours du rivage. A mesure que nous gravissions la
pente douce des hauteurs où sont groupées les villas,
l'air devenait d'une transparence magique ; il nous
arrivait embaumé des parfums des bois d'orangers
dont la campagne est couverte. Tout à l'entour,
notre vue se reposait sur les fleurs, la verdure, sur
les lignes dentelées des montagnes, sur les flots azurés de la mer. Dans le lointain, Palerme, la ville
coquette, s'étendait, mollement couchée à l'ombre
du Pellegrino, semblable à une blanche odalisque
qui sourit et folâtre au pied d'un vieux sultan.

Deux golfes s'offraient à nos regards : à gauche, *Golfes de Palerme et de Termini.*
celui de Palerme, gracieux comme la cité qu'il caresse
de ses ondes ; à droite, celui de Termini, plus vaste,
plus développé, et semblant participer à la majesté
des villes antiques qu'il baignait autrefois. Ce dernier
golfe a la forme d'un immense fer à cheval : Termini, la vieille Himère, en occupe le centre ; le cap
Cephalù, avec sa ville d'origine normande, et le cap
Catalfano où fut Solunto, en marquent les extrémités.

Il ne reste rien d'Himère, détruite de fond en *Emplacement d'Himère.*
comble par Annibal, afin de venger l'échec terrible
de son grand-père Amilcar, dont l'armée fut taillée
en pièces sous les murs de cette ville par Gélon de
Syracuse, et qui fut lui-même victime de cette défaite

sanglante. Annibal fit immoler trois mille soldats d'Himère à la place où Amilcar avait été massacré.

*Emplacement de Solunto.*

Quelques fouilles, pratiquées sur l'emplacement de Solunto, ont amené la découverte de belles statues exposées au musée de Palerme ; mais le voyageur, en parcourant ces rivages, n'aperçoit aucune trace de la cité antique, aussi complètement effacée du sol qu'Himère sa voisine.

Après avoir contemplé longtemps l'aspect admirable de ces deux golfes, nous allâmes passer quelques heures dans la confortable villa que la princesse de S. C. possède à la Bagaria, et dont elle nous fit les honneurs avec son amabilité et sa bienveillance habituelles.

*Villas de la Bagaria.*

Avant de regagner Palerme, on nous fit visiter les principales villas montrées généralement aux étrangers comme les plus dignes d'intérêt. Plusieurs de ces palais, taillés sur une large échelle, semblent abandonnés et gisants au milieu des ruines. Tout y est délabré, terrasses, jardins, meubles, peintures ; les murailles elles-mêmes, non réparées, tombent et s'écroulent. Il fallait la richesse de l'ancienne noblesse sicilienne pour entretenir le luxe de demeures aussi somptueuses. En perdant leurs privilèges, les nobles siciliens ont en même temps perdu les titres de leur magnificence passée.

Une soirée délicieuse, digne fin d'une si belle journée, accompagna notre retour à Palerme. La lune brillait de toute sa clarté ; ses rayons caressaient la mer, chaque flot étincelait de paillettes d'or. Tout était silence, lueur mystérieuse dans la nature. L'ame, invinciblement recueillie, s'élevait vers Dieu, remerciant sa Providence de donner à l'homme, après les splendeurs du jour, les suaves merveilles de la nuit !

## CHAPITRE XVII.

### Temple de Ségeste.

L'excursion au temple de Ségeste est un véritable voyage. De Palerme à ce monument célèbre, on ne compte pas moins de quarante-cinq milles ou quinze lieues de France.

Pressé par le temps, et n'ayant plus que peu de jours à passer en Sicile, je pris place dans le courrier de Trapani, qui devait me déposer à Calatafimi, petite ville située à quatre milles seulement du temple. Je m'étais résigné à faire ce trajet la nuit, réservant pour le retour la vue des sites de la route.

Depuis Montréal un gendarme à cheval précédait constamment la voiture, afin de la défendre contre les attaques des brigands.

*Malles-postes et postillons siciliens.*

J'avais choisi la malle-poste comme moyen de transport le plus expéditif ; mais l'organisation des postes siciliennes laisse encore beaucoup à désirer sous le rapport de la rapidité de la marche. A chaque relais nous perdions au moins une demi-heure, et nous étions immanquablement réveillés par la voix du postillon venant réclamer la *buona mano*. La persistance et l'opiniâtreté de la demande était telle. qu'elle triomphait, à la longue, des refus les plus obstinés, et que le voyageur le plus récalcitrant se voyait finalement obligé, bon gré mal gré, de délier les cordons de sa bourse. Le successeur du requérant ne donnerait pas un coup de fouet à ses chevaux avant que chacun n'ait payé son tribut. Tous les postillons de la Sicile mettent en pratique cette tradition religieusement conservée ; il est juste d'ajouter que ces pauvres diables, recevant du gouvernement une solde fort minime, regardent la *buona mano* comme la partie la plus claire de leurs revenus.

J'arrivai à Calatafimi à quatre heures du matin ; nous avions employé près de douze heures pour faire quatorze lieues.

<small>Chemin de Calatafimi à Ségeste.</small>

Immédiatement je m'enquis d'un guide qui pût me conduire au temple de Ségeste. On m'eût bientôt amené un bon paysan, sous la direction duquel je me mis en marche.

Le jour ne paraissait pas encore, et la pluie tombait à flots, accompagnée d'un vent impétueux. Nous suivions un étroit sentier tracé sur le flanc des montagnes, et nos pieds étaient suspendus au bord de gorges profondes, semblables à des abîmes. Quand nous arrivions au fond des vallées, nous trouvions à chaque pas des torrents grossis qu'il fallait traverser, ayant de l'eau jusqu'au genou. La lueur incertaine de la torche que le guide portait devant moi éclairait à peine mes pas au sein de l'obscurité de la nuit. De temps à autre, nous rencontrions des paysans ; ils passaient à nos côtés silencieux et rapides comme des ombres.

Que de fatigues, me disais-je, que de dangers, fait

affronter le désir de voir, de connaître ! Que n'endure-t-on pas pour satisfaire le besoin de moissonner des souvenirs ! Dans le but de contempler seulement quelques instants un monument, vieux témoin du passé, je m'en allais seul, la nuit, au milieu de ce pays désert, m'exposant sans défense aux hasards de la route, et me confiant à un guide inconnu, vigoureux athlète, dont la moindre agression m'eût laissé sans réplique. Puissance de la pensée, vous formez avec la puissance du cœur toute la vie de l'homme ! Vous êtes en même temps la source de ses jouissances et celle de ses tourments ! Une force invincible nous pousse sans relâche à connaître et à aimer. Mais quel être, quel objet ici-bas peut apaiser la soif inextinguible qui nous dévore ? A peine le but de nos efforts est-il atteint, que nous tendons vers un autre, espérant trouver la plénitude du bonheur ! Mirage rempli de charmes, qui nous attire et nous fuit toujours ! aspirations incessantes de l'ame vers l'idéal, du fini vers l'infini ! elles ne se satisfont pas sur cette terre.

Ces pensées occupaient mon esprit, pendant cette marche silencieuse et obscure vers les lieux où s'élevait autrefois l'antique Ségeste. Nous gravissons les flancs d'une montagne pierreuse, et la nature, éclairée par la lueur douteuse d'un crépuscule de novembre, me paraît offrir le caractère le plus sauvage, le plus désolé. Je me demande comment les hommes ont pu songer à bâtir une ville au sein de ces remparts de rochers, dans un coin de terre qui semble séparé du reste du monde ?

On s'accorde à regarder Ségeste comme une des cités les plus anciennes de la Sicile, et comme subsistant déjà depuis longtemps avant l'invasion des colonies grecques. *Origine de Ségeste.*

Si l'histoire fournit peu de données certaines sur son origine, la poésie et la mythologie entourent de leurs fictions son berceau. Elles racontent qu'une jeune fille de Troie, nommée Egeste, fut désignée par le sort pour être livrée à un monstre marin, comme victime expiatoire du crime de Laomédon. Son père, afin de la soustraire à la mort, l'exposa sur la mer, dans un navire qui, d'abord le jouet des vents, toucha enfin les rivages siciliens, grâce à la faveur des dieux.

Le fleuve Crinise aima la jeune Troyenne, et de leur union naquit Aceste, fondateur de la ville d'Erix. Lorsqu'Enée, fuyant sa malheureuse partie, relâcha en Sicile avant d'aborder à la péninsule italique, il fut recueilli par Aceste et lui laissa, en reconnaissance de l'hospitalité, une partie de ses compagnons, échappés également à la destruction de Troie. Ceux-ci fondèrent la cité appelée tantôt Egeste, tantôt Ségeste.

Nous trouvons ainsi deux villes voisines, d'origine troyenne, sur cette terre de Sicile qui reçut, de tant de points divers, le courant de la civilisation.

Les destinées de Ségeste furent toujours opposées à celles du reste de l'île. Elle épousa la cause des Carthaginois contre les cités siciliennes, et n'eut aucune part aux riches dépouilles de la bataille d'Himère. Ségeste, ainsi que je l'ai déjà remarqué, rem- *Coup-d'œil rapide sur son histoire.*

plit constamment le triste rôle d'appeler en Sicile la domination étrangère. A sa demande se firent l'expédition des Athéniens contre Syracuse et la seconde invasion carthaginoise, dont le résultat fut la destruction complète d'Himère et de Sélinunte.

Dans tout le cours de leur histoire, les habitants de Ségeste semblent s'être rappelé leur origine troyenne ; jamais ils ne purent former d'alliance durable avec les colonies grecques de la Sicile. Une antipathie instinctive, fondée sur la diversité du sang et des souvenirs, divisa toujours profondément les descendants des vainqueurs et des vaincus d'Ilion.

Ségeste passa du pouvoir des Carthaginois sous la domination romaine, et fut finalement détruite de fond en comble par les Sarrasins.

*Aspect du temple.* Le jour commençait à poindre, lorsqu'à la sortie d'une gorge étroite j'aperçus tout à coup le temple se dressant devant moi à une faible distance. On se figurerait difficilement l'aspect saisissant du tableau sauvage et grandiose qui frappait mes yeux. Fièrement posé sur le sommet uni et verdoyant d'une colline isolée, le vieux monument se détachait en relief, avec son fronton triangulaire, ses colonnes à jour, sur un fond de montagnes rocheuses auxquelles il est adossé et qui, du midi au couchant, forment autour de lui une sorte d'amphithéâtre. Etagées en plans successifs, de hauteurs différentes, les cimes de ces montagnes se terminent par des lignes dont les gracieuses ondulations sont moins accentuées à mesure qu'elles s'éloignent. La contrée, tout à l'entour, est dénudée, solitaire ; pas un hameau, pas une maison, pas une cabane n'apparaissent dans ces lieux où s'élevait une cité puissante ; pas un être animé, sauf l'insecte et l'oiseau, ne respire au sein de ce désert ; la voix de l'homme n'en trouble le silence que le soir, quand le pâtre rappelle ses chèvres attardées au parvis du temple, où l'herbe croît épaisse à la place du marbre précieux.

La pluie avait enfin cessé, mais le vent devenu plus impétueux chassait les nuages avec violence ; rapides, ils passaient et repassaient sans relâche sur le monument, tantôt le dérobant entièrement aux regards, tantôt ne le voilant qu'à demi ; par moment, quelques colonnes seulement apparaissaient au sein de la nue, où elles semblaient se soutenir d'elles-mêmes sans appui sur le sol ; d'autres fois, le fronton de l'édifice marquait seul son triangle sur le nuage épais, puis le voile tombait tout à coup et le temple se montrait alors dans son harmonieux ensemble. C'étaient autant de coups de théâtre instantanés et fantastiques.

Je m'approchais avec une sorte de vénération du vieil édifice, seul témoin qui nous atteste là l'existence d'une ville, et le seul monument restant de ceux qui précédèrent l'établissement des colonies grecques. Aussi grand que le temple de Pœstum, celui de Ségeste remonte incontestablement à une plus haute antiquité. Il dut être construit par les premiers peuples indigènes de la Sicile ; le caractère massif de son architecture s'accorde à cet égard avec les conjectures de l'histoire.

L'orientation du temple de Ségeste, dans le sens

de sa longueur, est de l'est à l'ouest ; sa forme, celle d'un parallélogramme régulier, offrant cent soixante-quinze pieds de long sur soixante-treize de large. Trente-six colonnes d'ordre dorique composent son enceinte ; il y en a vingt-quatre latérales, et six à chaque face. Ces colonnes, non cannelées, mesurent vingt-huit pieds d'élévation et six pieds deux pouces de diamètre ; toutes les pierres en sont encore parfaitement jointes et portent chacune environ vingt pouces de hauteur. Quelques-unes, rongées par le temps, ont été grossièrement restaurées en 1781, ainsi que l'annonce l'inscription trop pompeuse gravée au frontispice. Les intervalles qui séparent les colonnes varient de six pieds et demi jusqu'à sept et demi ; de même les tambours qui composent le fût de ces colonnes sont de longueur inégale. L'architrave présente d'admirables ornements ciselés sur la pierre, avec des fleurs en relief.

*Détails de son architecture.*

Les frontons, entièrement conservés, ont peu d'élévation, par suite de l'ouverture excessive de l'angle de leur sommet.

Les colonnes reposent sur des dés et sur un soubassement formant, à l'extérieur, trois marches en gradins d'environ huit pouces de hauteur.

On ne voit dans l'intérieur de l'édifice nulle trace de la *cella*, sanctuaire secret consacré aux sacrifices ; cette singularité a fait supposer que le temple de Ségeste n'avait jamais été complètement fini.

*Il était probablement dédié à Diane ou Cérès.*

A quelle divinité fut-il dédié ? On a peu de données pour résoudre cette question. Cependant, comme ce temple semble avoir été construit en dehors de la ville, dont un amas de ruines révèle l'emplacement à quelque distance, et que les temples de Diane et de Cérès étaient, en général, dans cette situation, on en a conclu que celui de Ségeste devait avoir été élevé en l'honneur de l'une ou l'autre de ces deux divinités.

Dans ses discours contre Verrès, Cicéron parle d'une statue de Diane, que la main sacrilège du préteur avait enlevée aux habitants de Ségeste. Peut-être cette statue décorait-elle le temple que nous venons d'admirer.

L'image fameuse et vénérée de la déesse avait été déjà antérieurement prise par les Carthaginois et transportée en Afrique, comme un de leurs plus beaux trophées. Scipion, après avoir terrassé la rivale de Rome, rendit généreusement aux Ségestains leur trésor.

Je quittai le temple et me mis à gravir la colline voisine, où s'élevait autrefois Ségeste; mais en m'éloignant de l'antique monument, souvent je me retournais afin de contempler encore sa masse gigantesque. Il fallait que les anciens eussent des machines égales, sinon supérieures aux nôtres, pour avoir pu transporter, au milieu de ces montagnes abruptes, les énormes matériaux nécessaires à la construction d'un si colossal édifice.

Les restes de la cité troyenne consistent en quelques informes débris, en pierres entassées pêle-mêle et en fragments de muraille circulaire ayant évidemment appartenu à l'enceinte d'un théâtre. On lit encore sur ces ruines l'inscription suivante, en langue grecque, et dont voici la traduction latine :

« Populus Egistanorum Phalanto Diodori filio erexit virtutis causa. »

L'histoire ne fait pas même mention de ce fils de Diodore, apparemment fort illustre dans les fastes de Ségeste, puisqu'un peuple entier voulut élever un monument en son honneur. Une inscription perdue au milieu des ruines révèle seule le nom et l'existence d'un homme vénéré de ses contemporains, pour des actions complètement inconnues à la postérité! La gloire vers laquelle tendent les aspirations, les efforts incessants de notre vie, qu'est-ce donc? sinon un songe, une ironie amère!

*Vue que l'on embrasse du théâtre de Ségeste.* De la hauteur où se trouve l'emplacement du théâtre, on jouit d'une admirable vue; le temple est à vos pieds, avec son site sauvage, sa ceinture de collines tantôt rocheuses, tantôt verdoyantes. A travers l'échancrure de deux montagnes, on aperçoit, comme contraste charmant, la mer et une partie du golfe gracieux de Castellamare; c'est sur ce golfe, à trois milles environ du point où je me trouvais, qu'existait l'Emporium ou port de commerce de Ségeste. Les Ségestains ne bâtirent pas leur cité près du rivage, sans doute parce qu'ils supposèrent son indépendance plus en sûreté au milieu d'un rempart naturel de rochers et de monts escarpés. A l'ouest, le *Mont Erix ou St-Julien* regard découvre au loin la cime du mont Saint-Julien, autrefois mont Erix, qui abrite sous son ombre la ville de Trapani, le Drepanum des Romains. Sur les flancs de l'Erix se trouvait l'antique cité de ce nom, d'origine troyenne, comme Ségeste, ainsi que j'en ai déjà fait la remarque. Détruite par les Carthaginois, elle n'a laissé sur le sol aucune trace de son existence.

Là s'élevait également le fameux temple de Vénus Ericyne, au culte de laquelle étaient attachées, comme prêtresses, les plus belles femmes de la Sicile et de l'Italie.

*Vénus Ericyne.*

La mythologie rapporte que, chaque année, la déesse de Cythère venait visiter son sanctuaire du mont Erix et recevoir un tribut de solennels hommages. Un essaim de blanches colombes, nourries sur la montagne même, accompagnait Vénus partout où elle portait ses pas. Quand elle quittait le temple pour retourner à Délos ou au rivage africain, les oiseaux favoris formaient son cortège, puis ils revenaient à l'Erix voltiger près de l'autel ou se poser sur les rameaux des bosquets sacrés. Le temple, l'autel, le culte de Vénus Ericyne depuis longtemps n'existent plus; mais les colombes de l'Erix se sont conservées jusqu'à nous, elles se cachent toujours sous les ombrages épais de la montagne.

Les femmes de Trapani présentent des types d'une beauté remarquable; doivent-elles cet avantage à la salubrité de l'air, à la douceur du climat, ou plutôt ne retrouverait-on pas, dans le brillant de leur teint, dans la distinction et la pureté de leur visage, le sang des prêtresses de Vénus Ericyne? Consacrées à la déesse de l'amour, celles-ci ne pouvaient être condamnées à rester vestales.

En me retirant du théâtre de Ségeste pour retourner à Calatafimi, le bruit de mes pas fit envoler quelques perdrix cachées au milieu des ruines; c'étaient les seuls oiseaux de cette espèce que j'eusse aperçus jusque-là en Sicile. Cette vue eût été pour

*Retour à Calatafimi*

les anciens l'occasion d'un présage, elle ne fut pour moi que l'occasion d'un rapprochement et d'un souvenir; elle me rappela les colombes de l'Erix ; celles-ci, à part leur blancheur, ne peuvent être plus jolies que les perdrix de Ségeste.

Au fond d'une vallée je traversai un torrent auquel les Troyens, fondateurs de Ségeste, avaient donné le nom de Scamandre, en souvenir de la patrie perdue. C'est aujourd'hui le *fiume Freddo*.

Bientôt je fus aux portes de Calatafimi dont je pus alors apprécier la belle et pittoresque position. Ainsi que l'indique son nom, Calatafimi doit son origine aux Sarrasins ; les ruines d'un château-fort bâti par eux dominent encore la ville.

Je voulais, de Calatafimi, me rendre le soir même à Palerme. Mais la difficulté de trouver des moyens de transport et le peu de sûreté de la route me contraignirent à aller coucher à Alcamo.

De Calatafimi à Alcamo le paysage est délicieux : la vue plonge sur le golfe de Castellamare, ravissant par l'aspect frais et riant de ses rives. La succession incessante des golfes qui découpent le littoral, depuis Trapani jusqu'à Cephalù, fait ressembler la Sicile à une île dentelée.

Alcamo tire son nom de celui de son fondateur, Abdelcamo, un des émirs venus d'Afrique, en 830, dans le but de conquérir la Sicile. Cette ville présente une physionomie toute sarrasine ; ses fortifications crénelées à la manière arabe, son château flanqué de quatre tours lui donnent le cachet d'une place prête à soutenir un siège. Entourée d'un côté par une plaine charmante que baignent les flots de la mer, de l'autre, Alcamo est dominée par une haute montagne dont le voisinage rend la température des environs très fraîche et même froide.

En fait d'ouvrages d'art, Alcamo possède deux tableaux remarquables placés dans l'église des Récolets : l'un représente saint François, saint Benoît, la Vierge et l'enfant Jésus; l'autre, un groupe de moines en adoration. Chaque tête, chaque figure de ces religieux offre un caractère d'expression aussi variée que naturelle. On reconnaît la touche d'un grand maître, Cimabüe, l'un des restaurateurs de l'art en Italie.

C'est à Alcamo que naquit Ciullo, le premier poète de Sicile qui écrivit en vers italiens, sous l'empereur et roi Frédéric II.

Bien qu'Alcamo renferme une population de quinze mille ames, ses auberges ne sont que d'affreux bouges, à l'usage des muletiers et des pâtres.

Il existait dans cette ville, il y a quelque cinquante ans, un certain baron *Pastore*, le plus riche particulier du pays, qui se plaisait à exercer l'hospitalité envers les étrangers. Une simple recommandation près de lui suffisait pour qu'il mît son palais confortable et sa table excellente à votre disposition. Fort simple lui-même et de goûts fort modestes, il n'entretenait une maison parfaitement montée que pour se donner la satisfaction d'en faire les honneurs aux touristes. Cette hospitalité, dont on ne trouverait guère d'exemples aujourd'hui, rappelle les temps antiques et ce fait, rapporté par l'histoire, de quelques riches citoyens d'Agrigente qui envoyaient sur les routes, au-devant des voyageurs, afin d'avoir l'occasion de les recevoir chez eux avec la plus généreuse magnificence.

Mon frugal repas, ma chambre sans fenêtres et la dureté de ma couche me firent, hélas! regretter amèrement qu'il n'y eût plus, à Alcamo, de baron *Pastore*.

Partenico.   Douze milles séparent Alcamo de Partenico, petite ville de dix mille ames, située dans une véritable vallée suisse. Les montagnes sont boisées ; la plaine, richement plantée de vignes et d'oliviers, offre une végétation luxuriante.

Partenico fut bâti, il y a seulement deux cents ans, dans ce lieu alors complètement couvert de forêts. Les défrichements entrepris sur cette terre féconde en ont changé l'aspect, et l'ont transformée en un site délicieux par sa fraîcheur et sa fertilité.

D'une montagne élevée qui domine la ville, l'œil embrasse les plus magnifiques points de vue et plonge sur le golfe de Castellamare distant seulement de trois milles.

Après Partenico on trouve un défilé de montagnes ardues et pierreuses, puis on ne tarde pas à déboucher dans la vallée de Montréal.

Cette partie de la route est la moins sûre et la plus exposée aux attaques des brigands. Je rencontrais de distance en distance des gendarmes, des soldats échelonnés pour protéger la vie et la bourse des voyageurs. Aux portes même de la capitale de la Sicile on est obligé de se tenir en garde contre les voleurs de grand chemin, comme si l'on parcourait un pays sauvage, abandonné.

J'arrivai à Palerme à la nuit tombante, heureux de retrouver le bon gîte de l'hospitalité après les fatigues de cette rapide excursion. Elle fut la dernière que je fis en Sicile.

*Retour à Palerme.*

J'employai le peu de jours que je devais encore passer à Palerme à mettre en ordre quelques aperçus sur le mode de gouvernement, d'administration autrefois pratiqué en Sicile, sur l'organisation judiciaire, sur la noblesse sicilienne, et aussi quelques détails butinés çà et là sur les mœurs, les usages, la langue particulière, les productions naturelles de ce beau pays.

Ce sera la matière des derniers chapitres de ce livre.

## CHAPITRE XVIII.

**Institutions politiques, administratives, judiciaires de la Sicile. — Noblesse sicilienne.**

—

*Vice-roi.*   Charles d'Anjou ayant, en 1277, fixé son séjour à Naples, Palerme depuis ce moment cessa d'être la résidence de ses souverains, et la Sicile fut presque toujours gouvernée par des vice-rois, nommés ordinairement pour trois ans et confirmés ou rappelés ensuite selon le bon plaisir de la cour.

Lorsque la monarchie napolitaine eut été séparée de la couronne d'Espagne et érigée en royauté indépendante en faveur de Ferdinand IV, second fils de Charles III, la politique de la cour de Naples introduisit l'usage de confier la vice-royauté sicilienne à un seigneur napolitain; la jalousie, qui existe entre les deux peuples, semblait donner plus de garanties de fidélité de la part du représentant du pouvoir.

Les Siciliens prirent une seule fois leur revanche à cet égard : ce fut en 1800. Après l'évacuation de Naples par les Français, le roi, réfugié à Palerme, envoya le prince Cassero, Sicilien, en qualité de vice-roi, pour gouverner la capitale et tout le royaume rentré sous l'obéissance de son légitime souverain.

Le gouvernement mettait toujours auprès du vice-roi un jurisconsulte napolitain destiné à lui servir de conseil et s'appelant, à raison de ses fonctions, *consultore, conseiller*. Avec un vice-roi capable et décidant les affaires par lui-même, le rôle de ce magistrat était peu important ; mais le *consultore* exerçait souvent une influence prépondérante par suite de l'apathie, de la négligence, de l'incapacité du délégué de la cour napolitaine.

Toutes les places civiles, ecclésiastiques, administratives étaient à la nomination du vice-roi. Cependant, quand il s'agissait de pourvoir aux plus considérables, telles que les évêchés et les hautes charges de judicature, il avait seulement le droit de présentation de trois candidats pour chaque fonction ; la cour, tenant à faire preuve d'égards envers son représentant, choisissait ordinairement le premier des candidats portés sur sa liste.

Le vice-roi, remplaçant le monarque en toute chose, jouissait des privilèges, des honneurs attachés à la personne même du souverain. Il ne sortait jamais en voiture qu'escorté d'un piquet de cavalerie, et deux à trois fois par an il tenait, au nom du roi, ce que l'on nommait *chapelle royale*. Cette cérémonie consistait en une messe solennelle, célébrée devant le roi placé sur un trône au milieu du chœur de l'église, comme légat né du Saint-Siège, en vertu d'une bulle d'Urbain II, confirmée par ses successeurs. On venait lui porter à lire l'évangile, avec des cérémonies particulières, ainsi qu'on le fait au Pape lui-même ; le roi, à cause du droit de l'épée, se couvrait durant plusieurs de ces actes religieux.

Les étrangers se rendaient avec empressement à ces *chapelles royales,* imitation des *chapelles papales* de Rome.

En cas de mort du vice-roi, l'antique constitution de Sicile portait qu'il serait immédiatement remplacé par l'archevêque de Palerme, sous le titre de président du royaume, et que si celui-ci venait à mourir dans l'exercice de sa charge, le gouvernement serait dévolu provisoirement à un conseil de régence, composé de chaque président des trois chambres de justice. Cette disposition de la constitution sicilienne se réalisa en 1802. A cette époque, le roi quittant Palerme avec toute sa famille nomma, avant de retourner à Naples, l'archevêque de Palerme président du royaume. Ce prélat, de l'illustre maison Pignatelli, était vieux, infirme, sans ambition ; il accepta cette haute fonction uniquement pour complaire à son souverain ; il ne la remplit pas longtemps, et sa mort fit passer l'autorité au conseil de régence qui la garda jusqu'au jour où le roi désigna, pour gouverner la Sicile, le prince de Cutò, de la maison Filangieri, homme distingué par ses services militaires et Sicilien de naissance, particularité remarquable, dont le but était de donner à la nation une preuve de la confiance royale.

La vice-royauté de Sicile constituait le plus bel emploi qu'eût à donner la cour de Naples. Et cependant ce poste était généralement peu envié, tant à raison de la modicité des revenus affectés à cette charge (cent mille livres) et insuffisants pour les obligations d'une représentation presque royale, qu'à raison de la réputation, faite à tort aux Siciliens, d'être difficiles à gouverner. Ce peuple vif, énergique, éminemment impressionnable, exige de la part du dépositaire du pouvoir des ménagements, des égards ; mais, en sachant allier à la droiture, à la justice, un certain éclat de magnificence extérieure, on lui plaira infailliblement. Le prince de Caramanica, homme aux grandes manières, mort vice-roi en 1796, était parvenu à s'en faire adorer.

La constitution donnait à la nation sicilienne, par l'institution d'un parlement, une véritable représentation, et le droit de prendre part, jusqu'à un certain degré, à l'administration des affaires publiques. *Parlement.*

Trois catégories de députés formaient le parlement : la première, composée de membres du clergé, représentait les bénéfices ; la seconde, prise dans le sein de la noblesse, représentait les villes féodales ; la troisième, moins nombreuse que les deux autres, appartenant en partie à la noblesse, en partie à la bourgeoisie, représentait les villes non féodales ou royales, c'est-à-dire celles dépendantes du domaine du roi. La distinction essentielle, entre les villes féodales et les villes non féodales, venait de ce que celles-ci payaient l'impôt à la couronne, tandis que celles-là étaient tributaires de leurs seigneurs. *Sa composition*

Le parlement, fidèle image de la nation, se trouvait donc divisé comme elle en trois classes ou ordres : « clergé, noblesse, bourgeoisie. » Il devait être assemblé, tous les quatre ans, par convocation du roi, pour consentir l'impôt, donner son avis sur les réformes à introduire dans les diverses branches de *Ses attributions.*

l'administration, et faire, s'il y avait lieu, des remontrances sur la situation du pays.

**Ouverture du Parlement.** Le roi, quand il se trouvait en Sicile, ou à son défaut le vice-roi, faisait solennellement l'ouverture du parlement. En mai 1802, Ferdinand IV présida lui-même cette cérémonie, dont le coup d'œil fut aussi noble qu'imposant. Le monarque, sur son trône, entouré des grands de sa cour et ayant les trois ordres à ses pieds, ouvrit la séance par quelques paroles bien senties exprimant sa satisfaction de se trouver au milieu des représentants de son peuple. Le protonotaire du royaume, charge équivalente à celle de chancelier, développa les intentions du souverain relativement aux affaires qui devaient être soumises aux députés. Ensuite le président du clergé, président de droit du parlement, remercia le roi de sa bienvenue, protesta de la fidélité des trois ordres et de leur empressement à se conformer aux volontés royales, et la séance fut close.

**Mode des délibérations.** Pendant les jours qui suivaient la séance d'ouverture, chaque ordre, sous un président distinct tiré de son propre sein, se réunissait dans une salle séparée pour discuter et délibérer. Les trois ordres faisaient, par des députés, l'échange de leurs opinions sur la question pendante. Dans chaque ordre, le vote avait lieu nécessairement par tête, mais le vote définitif du parlement tout entier se recueillait par ordre. Il fallait, pour l'adoption de chaque article, l'accord de deux ordres, et de plus que le clergé fût un de ces deux ordres. Ainsi, la seule opposition du clergé faisait rejeter un projet de loi. Un tel privilège s'explique par la considération respectueuse dont la constitution tenait à bon droit à entourer cet ordre, à raison de son caractère sacré.

Avant de se séparer, le parlement nommait dans chacun des trois ordres quatre commissaires destinés à former, d'une session à l'autre, une sorte de chambre de vacations. Elle devait s'occuper de la répartition et de la levée de l'impôt foncier, des routes, des ports, des questions intéressant le commerce, l'industrie, surveiller en un mot l'exécution de toutes les mesures arrêtées par les trois ordres. *Chambre de vacations*

Telle était l'organisation du parlement sicilien.

Elle offrait plus d'un rapport avec la constitution de nos états généraux, et également avec celle de nos anciens parlements. Le consentement de l'impôt, la division en trois ordres, le vote par ordre et non par tête, formaient les principaux points de ressemblance du parlement de Sicile avec les assemblées françaises. Le droit de remontrance lui donnait quelque analogie avec les parlements de notre patrie, depuis que leurs fonctions, dans le principe purement judiciaires, s'étaient accrues d'un rôle politique à la longue usurpé. *Points de ressemblance du parlement sicilien avec nos états généraux et nos parlements.*

Mais il existait une différence essentielle entre nos états généraux et le parlement de Sicile : tandis que celui-ci se voyait régulièrement assemblé tous les quatre ans, ceux-là ne se réunissaient qu'à des époques indéterminées, la plupart du temps fort éloignées, dont la fixation dépendait du bon plaisir du roi et de la gravité des circonstances.

En Sicile la convocation des états était la règle; en France, l'exception.

Quoi qu'il en soit, il y a loin de cette organisation des assemblées de l'ancien régime au système représentatif pratiqué de nos jours ; il y a toute la différence existant entre la physionomie générale de l'époque actuelle et celle des temps qui précédèrent la révolution. Car, on ne saurait trop le répéter, les assemblées politiques reflètent presque toujours le caractère de la société dont elles émanent. Quand le despotisme l'accable, elles sont asservies ; quand déborde l'anarchie triomphante, elles sont tumultueuses et sans frein ; quand l'autorité et l'ordre s'allient à une liberté sage, elles sont elles-mêmes remplies d'indépendance et de force.

Autrefois la société se groupait par classes ; aujourd'hui l'individualisme domine aussi bien dans la famille que dans l'Etat. Comment donc s'étonner que les assemblées délibérantes de deux époques si profondément dissemblables, aient également entre elles un caractère diamétralement opposé ?

Il serait trop long d'énumérer ici les motifs rationnels et historiques pour lesquels l'organisation des anciennes assemblées politiques me semble préférable au système représentatif contemporain. Je dirai seulement qu'une assemblée, classée par ordres distincts, doit offrir la supériorité incontestable que présente une nation divisée hiérarchiquement en corps séparés. L'esprit de corps, c'est la force, la perpétuité, partant la liberté ; l'individualisme, c'est la faiblesse, l'instabilité, partant la servitude. On pourrait prouver, l'histoire à la main, que les assemblées et les peuples dont le passage resta le plus fortement imprimé sur la terre, sont précisément ceux chez lesquels l'esprit de corps domina davantage. Cette division hiérarchique existe par la force même des choses dans toute société qui fonctionne régulièrement ; mais comme on la subit sans oser l'avouer, comme on la repousse dès qu'elle se montre au grand jour, ses conséquences demeurent toujours incomplètes et tronquées. Telle est la cause de nos fluctuations incessantes, preuves et effets de notre faiblesse. Aujourd'hui l'ordre, demain la licence ; jamais la force, la stabilité dans la vraie liberté.

Qui pense à ces choses aujourd'hui, ou, y pensant, qui oserait les dire ? Prononcer le mot d'ancien régime, et prétendre que nos pères l'emportaient sur nous en fait d'organisation politique et sociale, quel blasphème pour les oreilles d'une époque si pleine d'elle-même, si dédaigneuse du passé ! Mais bon gré, mal gré, la vérité ignorée ou dissimulée apparaît tôt ou tard. Trop heureux les peuples qui n'achètent pas sa venue par de tristes expériences !

Trois principaux tribunaux formaient le cours de la justice qui comprenait ainsi trois degrés de juridiction. *Tribunaux.*

Le premier de ces tribunaux et la plus élevée de ces juridictions s'appelait la grande Cour, composée de six juges et divisée en deux chambres ayant chacune trois juges, l'une pour le civil, l'autre pour le criminel. Ces juges changeaient de chambre au bout de l'année et se renouvelaient, par élection du roi, tous les deux ans. La présidence seule de la grande Cour était à vie ; cette place, première magistrature de la Sicile, avait un grand relief par ses revenus et par son importance. Du reste, les simples judicatures de ce premier tribunal rapportaient environ soixante mille francs par an.

Les juges ne pouvaient être réélus qu'après deux années écoulées depuis la cessation de leurs fonctions. On les tirait de la classe des avocats ; ils y rentraient à la fin de leur judicature, tout en conservant une distinction honorifique, comme signe du service public qu'ils avaient rempli. On les nommait *Compadroni* ou *Togati*, en souvenir de la grande toge dont sont revêtus les juges siciliens. Ce titre, en leur donnant un certain prestige, leur servait à faire payer plus cher aux plaideurs leur travail et leur éloquence.

La longueur des procès, en Sicile, est chose proverbiale ; elle vient du peu de clarté des textes de loi et de la tendance excessive des avocats vers la subtilité et la chicane. De plus, trois sentences confirmatives étant nécessaires pour le gain absolu d'une cause, une affaire peut entraîner cinq jugements successifs ; de là des procès interminables.

Les plaidoyers se prononcent en langue sicilienne, avec beaucoup de chaleur et d'animation de la part des avocats. Quant aux juges, ils montrent en général peu de tenue et de dignité. Ils ne se faisaient pas scrupule autrefois de grossir le chiffre de leurs appointements par certains profits cachés ; tel d'entre eux exigeait, pour chaque signature, l'équivalent d'environ vingt sous de notre monnaie ; dans une matinée, il était facile de bénéficier ainsi cinquante à soixante francs.

Le droit de légation apostolique, attaché à la royauté de Sicile, avait donné lieu à l'établissement d'un tribunal exclusivement consacré aux affaires ecclésiastiques. Il s'appelait Tribunal de Monarchie ; le roi confiait ordinairement à un évêque cette juridiction aussi lucrative qu'honorable. *Tribunal de Monarchie.*

Enfin, il existait encore un tribunal de première instance, pour les petites affaires civiles et criminelles. On le nommait cour Prétorienne ou Capitaniale, parce que ce tribunal, ayant ses juges particuliers, était présidé par le capitaine de justice, chef de la police de Palerme. *Cour Capitaniale.*

La charge de capitaine de justice, répondant à peu près aux fonctions de notre préfet de police, avait presque toujours pour titulaire un noble, ordinairement chef d'une grande maison. Car cette place, peu rétribuée, entraînait avec elle beaucoup de dépense, à laquelle il n'était possible de tenir tête qu'avec une fortune considérable. La nomination, faite pour un an seulement, se confirmait généralement la seconde année. Un capitaine de justice, désireux de remplir honorablement sa charge, se voyait obligé de dépenser environ cent mille francs du sien pendant ces deux années, le tout en frais de représentation, équipages, livrées, fêtes, soupers, et aussi en gratifications à donner aux bas employés de la police nommés sbires, comme encouragements à bien s'acquitter de leurs devoirs. *Capitaine de justice.*

Ces sbires étaient généralement eux-mêmes des malfaiteurs, que l'appât de l'argent engageait à vendre et faire prendre leurs complices. Lorsqu'il s'agissait d'un meurtre, ou de quelque vol éclatant, le capitaine de justice promettait à ses alguazils jusqu'à cent louis de récompense, s'ils parvenaient à découvrir et saisir le coupable.

C'est ainsi que chacun vend son savoir-faire, et que, dans les sociétés corrompues, il faut tirer parti de la corruption même, ainsi que le remarque Delille, en parlant de la police de Paris.

« Là, des fripons gagés surveillent leurs complices,
Et le repos public est fondé sur des vices. »

Sur ce point toutes les capitales de l'Europe se ressemblent.

*Préteur et Sénat.* La charge de préteur correspondait à celle de maire, et le Sénat, ou magistrature de la ville, à ce que nous appelons municipalité, conseil municipal.

Le préteur était le chef du Sénat. Ce corps avait la direction des diverses branches de l'administration intérieure, et spécialement de l'approvisionnement, des revenus et des dépenses de la cité.

On choisissait toujours le préteur et les membres du Sénat, au nombre de six, dans le sein de la noblesse; il en était de même du procureur syndic adjoint au Sénat.

Trois ans formaient la durée des fonctions du préteur, des sénateurs et du syndic.

Le costume de ces magistrats, tenant de l'espagnol, consistait en une ample simarre de soie noire, avec manches de satin blanc retroussées et brodées d'or, et en une longue épée à poignée d'acier bronzé, suspendue par une écharpe flottante.

Le préteur et le Sénat se rendaient aux cérémonies publiques dans une très belle voiture à huit places, traînée par six chevaux et entourée de valets de ville et de laquais en grande livrée.

Cet appareil de représentation était à la charge du préteur, ainsi que l'ameublement somptueux de l'Hôtel-de-Ville, où il devait fixer sa demeure pendant le temps de ses fonctions. Mais les riches émoluments de la place compensaient, à peu près, les dépenses obligées.

La noblesse, on vient de le voir, tenait une large part dans les institutions politiques, administratives, et même judiciaires de la Sicile. En tout, son action, son influence prépondérante se faisait sentir ; elle représentait l'ame, ou mieux encore la tête du pays. Ainsi doit-il en être dans toute société régulièrement organisée, accomplissant ses destinées sans secousses et sans violence. Une nation, comme une armée, renferme toujours en son sein des hommes d'élite, destinés à marcher au premier rang et à occuper les postes les plus difficiles, partant les plus honorables. La noblesse constitue dans un peuple cette troupe d'élite, et quand, par suite de circonstances violentes ou d'étroites idées de jalousie égalitaire, on la relègue à l'arrière-garde, cette situation présente des symptômes infaillibles de décadence et de faiblesse. Ce n'est pas sans danger qu'on intervertit l'ordre naturel des choses et qu'on fait descendre au niveau de la base la tête de l'édifice social ; en perdant son couronnement, il perdra tout au moins sa grandeur.

*Noblesse.*

*Son importance.*

La noblesse sicilienne, par son ancienneté, l'éclat de ses services traditionnels, était digne de sa haute position dans l'Etat et pouvait marcher de pair avec ce que l'Italie et la France comptaient de plus illustre. Pour en donner une idée, il me suffira de citer, presque sans choisir, quelques noms de l'aristocratie sicilienne tels que ceux de Butera, Grammonte, Cattolica, Vintimille, Moncadda, Larderia, Platamone, Partanna, Gravina, Scordia, Pandolfina, Malvagna, etc. Le prince Butera avait le titre de premier baron Sicilien, et, en cette qualité, se trouvait le président né de la chambre de la noblesse dans le parlement.

*Ancienneté et illustration de la noblesse sicilienne.*

Tous les titres de la noblesse sicilienne reposaient sur des terres. Le régime des fiefs, en pleine vigueur depuis la domination normande, assujettissait à des seigneurs particuliers bon nombre de villes et de villages, dont seuls ils touchaient l'impôt.

*Elle était basée sur la possession territoriale.*

On a dit avec raison qu'il n'y a pas de véritable noblesse sans privilèges et sans fortune ; il conviendrait d'ajouter sans fortune territoriale. Quelle indépendance, quelle force, quelle durée attendre d'une noblesse capitaliste ou pensionnée par l'Etat? La terre seule peut communiquer à la noblesse un caractère de stabilité, de perpétuité, qui assure sa liberté et sa puissance. Une aristocratie, sans racines dans le sol, paraît un jour et meurt le lendemain ; purement personnelle, elle ne se rattache ni au passé ni à l'avenir ; elle représente une individualité brillante peut-être, mais éphémère, dont l'influence et l'action sur les destinées d'un pays sont nulles ou promptement effacées.

Grâce à sa constitution vigoureuse et normale, la noblesse sicilienne eut plusieurs siècles de gloire, de splendeur. Mais toute chose humaine, même la meilleure, arrive fatalement, tôt ou tard, au déclin. Les nobles siciliens durent s'en prendre à eux-mêmes des premières causes de leur décadence, décadence hâtée et finalement consommée par des circonstances extérieures indépendantes de leur volonté.

La noblesse riche, considérée, finit à la longue par gaspiller sa fortune et abuser de sa haute position. On ne saurait se faire une idée du luxe, de la prodigalité démesurée à laquelle étaient parvenus les grands seigneurs siciliens, vers le milieu du dernier siècle. Ils déployaient une magnificence sans égale dans leurs palais, leurs fêtes, leurs voyages. Ils accumulaient ainsi dettes sur dettes, et enivrés de plaisirs, détournaient les yeux du gouffre profond dans lequel leur opulence s'engloutissait chaque jour.

*Luxe et prodigalité de la noblesse sicilienne, première cause de sa décadence.*

Non-seulement un noble sicilien n'habitait jamais ses terres, mais il n'allait même qu'à de longs intervalles les visiter. Certains seigneurs moururent sans connaître leurs domaines. Une telle incurie laissait, sans nul contrôle, la gestion à des intendants dont l'avidité, loin de réparer les échecs de la fortune de leur maître, les augmentait encore.

Quand un seigneur se décidait, une fois dans sa vie, à gratifier de sa présence un fief important, ce voyage était presque toujours l'occasion d'une dépense fort considérable. Le cortège et l'escorte n'eussent pas été, en bien des circonstances, indignes d'un souverain. Il fallait d'abord un homme d'affaires, un homme de loi, un secrétaire; puis on emmenait une suite nombreuse de domestiques, valets de chambre, chasseurs, valets de pied.

La Sicile n'offrant à cette époque presque aucune route carrossable, toutes les personnes accompagnant le propriétaire étaient, comme lui, obligées de voyager à cheval. Il y avait de plus une ou deux litières pour les moins agiles et les plus âgés du cortège. Un grand nombre de mulets servaient à transporter malles, bagages, lits et les choses nécessaires dans un pays où les auberges sont dépourvues de tout sous le rapport du logement et de la nourriture. Enfin, des gardes à cheval, au nombre de dix à douze, nommés *gampieri*, escortaient le convoi, et protégeaient sa marche au milieu d'une contrée coupée, montagneuse, remplie de voleurs.

Cinquante personnes, soixante à quatre-vingts chevaux et mulets, tel était le cortège obligé d'un grand seigneur Sicilien s'acheminant vers ses terres.

Comment s'étonner qu'avec de semblables habitudes de luxe la noblesse sicilienne marchât rapidement à sa ruine?

*Relâchement des mœurs de la noblesse, seconde cause de sa décadence.*

Cette noblesse renfermait encore dans son sein, au dernier siècle, une autre plaie profonde, le relâchement des mœurs, seconde cause de son affaiblissement.

L'esprit philosophique avait pénétré en Sicile comme dans le reste de l'Europe; là, comme ailleurs, il s'appliquait à saper les principes religieux, seule base de la moralité et de la vertu. Les enseignements de la philosophie rationaliste s'adressaient, non pas au peuple, dont ils dépassaient la portée, mais aux classes élevées de la société. Le voltairianisme savait bien que l'impulsion à donner à une nation, semblable au mouvement du corps humain, part de la tête; seule, elle pense, veut, les membres obéissent. C'était donc sur la tête qu'il fallait agir, et un jour les idées subversives, après avoir germé au sein des sommités sociales, devaient fatalement porter leurs fruits plus bas et se traduire en faits par la violente intervention des masses. Aussi, tous les efforts du rationalisme tendirent-ils, en tout pays, à gangrener la noblesse. Que de moyens n'employa-t-il pas pour la séduire? à son intelligence, il prêchait l'orgueil et l'émancipation complète de la pensée ; à son cœur, il parlait le langage de la philanthropie et des sentiments en apparence les plus généreux, mais en réalité égoïstes ou remplis de fatales illusions ; à ses sens, il conseillait la satisfaction absolue, déifiant, sous le nom de passion, le culte de la matière.

De semblables théories effaçaient toute notion de règle, toute idée de devoir, et minaient la société jusque dans ses fondements. L'aristocratie de l'Europe, bercée par la voix harmonieuse des poètes, accompagnée du cortège des ris et des amours, s'avançait gaiement vers des abîmes qu'on lui cachait sous des fleurs.

La noblesse sicilienne, vive, impressionnable, ardente au plaisir, se lança avec enthousiasme dans le tourbillon des nouvelles doctrines. Leurs ravages ne se firent pas attendre. Les bonnes mœurs reçurent les premières atteintes, les anciens usages furent abandonnés, et l'esprit de famille, principale force de la noblesse, disparut peu à peu.

<small>La Révolution trouve la noblesse sicilienne ruinée, démoralisée.</small>

Lorsque la révolution, c'est-à-dire l'application des théories du rationalisme, éclata en France, puis embrassa de son réseau presque toute l'Europe, la noblesse sicilienne ruinée, démoralisée, se trouvait en pleine décadence ; un souffle suffisait pour la renverser. Alors eut lieu une chose digne de remarque par sa singularité même. Tandis qu'en France la révolution politique et sociale s'opéra d'une manière terrible, couvrant le sol des débris ensanglantés de la noblesse, du trône, de l'autel, en Sicile, l'abaissement de l'aristocratie, le nivellement général s'accomplit sans violence et sans contre-coup fatal à la cause de la religion, de la monarchie. C'est que, en ce dernier pays, elle fut, non comme ailleurs, l'œuvre d'une démocratie fougueuse et brutale, impatiente de secouer le joug de toute supériorité, mais bien l'œuvre de la royauté elle-même.

<small>La royauté profite de la décadence de la noblesse pour l'anéantir.</small>

La cour napolitaine, jalouse depuis longtemps de la puissance des seigneurs siciliens qu'elle avait, en toute occasion, cherché à amoindrir, résolut de profiter des idées égalitaires ayant cours alors, pour lui porter le dernier coup. L'exécution de cette pensée fut lente, mais adroite et sûre. On commença par amener les seigneurs à renoncer d'eux-mêmes à leurs droits féodaux; c'était imiter l'exemple, généreux peut-être mais funeste, de la noblesse française, brûlant ses parchemins et ses titres sur l'autel de la patrie. Dès ce moment, la distinction entre les villes féodales et les villes non féodales disparut, et on ne compta plus, en Sicile, qu'une seule classe de cités.

Cette réforme radicale anéantit la puissante influence de la noblesse dans le parlement sicilien. Ainsi que nous l'avons vu, il était composé de trois catégories de députés; les seigneurs qui représentaient les villes féodales formaient la catégorie la plus nombreuse et partant la plus prépondérante. Quand tout le monde put être appelé à la représentation des villes désormais sans différence entre elles, les nobles ne comptèrent plus, dans le parlement, comme membres d'un corps, mais comme simples individus; ils n'eurent plus qu'une valeur personnelle, égale à celle des autres députés.

Mais le coup décisif porté par la royauté à la noblesse fut l'abolition du fidéicommis. Le fidéicommis conservait la fortune dans les familles, en permettant aux seigneurs de faire des substitutions testamentaires en faveur de leurs enfants et descendants. Les biens substitués, étant inaliénables et insaisissables, ne pouvaient sortir du patrimoine héréditaire, malgré les prodigalités et les dettes. En plaçant ces biens sous le régime du droit commun, on enlevait à la noblesse le principe essentiel de sa force, de sa durée : la richesse territoriale. Sans cette garantie, restreinte si l'on veut et réglée par la loi, un État peut présenter une noblesse blasonnée, titrée, mais complètement dépourvue d'indépendance et de virilité. Ce sera un ornement brillant et passager, une source de dépenses et non d'utilité pour le pays. Ne

*Abolition du fidéicommis.*

confondons pas ce que nous appelons courtisans avec la véritable noblesse; un monde les sépare.

Convient-il de dire ces choses, qui heurtent de front des préjugés, des idées si fortement enracinées de nos jours? Pour moi, j'ai toujours regardé la dissimulation de la vérité comme une honte, la franchise comme un devoir.

*La chute de la noblesse entraîne celle du parlement.* La noblesse sicilienne, anéantie par l'abolition du fidéicommis, ne se releva jamais plus. Sa chute entraîna celle du parlement dont elle était l'élément principal.

*Importation éphémère de la Constitution anglaise.* Pendant l'occupation de l'île par les Anglais, bon nombre d'esprits rêvèrent l'application à la Sicile de la Constitution britannique. La tentative fut faite; la Sicile eut sa chambre haute et sa chambre basse. Cet essai avorta presque dès le début. Sous le prétexte d'introduire des réformes dans ce parlement établi à l'anglaise, la cour napolitaine nomma trente commissaires chargés de donner leur avis sur les nouvelles modifications.

Ceux-ci ne purent s'entendre et employèrent beaucoup de temps en stériles discussions. Le parlement, en ne se réunissant plus, perdit l'habitude et jusqu'au souvenir de son existence éphémère. Il s'éteignit de fait, sinon par ordonnance royale, et personne ne songea à sa résurrection. Le seul effet d'une volonté royale ou populaire ne suffit pas pour importer ainsi une Constitution d'un pays dans un autre. Une Constitution ne sort pas toute faite de la pensée d'un homme ou des théories d'une époque, comme Minerve tout armée du cerveau de Jupiter. Pour être viable, une Constitution doit naître des entrailles du sol, des traditions de l'histoire, de la vie d'un peuple; elle doit correspondre à ses besoins, à ses mœurs, à ses habitudes. De même que chaque terre a ses plantes, ses arbres indigènes, de même chaque nation renferme en son sein sa constitution propre, naturelle. Une assemblée de législateurs a beau voter des lois, des chartes, des institutions politiques, si elles ne sont pas basées sur la nature du pays, le moindre souffle les emporte.

Comment d'ailleurs la Constitution anglaise, représentation fidèle d'une société aristocratiquement hiérarchisée, pouvait-elle se maintenir chez un peuple où la noblesse n'existait plus? et comment une Constitution étrangère pouvait-elle vivre en Sicile, quand la Constitution nationale expirait?

L'antique Constitution sicilienne s'écroula donc tout entière avec la noblesse qui était sa force. On supprima le titre, les prérogatives du vice-roi; un lieutenant-général fut envoyé à sa place, plutôt pour concentrer en sa personne le pouvoir militaire que le pouvoir politique. Les institutions municipales, administratives, judiciaires même, reçurent des modifications profondes.

La Sicile perdit son autonomie; considérée comme toute autre province de la monarchie, elle fut soumise à des intendants qui correspondirent directement avec le ministère napolitain, et administrèrent en son nom. Toute impulsion partit de Naples, tout y aboutit. La souveraineté napolitaine régna désormais absolue et sans contrôle sur ce beau pays.

Le gouvernement de Naples a-t-il eu lieu de s'applaudir de l'anéantissement de la noblesse sicilienne? tel n'est pas mon avis. Un corps de noblesse souvent peut servir d'utile intermédiaire entre le monarque et le peuple; en certaines circonstances, il contribue puissamment à amortir le choc populaire dirigé contre le trône.

## CHAPITRE XIX.

Mœurs. — Usages. — Dialecte.

### I.

Fête des morts à Palerme.

Certaines habitudes, certains usages particuliers à la Sicile demandent une mention spéciale.

Je parlerai d'abord de la manière étrange dont on célèbre à Palerme la fête des morts.

En tout pays chrétien, cette fête qui tombe le lendemain de la Toussaint est un jour de deuil, de pensées tristes et recueillies. Chacun, répondant à l'appel de la cloche dont le glas monotone retentit dans les airs, dirige ses pas vers l'église. Un voile lugubre recouvre ses murailles et ses colonnes; au milieu de l'enceinte sacrée, un catafalque tendu d'un linceul noir, entouré de cierges à la lueur tremblante, se dresse comme un simulacre du cercueil ; les prêtres psalmodient le *De profundis* et le *Dies iræ*, tandis que la foule agenouillée prie pour ceux qui ne sont plus.

Le plus souvent la nature elle-même s'harmonise avec le caractère funèbre de la fête des morts. Le soleil se cache sous d'épais nuages, une clarté incertaine enveloppe la terre, l'air est chargé de vapeurs pesantes, au milieu desquelles les vivants apparaissent comme des ombres errantes ; le vent siffle avec violence, on dirait le râle des mourants, ou le cri plaintif d'une ame torturée par la souffrance. Cependant les portes du temple se sont entr'ouvertes, la croix s'avance, précédant le clergé et les fidèles qui se rendent processionellement au cimetière ; tous vont saluer la dernière demeure des êtres ravis à leur amour, et arroser de larmes le gazon des tombeaux. Qui pourrait exprimer l'échange de mystérieuses pensées établi alors entre la mort et la vie ? Qui pourrait dire l'amertume des regrets, des retours sur le passé, quand le regard s'abaisse vers la terre, et l'élan des aspirations du cœur, la vivacité de l'espérance, quand les yeux s'élèvent vers le ciel ?

A Palerme, ce recueillement du cœur et de la prière est chose pour ainsi dire impossible en ce jour.

Les églises sont pompeusement parées, les autels brillent de soieries et d'or, et les accents d'une musique éclatante retentissent joyeusement sous les voûtes sacrées.

Dans les rues circule, à flots pressés, une population nombreuse, courant à ses plaisirs ; les magasins présentent l'aspect qu'ils ont ailleurs à l'époque du renouvellement de l'année ; les mains des enfants sont chargées de jouets ; on ne voit partout que scènes d'allégresse, on n'entend que transports animés et bruyants. Nulle part il n'y a place pour la douleur.

Je ne pus, je l'avoue, me rendre compte d'abord de cette anomalie singulière, transformant une fête funèbre en fête consacrée à la joie. Personne ne sut me donner une explication satisfaisante à cet égard ; j'en fus réduit à mes propres conjectures. Cette fête, me disais-je, est sans doute une réminiscence de quelque ancienne fête païenne, dont la tradition a conservé l'usage, sans qu'on ait jamais songé à son inconvenance au sein d'une société chrétienne. C'est une allusion à notre courte vie, que la philosophie matérialiste de l'antiquité conseillait de donner aux plaisirs, en raison de sa brièveté même.

Il y a loin de cette doctrine d'Epicure au dogme chrétien, regardant notre existence comme une préparation et une épreuve.

## II.

### Facilité de la vie religieuse en Sicile.

On compte en Sicile une grande quantité de couvents d'hommes et de femmes. La ferveur et la piété naturelles à la population sicilienne n'expliquent pas seules cette tendance générale vers le cloître ; la facilité de la vie religieuse contribue aussi notablement à amener un tel résultat. La règle des monastères est douce et mitigée ; les ordres austères, trappistes, carmélites, chartreux, y ont peu de représentants. Il semble que de trop grandes mortifications ne conviennent pas à la nature ardente des peuples du midi.

Le couvent est le refuge de beaucoup de jeunes filles de haute naissance, qui, renonçant aux splendeurs et aux agitations du monde, viennent demander un abri au calme du cloître. Elles y jouissent d'une certaine liberté et de certains privilèges qui nous scandaliseraient en France, et qui, ici, sont trouvés tout naturels, parce que l'usage les a consacrés. Ainsi, dans quelques ordres, chaque religieuse peut avoir une femme de chambre attachée à sa personne, pour son service et pour l'accompagner dans les visites qu'il lui est permis de rendre à sa famille.

Les couvents de femmes ont presque tous des fenêtres grillées donnant sur la voie publique, et disposées de façon à ce qu'on puisse voir du dedans, sans être vu du dehors. A des jours et à des heures déterminés, les religieuses viennent, par manière de distraction, regarder la foule qui se promène et qui passe. On croira peut-être que ce regard, jeté de temps à autre sur le monde, doit faire naître le regret de l'avoir quitté et le désir de rentrer dans son sein ; il n'en est rien pourtant ; quand on voit les dangers, les écueils de la mer, n'apprécie-t-on pas mieux la sûreté du port tranquille qui nous a recueilli ?

Comme en France, les religieuses de Palerme reçoivent au parloir la visite de leurs parents et des amis de leur famille. Quelquefois le parloir se trouve transformé en un véritable salon, tant l'affluence est nombreuse.

La princesse de S. C. témoigna le désir de me présenter à sa fille, religieuse dans un couvent de Bénédictines ; je n'eus garde de refuser. Cette jeune personne, d'une rare distinction, nous reçut avec une grâce charmante.

*Visite à un couvent de bénédictines*

Une grille ne la séparait pas de nous, et elle put nous faire elle-même les honneurs d'une collation, apportée par son ordre de l'intérieur du monastère.

Le costume des filles de saint Benoît lui allait à ravir ; je ne saurais dépeindre l'air de bonté, de contentement intime qui régnait sur sa douce physionomie, exhalant un ineffable parfum.

Je consacrai quelques pages à me rappeler les impressions reçues de cette visite au cloître. Voici un fragment de ces souvenirs.

« O fille du Ciel, tes paupières, ombragées de leurs
» longs cils noirs, s'entr'ouvrent à peine devant nous
» qui venons troubler ta solitude : ton regard n'ap-
» partient tout entier qu'à Dieu seul !......

» Combien ta guimpe blanche fait ressortir la
» teinte de rose que la pudeur répand sans cesse
» sur tes joues ! ta vue, comme celle d'un ange, nous
» remplit d'un saint respect.

» Ton cœur pur ressemble à la surface d'un lac
» tranquille ! le bruit du monde n'arrive pas jusqu'à
» toi ; le souffle des orages expire à la porte de ton
» humble cellule !

» Dis-moi, chaste colombe, dis-moi quel tendre
» zéphyr vint t'enlever à la terre et te placer en ce
» doux nid où tes ailes abritées ne craignent pas les
» filets de l'oiseleur ? Dis-moi si l'arbre sur lequel
» tu reposes ne te paraît jamais solitaire, quand la
» nature revient à la vie, quand l'oiseau renaît à
» l'amour ?........

» L'amour ! ah ! pardon ! comment ce mot put-il
» s'échapper de mes lèvres ? Comment toi, qui ha-
» bites une région si haute et si sereine, connaîtrais-
» tu l'amour, source inépuisable de nos misères, de
» nos malheurs ? Dans la vallée roule le torrent aux
» eaux fangeuses et jaunissantes, sur la montagne se
» trouve la source limpide et cachée. L'étoile scin-
» tille dans l'azur du firmament, tandis que la nue
» sombre et pesante obscurcit la terre !......

» Ton amour, c'est la flamme divine, c'est la
» fumée de l'encens du sanctuaire ; ton époux, ô
» vierge, est le fils d'une vierge ! quelle parole pour-
» rait rendre les suaves délices qui inondent ton
» cœur, quand, nouvelle Térèse, agenouillée sur les
» dalles du temple et ravie par l'extase, ton sein, tes
» lèvres, tes yeux semblent aspirer le bonheur du
» Ciel !......

» Ainsi tu étais prosternée le jour où tu fis à Dieu,
» comme à ton fiancé, l'abandon de ta vie, le jour
» où ta mère reçut ton dernier baiser, et où tu dis
» un adieu éternel aux titres, à la fortune, aux plai-

» sirs ! A cette place tu ensevelis tes sourires, peut-
» être aussi tes doux rêves de jeune fille ; là, tu fus
» dépouillée de tes habits de fête, le ciseau cruel
» coupa les tresses d'ébène, parure de ton front, puis
» on t'enveloppa d'un long voile noir, comme d'un
» linceul !.....

» Garde, ô fille du cloître, garde ce linceul ; il
» abrite ton ame heureuse et tranquille ! N'envie
» pas nos vêtements qui, sous leurs plis soyeux,
» cachent tant de tristesse ! Vois : à nos fronts que
» de rides, à nos yeux que de pleurs ! Qui sait com-
» bien de soucis troublaient peut-être notre pensée
» dans le moment même où, avec tant de grâce, tu
» nous faisais les honneurs des mets délicats préparés
» par tes soins ?.....

» Je vis arriver avec peine l'instant des adieux, et
» longtemps je te suivis du regard quand tu rejoi-
» gnis le groupe de tes pieuses compagnes. Vierges
» saintes, vous rentriez dans votre calme asile pour
» faire monter vers le ciel les accents de vos cœurs ! Oh!
» de ce port sacré qui vous protège, songez quelque-
» fois aux navires battus par la tempête ; priez Dieu
» pour qu'un vent favorable enflant nos voiles, nous
» conduise également au rivage !.....

## III.

### Éducation. — Musique. — Verdi.

*Insuffisance et vices de l'éducation sicilienne.*

L'éducation, cette partie essentielle de la vie d'un peuple, et qui peut exercer une si grande influence sur ses destinées, l'éducation laisse beaucoup à désirer en Sicile. La négligence, l'apathie président à l'enseignement de la jeunesse des deux sexes; on ne met pas en mouvement le ressort puissant de l'émulation pour stimuler l'esprit des enfants et les pousser à l'étude.

Les punitions elles-mêmes sont marquées au coin de la paresse; en certains cas, on condamne les élèves à demeurer couchés sur leur lit pendant plusieurs heures, comme châtiment de leur faute. Moyen singulier de punir, que de favoriser une tendance malheureusement trop commune parmi les habitants du pays!

Pendant les récréations, on n'habitue pas les enfants à se livrer aux jeux d'adresse et aux exercices corporels, qui, en fortifiant et développant le physique de l'homme, donnent de l'élasticité à son intelligence, de l'énergie à son ame.

Les maîtres cultivent peu le moral de la jeunesse; ils la domptent, l'asservissent ou la flattent, mais ne s'appliquent pas à faire naître en elle ces sentiments de dignité, de grandeur qui ennoblissent l'homme et le portent au respect des autres aussi bien que de lui-même.

Par l'adulation, l'orgueil entre facilement dans de jeunes ames énervées, et par l'orgueil, tous les vices.

Si le niveau d'une éducation sérieuse est très inférieur en Sicile, la culture des arts, et surtout de l'art musical, y jouit en revanche d'une faveur marquée. La musique constitue, si je puis parler ainsi, la vocation instinctive des Italiens; pour s'y livrer avec succès, ils n'ont qu'à se laisser aller à la pente de leur nature.

*Passion des Siciliens pour la musique.*

Cet art charmant, par ses vagues aspirations, par son expression indéfinie de la passion, par ses teintes brillantes ou mélancoliques, répond d'ailleurs parfaitement à l'imagination enthousiaste des peuples du midi.

En Sicile, dès l'âge de cinq à six ans, on apprend aux enfants les principes élémentaires de la musique, et il n'est pas rare de voir un élève de quinze ans lire la partition à première vue, et réduire instantanément au piano l'accompagnement d'un orchestre compliqué.

On conçoit sans peine qu'avec de telles dispositions et ce goût naturel, les Siciliens aiment passionnément l'opéra. Le bon marché des places rend le théâtre accessible à toutes les bourses; chaque soir les diverses classes de la société s'y portent en foule : le peuple et la bourgeoisie occupent le parterre, où l'on se tient généralement debout; l'aristocratie a ses loges, qui se trouvent converties en salons pendant la durée de la représentation; car, ainsi que je l'ai déjà fait remarquer, le grand monde ne se visite

*Opéra.*

guère qu'au spectacle. L'usage de donner sans interruption le même opéra pendant un ou deux mois permet d'allier les relations de société avec l'audition de la musique ; vous prêtez aujourd'hui l'oreille aux passages qu'hier l'intérêt de la conversation vous avait empêché d'écouter attentivement.

Cet usage, pratiqué en Italie comme en Sicile, me semble du reste excellent. La musique a besoin d'être fréquemment entendue, si on veut en apprécier la valeur ; son langage est tellement fugitif, qu'il faut se familiariser avec lui, le posséder à fond, en un mot, pour en comprendre le sens, pour apercevoir la délicatesse des nuances, la variété infinie des détails.

*I due Foscari du Maestro Verdi; appréciation de ce compositeur.*

Pendant mon séjour à Palerme, on représentait l'opéra intitulé : « *I due Foscari*, » dû à la plume du maestro Verdi. C'est sans contredit une des partitions les meilleures, les plus soignées de ce compositeur qui commençait alors à devenir célèbre en Italie, et dont la réputation, depuis cette époque, n'a fait que grandir. Aujourd'hui Verdi règne seul, et pour ainsi dire sans partage sur les scènes musicales de la Péninsule.

Ses ouvrages ont incontestablement le cachet de l'inspiration, du mouvement, de la vie ; sa musique, fortement rhythmée, se distingue par une allure entraînante, une riche orchestration, et par un art réel à tirer parti des masses chorales et instrumentales. Malheureusement, Verdi a abusé de ses qualités mêmes. Doué d'une nature énergique, il semble n'avoir songé à donner à ses compositions que le caractère de la force et de la puissance. Il en résulte un emploi presque constant des mêmes moyens, et partant une certaine monotonie dans les effets. Ainsi, Verdi se montre prodigue outre mesure des unissons, des *crescendo*, des notes écrites sur les degrés les plus élevés de l'échelle musicale, et de l'intervention presque incessante des ressources les plus sonores et les plus formidables de l'orchestre. Le premier inconvénient de ce système est de fatiguer les chanteurs, le second de fatiguer le public lui-même. Celui-ci se blase à la longue sur des moyens violents d'émotion dont on fait la règle, tandis qu'ils ne devraient se produire que très exceptionnellement.

La musique, semblable à tout autre art, vit de contrastes; comme la peinture, elle a ses ombres, ses demi-teintes nécessaires pour faire ressortir la lumière. Si trop d'éclat éblouit les regards, une intensité de sons trop répétée étourdit l'oreille.

Verdi manque donc, à mon avis, de la grâce, de la délicatesse, de la simplicité mélodique et harmonique que possédaient à un si haut degré les maîtres du dernier siècle. Mozart, le compositeur le plus sublime qui ait jamais existé, parce qu'on trouve en lui, réunies et fondues, les qualités des écoles italienne et allemande sans leurs défauts, Mozart, dis-je, fut excessivement sobre dans l'emploi des moyens énergiques de l'orchestre; il imita en cela la nature, qui procède rarement par grands effets. Pendant tout le premier acte de l'admirable partition de *don Giovanni*, les trombonnes ne se font pas entendre une fois ; c'est seulement à la fin du second acte, et au moment de l'apparition du commandeur, que ces instruments retentissent. Mais aussi quelle émotion dramatique produite par ces sons stridents, unique accompagnement de l'interpellation lente, solennelle, du spectre à son commensal impie! On ne saurait entendre, sans tressaillir, cet adagio formidable!.

Peut-être dira-t-on, pour justifier Verdi de cet abus des grands moyens d'expression, que tel est le goût du public, que telle est la pente de l'époque. Je ne disconviens pas de la mauvaise voie dans laquelle marche notre temps, sous le rapport de l'art musi-

<small>Musique dite dramatique: ses abus, ses fâcheux résultats.</small>

cal. La musique, dite *dramatique*, contrefaçon malheureuse et plagiat maladroit de la musique allemande, a fait invasion de toutes parts. On s'est imaginé qu'une instrumentation bruyante, savante parfois, je l'accorderai, peut tenir lieu de mélodie et d'inspiration; on a tenté d'exprimer, par la musique, des choses qu'elle ne saurait rendre; on a voulu, si je puis parler ainsi, faire de la *musique-peinture*, ne tenant pas compte des différences qui existent entre ces deux arts, et oubliant que la musique ne représente pas les objets, mais que son but consiste à produire, au moyen de la combinaison des sons, les émotions et les sentiments que l'on éprouverait à la vue de ces objets mêmes. De la sorte se trouve diminué, au lieu d'être agrandi, le domaine bien assez étendu de cet art délicieux dont on a faussé la nature et changé le caractère. L'idée mélodique, source inépuisable et base nécessaire de toute composition musicale, a complètement disparu ou a été présentée sans suite, sans développement, et tellement perdue sous les effets de l'orchestration la plus sonore, qu'on la cherche vainement sans la découvrir. Ainsi, le principal est devenu l'accessoire, et l'accessoire presque tout.

Auteurs, exécutants, public, ont à l'envi sacrifié à ce veau d'or de l'art, appelé si malencontreusement musique dramatique; car il n'a du dramatique que le nom.

Que les compositeurs français, qui ont l'habitude de butiner dans les écoles allemande et italienne, se soient laissé aller à ces exagérations d'une imitation malheureuse, je n'y trouve rien d'étonnant; mais je ne puis concevoir comment les Italiens, qui appartiennent à une école si caractérisée et si féconde, ne sont pas restés eux-mêmes. Ils n'ont pas implanté dans leurs ouvrages les beautés de la musique allemande, sa puissance, son cachet d'ineffable rêverie, et ils ont perdu les beautés de leur genre musical particulier : la richesse, la clarté, la suavité mélodiques. Ils ne sont pas devenus Allemands et ne sont plus Italiens. Chose singulière ! tandis que l'Italie supportait avec tant d'impatience la domination germanique, elle se prenait d'un enthousiasme, non avoué si l'on veut, mais réel pour la manière musicale des *Tédesques* abhorrés! Preuve nouvelle que les arts habitent une région pure, élevée, inaccessible aux orages et aux révolutions politiques !

Pourquoi Verdi n'est-il pas demeuré franchement Italien à la façon des Rossini, des Bellini, des Donizetti ? Sa gloire, marchant de pair avec la leur, eût été durable, incontestée. Loin de suivre le goût du public dans ses égarements, il eût pu, par son action salutaire, son exemple efficace, le ramener aux véritables notions du beau.

Le devoir en toute chose de l'homme de talent, de l'homme de génie, consiste à ne pas s'abandonner en aveugle au courant du torrent qui passe, mais à le diriger et le contenir. Pour cela, il faut savoir se mettre au-dessus des préjugés du moment, ne pas acheter une vogue éphémère en flattant des erreurs, et dédaigner les faveurs de la foule, dont la mobile inconstance est sujette à des revirements imprévus. Invariablement dévoué aux principes vrais et partant éternels, le génie ne doit pas tenter de compromis avec l'opinion; il n'ira pas vers elle, mais attendra qu'elle vienne vers lui. Ce retour arrivera tôt ou tard. Si le caprice d'une époque lui fait défaut, ne peut-il pas compter sur l'admiration des siècles?

*Décadence, en Italie, de l'art musical* C'est par suite de ce manque de direction supérieure que l'art musical se trouve aujourd'hui déchu en Italie et en Sicile, et que le goût du beau y est tombé à un dégré d'infériorité marquée.

Le public ne sait plus apprécier et les acteurs ne savent plus rendre les chefs-d'œuvre de la véritable école italienne, même contemporaine. On a rarement, en Italie, la bonne fortune de pouvoir assister à la représentation d'un opéra de Bellini ou de Rossini, et encore on regrette ces essais malheureux, tant l'exécution laisse à désirer.

J'entendis une fois à Palerme les *Puritains* de Bellini : tentative déplorable! Le grand maestro sicilien n'est plus compris dans sa propre patrie!

## IV.

**Brigands. — Primes, exécutions. — Confréries de pénitents.**

Le brigandage constitue en Sicile un véritable fléau. Il semble y avoir pris racine depuis la rébellion terrible des esclaves sous les Romains. Cette calamité sociale tend par moments à s'éteindre ; puis elle reparaît tout à coup avec une intensité nouvelle. *Etendue du brigandage en Sicile.*

L'histoire moderne de la Sicile fait mention de nombreuses associations de malfaiteurs qui se sont rendus redoutables à différentes époques. Aujourd'hui même que la police a reçu de grands développements en ce pays, on voit encore s'y former, de temps à autre, des bandes de brigands qui compromettent la sécurité des habitants et des voyageurs.

Le moyen le plus efficace, mis en œuvre par la police pour dissiper ces compagnies de voleurs, consiste à promettre publiquement le pardon à ceux qui feront prendre leurs compagnons, dès que cette annonce est connue, chaque bandit entre en défiance de ses complices et se tient à l'écart d'eux dans la crainte d'une trahison ; la troupe se disperse ainsi d'elle-même. On a l'usage également d'accorder une forte prime à quiconque, gendarme ou paysan, apportera la tête du principal chef des malfaiteurs. On voyait autrefois souvent promener dans les rues de Palerme de ces têtes de bandits, horriblement implantées au bout d'une pique. Maintenant le gouver- *Moyens et châtiments employés contre les brigands.*

nement défend, avec raison, l'exhibition d'un si hideux tableau.

Une des peines infligées aux voleurs est de les attacher, demi-nus jusqu'à la ceinture, sur un mauvais cheval ; un écriteau en gros caractères, fixé à leur poitrine, indique leur nom, leur crime ; les gardes qui les ont arrêtés les accompagnent, et célèbrent l'heureuse capture par de fréquents coups de fusil tirés dans les rues, sur les places et principalement devant la demeure du chef de la justice. Le criminel, après cette promenade flétrissante, se voit reconduit en prison pour l'instruction de son procès.

Bastonnade. La bastonnade se donne encore en Sicile. Il m'arriva d'être témoin moi-même de ce triste spectacle. Au milieu d'une immense affluence de peuple, le patient fut amené : une planche fixée à terre, véritable lit de douleur, reçut le corps du malheureux auquel on administra, sans interruption, vingt coups de bâton sur le dos. On détacha le pauvre diable tout meurtri, et on le conduisit à l'hôpital pour y faire panser ses plaies. Quelquefois un criminel reçoit jusqu'à deux cents coups de bâton.

Cet usage, qui se pratique non-seulement dans les Etats napolitains soumis au régime absolu, mais encore dans la constitutionnelle et soi-disant libérale Angleterre, me semble barbare, indigne d'une civilisation chrétienne.

Qu'une société prive l'homme de la liberté, s'il en abuse, de la vie même, si cette vie est devenue nuisible à la sûreté publique, rien de mieux ; je vois le but et l'utilité de la peine. Mais quelle garantie une bastonnade vigoureusement assénée sur les membres d'un criminel donne-t-elle au corps social? Un châtiment corporel ne protège en rien le repos de la société, et de plus n'exerce aucune action sur l'amélioration morale de l'homme ; il l'avilit, l'abaisse au niveau de l'animal que l'on corrige par le fouet et le fer. La créature intelligente, faite à l'image de Dieu, exige plus de respect même en ses égarements.

Le supplice en usage dans les exécutions capitales était la tête tranchée pour un noble, et la potence pour un homme du peuple ou de la bourgeoisie. *Exécutions capitales.*

Aujourd'hui l'égalité devant le supplice règne dans toutes les classes. Le terrible instrument, inventé en France au commencement de la Révolution, et devenu si tristement fameux pendant les mauvais jours de la Terreur, existait depuis longtemps en Sicile avant cette époque. Le prétendu inventeur de la guillotine n'aurait donc droit qu'à un brevet de perfectionnement.

Lorsqu'on a signifié à un criminel sa sentence de mort, on le délivre de ses fers ; il passe du cachot dans la chapelle des prisons où il demeure trois jours avec son confesseur et quatre membres de la confrérie de Pénitents, dite de la Charité. Cette pieuse compagnie, recrutée seulement parmi la noblesse, a pour mission de vouer son assistance aux condamnés à la peine capitale. Le prieur de la confrérie se charge de la nourriture du malheureux pendant les trois jours qui précèdent l'exécution. Chaque nuit, le criminel est enfermé dans un cachot contigu à la chapelle. *Confrérie de pénitents, dite confrérie de la Charité.*

Le condamné se rend au lieu du supplice, le plus souvent à pied, les yeux bandés, et accompagné de son confesseur ainsi que de deux confrères exhortants. On ne saurait donner trop d'éloges aux nobles siciliens, qui viennent, avec tant d'abnégation, aider le prêtre dans une des fonctions les plus sublimes, mais en même temps les plus pénibles de son ministère.

Afin de récompenser et d'encourager une institution si méritante, le roi lui accorde chaque année la grâce d'un condamné à mort. L'acte de délivrance est signé le jour de Pâques, sur la présentation et d'après le choix du conseil de la confrérie de la Charité.

Le coupable gracié passe par les mêmes épreuves que s'il devait subir sa peine ; il fait les trois jours de chapelle, est conduit au lieu de l'exécution, au milieu du funèbre cortège : là seulement, on lui donne lecture de l'édit de grâce ; il baise l'échafaud en signe de repentir, et on le rend immédiatement à la liberté. Parfois il arrive qu'une nouvelle aussi inespérée, qu'une transition aussi brusque, occasionne un tel saisissement de bonheur dans l'ame du malheureux, qu'il en tombe frappé de mort.

*Confrérie Pénitents, de la* Il y a à Palerme une autre confrérie de Pénitents, composée aussi exclusivement de membres de la noblesse, et appelée confrérie *della Pace*, de la Paix. Son but est de rétablir l'union dans les familles, et d'arranger, par son intervention morale, les différends subsistant entre époux, ou entre pères et enfants. Cette médiation produit souvent les meilleurs effets, surtout parmi le peuple.

Beaucoup de confréries de moindre importance existent dans la capitale de la Sicile ; mais celles de la Charité et de la Paix présentent le plus de relief et de prospérité.

Leurs chapelles sont élégantes, riches, dignes d'être visitées. A certains jours de l'année, principalement dans la Semaine sainte, les offices s'y font avec une grande solennité.

On déploie surtout une pompe extraordinaire à l'occasion de la cène, préparée pour les pauvres après le lavement des pieds du Jeudi saint. La foule se porte à ce spectacle (car en ce pays tout devient spectacle), et admire la belle argenterie et les mets délicats dont la table est couverte. Mais combien peu de personnes, parmi tant de curieux, réfléchissent au contraste de ce fastueux étalage avec l'humble repas que le maître du ciel et de la terre prit, dans le cénacle, au milieu de ses apôtres !

Pourtant cette imitation, quelque imparfaite qu'elle soit, d'une des plus grandes leçons d'union, de charité et d'amour, qui ait été donnée aux hommes, vaut mieux que l'oubli et l'indifférence des peuples pour les sublimes mystères de la religion.

## V.

### Dialecte sicilien.

Chaque état, chaque cité même de la Péninsule italique a son dialecte particulier, dérivant de la langue italienne, mais offrant un caractère distinct, tant sous le rapport de l'accentuation, de la prononciation, que sous celui de la facture et du sens des paroles. Ce sont des rameaux variés partis de la même tige, des enfants nombreux appartenant à la même mère.

<small>Causes de cette diversité de langage.</small>

Cette diversité de langage s'explique suffisamment par la diversité de mœurs, d'habitudes, qui marque d'un cachet propre chacune des fractions de la famille italienne.

La différence des mœurs, des usages, résulte elle-même de la différence des situations géographiques, des climats, des destinées politiques, et surtout de cet esprit municipal exclusif, qui apparaît à chaque page de l'histoire d'Italie.

Il n'y a pas unité de langue, parce qu'il n'y a pas unité de nature, et qu'il n'y a jamais eu unité politique.

<small>Unité italienne.</small>

Pourrait-on aujourd'hui anéantir ces divisions si anciennes, si profondes, et composer un tout homogène de tant de parties séparées? Je ne le pense pas. Quoique l'unité italienne soit maintenant le rêve de beaucoup, ce rêve me semble plein de présomption et en même temps gros d'orages pour l'Italie et l'Europe. Je me défie des tentatives d'hommes infatués d'eux-mêmes, prétendant réaliser en un jour ce que n'ont pu faire les siècles. Il est facile de se poser en réformateur; mais, disons-le hautement, les réformes sérieuses, durables, véritablement efficaces, s'accomplissent lentement; elles sont l'œuvre du temps, de la patience, non de l'esprit d'aventure et d'orgueil.

Elles ne commencent pas par démolir de fond en comble l'édifice social, mais elles tiennent grand compte de l'histoire et des traditions d'un peuple. Si elles procèdent autrement, elles n'amènent que la ruine, le bouleversement, l'anarchie, et non la grandeur, l'ordre, le progrès, la liberté.

La Sicile, séparée du reste de l'Italie, voisine de l'Afrique, sur la route de l'Orient, et ayant passé successivement sous la domination de tant de nations différentes, dut, plus encore que tout autre Etat italien, se faire un dialecte à part.

Le dialecte Sicilien s'élève presque au niveau d'une langue; il est parlé par les hautes classes de la société aussi bien que par le peuple; il a sa syntaxe, sa grammaire, ses auteurs et jusqu'à ses poètes. Parmi ces derniers, on doit citer l'abbé Méli que Monti proclame le second Théocrite et l'Anacréon de la Sicile. Voici quelques échantillons de ses poésies; ils donneront une idée du style délicat, gracieux, parfois même profond du barde sicilien, et aussi de la naïveté charmante du dialecte de sa patrie.

*Importance du dialecte sicilien.*

« Donna bella senza amuri
E' na rosa fatta in cira ;
Senza vezzi, senza oduri
Chi nun vegeta, ne spira. »

« Une femme belle, sans amour, est une rose de cire : rose sans attraits, sans parfums, qui ne peut croître ni mourir. »

(MELI, id. 1re.)

LU DIVORZIU.

| « Stanca di viviri | «Lasse de mener une pénible vie, la muse fit divorce avec moi. |
| Vita pinusa | |
| Fici divorziu | |
| Da la mia musa. | |

» Dicennu : è angustia
Pri tutti dui
Lu stari 'nzemmula
Uniti cchiui.

» Pri nui stu seculu
Ch'è se dicenti
Luminusissimu
Non luci nenti!

» Di voli altissimi
Sarrà capaci;
Ma unn' è giustizia?
Unn' è la paci?

» Unni si trovanu
Virtù, e costumi?
Dunca a chi servinu
Sti tanti lumi?

» Cu l'oru sbuccanu
Da un novo munnu
Li guai, chi abbundanu
Cchiù chi non sunnu.

» La genti a st' idolu
Stendi li manu
E anchi offri vittimi
Di sangu umanu!

» Virtuti e meriti
Sagrificati
Sunnu a sta barbara
Divinitati.

» Si 'ntra stu pelagu
Profunnu, e cupu,
Cercu ajutariti
Cchiù ti sdiruppu :

» Rester plus longtemps unis ensemble ici-bas, est pour nous deux, dit-elle, une cruelle souffrance.

» Pour nous ne brille point la lumière de ce siècle soi-disant si éclairé !

» Il serait capable d'un sublime essor. Mais qu'est devenue la justice ? Qu'est devenue la concorde ?

» Où se trouvent les mœurs et la vertu ? Donc à quoi nous servent tant de lumières. ?

» Avec l'or débouchent d'un nouveau monde des maux dont l'abondance surpasse celle des maux déjà existants.

» La foule tend les mains vers l'idole, et lui offre même le sang de l'homme pour victime !

» Vertus et mérites sont sacrifiés à cette divinité barbare.

» Si, au sein de cette mer profonde et sombre, je m'efforce de te secourir, tu descends plus avant dans l'abîme.

» Ma giacchi libera,  
E dia sugnu iu,  
Un megghiu seculu  
Mi cercu. Addiu... »

» Mais moi qui suis libre, moi qui suis déesse, je m'en vais à la recherche d'un meilleur siècle. Adieu !.... »

(MELI, *Anacréontiques*, ode XLIX.)

## CHAPITRE XX.

**Productions naturelles de la Sicile.**

—

Blé.
Parmi les productions de la Sicile, il convient de mettre en première ligne le blé froment que plusieurs naturalistes regardent comme indigène en cette île, c'est-à-dire comme y naissant et s'y développant sans culture. Par une lente combinaison du sol et du climat, les récoltes en blé sont très abondantes sans exiger beaucoup de soins. Les sédiments de l'air suffisent à féconder les terres, que l'on ne fume jamais en pleine campagne, et qui reçoivent seulement deux labours avant l'ensemencement. La fertilité du pays est telle qu'une récolte de quinze pour un semble médiocre.

L'allégorie des anciens, plaçant en Sicile le séjour de Cérès, avait donc sa raison d'être parfaitement justifiée.

L'exportation du blé, source d'un commerce considérable, se fait dans des ports spéciaux, nommés *caricatoj*, lieux de chargement. Là, le gouvernement possède de vastes greniers, destinés à recevoir le blé que les propriétaires y transportent à dos de mulet, aussitôt après la récolte. Ces greniers offrent l'avantage de faire grossir le grain sans l'altérer. Lorsqu'un propriétaire veut retirer son blé pour en charger un navire, on le lui délivre sur la présentation de son certificat de dépôt.

Après le blé, la récolte la plus importante est celle des olives. <sub>Oliviers.</sub>

La Sicile doit aux Sarrasins l'importation ou au moins le véritable développement de la culture de l'olivier. On montre encore plusieurs arbres que l'on prétend remonter au temps de la domination des Arabes. Dans les contrats de vente, on désigne ces oliviers centenaires sous le nom de *Sarrasins*.

L'extraction de l'huile était fort défectueuse jusqu'à la fin du dernier siècle. A cette époque, un émigré français, le chevalier du Puget, originaire de Provence, occupa ses loisirs à enseigner aux paysans siciliens les modes de fabrication de l'huile usités en son pays. Il dirigea lui-même ces utiles travaux dans un domaine du roi, situé au milieu de la plaine des *Colli*, et vit ses procédés successivement adoptés par les grands propriétaires. L'huile de Sicile est aujourd'hui égale en qualité, sinon supérieure, à l'huile de Provence.

La Sicile produit des vins excellents. Le vin blanc de Marsala, le muscat de Syracuse, se distinguent entre tous ; ce dernier présente de l'analogie avec nos vins de Lunel et de Frontignan. <sub>Vins.</sub>

Le raisin acquiert, sous un si doux climat, une maturité délicieuse ; mis dans des paniers suspendus constamment aux treilles, on le conserve frais tout l'hiver, comme s'il venait d'être cueilli.

Les pistaches proviennent d'un arbuste noueux, <sub>Pistaches.</sub>

à rameaux divergents, dont les feuilles épaisses, arrondies, ont une couleur vert foncé. Les fruits, renfermés dans de petites grappes suspendues à l'extrémité des branches, consistent en amandes allongées contenues dans un noyau assez mince.

En quelques parties de la Sicile, les pistachiers forment de véritables massifs de bois. Ces arbres utiles ont deux genres très distincts, le mâle et la femelle. Il est nécessaire qu'un certain nombre de pistachiers mâles existent dans le bois, ou au moins dans le voisinage, afin que leurs fleurs aillent, à l'aide du vent, féconder celles des pistachiers femelles. Sans cela la récolte manquerait complètement.

*Jujubier.* Le jujubier, joli arbre à petites feuilles d'un vert tendre, comme l'acacia, porte un fruit allongé en forme d'amande, charnu, rouge quand il est mûr, onctueux et sucré.

Le jujubier croît dans nos provinces méridionales, la Provence et le Languedoc; mais tout le nord de la France et de l'Europe doit faire venir des pays chauds le produit de cet arbre.

*Carroubier.* Le carroubier est un arbre immense, couvert de rameaux épais. Il acquiert un développement aussi grand que celui de nos plus beaux chênes, et donne un fruit dont le commerce tire parti. Ce fruit consiste en une longue silique plate, charnue, dans laquelle se trouvent quatre à cinq graines noires, ayant la forme d'une grosse lentille. Les chevaux, mulets, et autres bêtes de somme mangent volontiers le produit du carroubier; les pauvres gens du peuple s'en nourrissent également.

Le climat de Sicile convient au bananier, et il **Bananier.**
serait à désirer qu'on multipliât davantage les plantations de cet arbre, nommé en botanique *arbre du Paradis*, à raison de ses longues et larges feuilles, que l'on suppose avoir été prises par nos premiers parents pour cacher leur nudité. Ces feuilles, s'enlaçant au tronc même de l'arbre, mesurent quatre à cinq pieds de long, sur un pied de large environ ; elles sont lisses, satinées, d'un beau vert foncé. Le fruit vient au haut des tiges, en grappes pendantes, et présente la forme ainsi que la grosseur d'un œuf. Son goût savoureux ressemble à celui de la poire, mêlé du parfum de l'ananas.

L'aloès, à longues feuilles aiguës, *Agave Americana*, **Aloès.**
croît naturellement aux bords des champs et leur sert de clôture. On emploie son écorce à faire de la toile.

L'arbuste qui produit les figues d'Inde s'arrange **Figues**
des plus mauvaises terres et même des rochers, qu'il **d'Inde.**
recouvre bientôt de verdure. Ses fruits sont de la plus grande utilité en Sicile. Le peuple en fait une immense consommation pour sa nourriture ; ses feuilles servent à celle des bœufs et des vaches, en leur fournissant un aliment succulent pendant l'aridité de l'été.

La culture des orangers et des citronniers donne **Orangers,**
une récolte très productive, objet d'une exportation **citronniers.**
importante. Les terrains plantés de cette sorte d'arbres s'afferment fort cher. Dans la vallée de Palerme, un arpent de bois d'orangers et de citronniers en bon rapport, se loue jusqu'à huit et neuf cents

francs; et pourtant ces fruits se vendent au détail à vil prix. La grande abondance de la récolte explique seule les bénéfices considérables du cultivateur. Les oranges s'expédient sur des barques, à Naples et dans le reste de l'Italie.

Riz.   C'est principalement et presque exclusivement au Val de Noto, une des parties les plus fertiles de la Sicile, que se trouvent les rizières. Il faut beaucoup d'eau pour ce genre de culture; on inonde les champs, en détournant des rivières, des ruisseaux, et l'on jette la semence dans l'eau même. Le riz croît et se développe avec une extrême rapidité, sous un soleil aussi chaud.

La loi exige que les rizières soient à la distance d'environ une lieue des villes et villages, à cause de l'air insalubre qui se dégage de ces sortes de marais.

Soufre.   Continuellement sous la menace des éruptions de ses volcans, souvent dévastée par des tremblements de terre, la Sicile retire cependant certains avantages comme compensation de ces fléaux terribles; tant il est vrai que, dans la nature, le mal devient parfois le principe ou l'occasion d'un bien. Sans parler de l'épurement de l'atmosphère dû aux vapeurs volcaniques, ni de la fécondation du sol résultant de la légère couche de cendre déversée sur les campagnes par le cratère de l'Etna, il y a des produits directs des volcans. Le soufre se trouve au premier rang

Dans plusieurs parties montagneuses de la Sicile, les entrailles de la terre sont en fermentation incessante, quoique les explosions ne s'ensuivent pas. Cette incandescence souterraine donne lieu à des écoulements de soufre soit par des crevasses naturelles, soit par des entailles pratiquées à dessein dans le sol. Les propriétaires voisins ou les fermiers arrivent avec des chaudières, des tonneaux, et recueillent la matière liquide. Cette matière est plus ou moins mêlée d'éléments étrangers, par conséquent a plus ou moins de valeur. Le soufre forme une branche de commerce très lucrative. Les Anglais en savent quelque chose ; leurs regards de convoitise jetés sur la Sicile n'ont pas d'autre mobile.

L'ambre et le jais, sorte de résine ou de gomme, se trouvent également aux pieds des volcans. Brut et non poli, ce genre de produit n'offre aucun intérêt, mais travaillé, il acquiert de la valeur et le prix de l'ambre monte souvent à un chiffre fort élevé. *Ambre. jais.*

Un objet d'exportation d'une haute importance pour la Sicile, c'est le sel. Tout le monde sait que la mer, peu salée dans le nord, le devient de moins en moins à mesure que l'on approche du pôle. Là, les glaçons fondus donnent une eau potable, dont les marins se servent parfois pour renouveler leurs provisions d'eau douce. Dans le midi, au contraire, la mer étant excessivement salée, fournit le meilleur sel qu'on puisse obtenir par l'évaporation. *Sel.*

Le soleil fait à lui seul ce travail sur les plages de Sicile ; on n'a d'autre soin à prendre que de faciliter à la mer son introduction dans des réservoirs très peu profonds où le sel, au bout de quelques jours, se condense et se recueille aisément.

Les peuples du nord, Danois, Suédois, Norvégiens, expédient beaucoup de navires en Sicile ; ils y viennent chercher des chargements de sel. Celui qu'ils pourraient retirer des mines de leur pays leur reviendrait beaucoup plus cher que le sel marin.

Thon:
La mer de Sicile abonde en poissons de toute espèce, et particulièrement en thons. Ce poisson voyageur afflue tellement sur le littoral de l'île, qu'il se vend à peine trois à quatre sous la livre.

Certains thons sont énormes; un seul suffit pour faire la charge de quatre hommes vigoureux.

La pêche du thon a lieu du commencement de mai à la fin de juin; elle entraîne des frais considérables, tant à cause de la quantité de filets nécessaires, qu'à cause du grand nombre de personnes indispensables. En France on appelle *mandragne*, et en Italie *tonnara*, le lieu où se fait la pêche du thon. Il y a telle tonnara en Sicile qui s'afferme par le propriétaire riverain jusqu'à mille écus, lorsque l'endroit est regardé comme un bon passage pour les thons. Ces poissons suivent toujours la côte; certaines plantes les y attirent.

La pêche devient pleine d'intérêt quand une colonne de thons s'est engagée dans les filets qui forment divers grands compartiments, avec communication de l'un à l'autre. Le dernier compartiment, le plus solide, se nomme *chambre de la mort;* en voici la raison : c'est là où les thons, après avoir passé de filet en filet, finissent par se réfugier. Des barques remplies de gens armés de lances, entourent la *chambre de la mort;* à mesure qu'on soulève le filet du fond, on voit ces énormes poissons s'ébattre, se retourner, sauter avec fracas; dès qu'ils paraissent à la surface de la mer, les pêcheurs les frappent à coups de lances, et bientôt, par suite de ce véritable massacre, les flots deviennent rouges de sang. On charge tous ces cadavres sur les barques, on les emporte à terre, et la plupart sont dépecés et salés; les plus beaux se portent en ville, où on les mange frais.

Souvent cette pêche manque, lorsqu'un énorme poisson, nommé spadon, pénètre dans les filets à la suite des thons. Armé en tête d'une sorte d'épée à deux tranchants (d'où lui vient son nom, *spada*), il s'en sert pour vaincre toute résistance; il tranche, coupe les filets, se fait promptement un passage, et rend la liberté non-seulement à lui-même, mais encore à tous les thons, ses compagnons de captivité.

<small>Spadon.</small>

Du reste, le spadon est très bon à manger; plus blanc, plus délicat, plus estimé que le thon, mais plus rare, il ne va pas en troupe comme ce dernier.

Le détroit de Messine fournit beaucoup de ces poissons. Les pêcheurs s'appliquent à les surprendre endormis à fleur d'eau; ils les harponnent en laissant filer au harpon une grande longueur de corde, que les spadons blessés emportent avec eux. Quand ils ont perdu tout leur sang ils reparaissent à la surface, et on les saisit alors sans aucun danger.

Cet aperçu des produits principaux de la Sicile prouve suffisamment combien ce pays si riche en souvenirs, si varié en ses aspects, a été aussi largement doté par la nature. Que lui manque-t-il pour que sa terre féconde donne tout ce qu'elle peut donner, pour que l'agriculture, le commerce, l'industrie fleurissent sur ses rivages délicieux? rien, sinon des réformes administratives de la part du gouvernement, et de la part des habitants, de l'énergie, de l'opiniâtreté, de la suite dans le travail.

A ces conditions, la Sicile aujourd'hui déchue, peut reprendre le rang élevé qu'elle occupait autrefois ; elle peut devenir encore le grenier de la Péninsule italique, et la contrée la plus prospère entre celles que la Méditerranée caresse de ses flots.

# CONCLUSION.

Le moment de quitter la Sicile arrive ! j'éprouvai alors ce que l'on éprouve en s'éloignant de la patrie, car sur cette rive hospitalière je laissais des cœurs amis, presque une famille.

Je ressentais d'ailleurs une peine extrême à dire adieu, sans nul doute pour toujours, à ces lieux enchanteurs, à ce doux climat, à ce ciel bleu, à ces vertes collines, que le myrthe, l'oranger embaument de leurs parfums.

Mon séjour trop court, hélas ! en Sicile, avait suffi cependant pour me révéler sa splendeur antique. Les ruines de Taormine, Catane, Syracuse, Ségeste, Agrigente m'étaient apparues comme les témoins authentiques d'une époque puissante. Palerme à son tour, par ses monuments, m'avait prouvé que la période du moyen âge ne fut pas non plus, en la terre de Trinacrie, dépourvue de grandeur et de gloire. Que de peuples différents dont j'avais ainsi suivi les traces ! que de courants de civilisation, partis des points les plus opposés, aboutirent à cette île ! que de luttes sanglantes, que de révolutions éclatèrent sur ces bords aujourd'hui si tranquilles !

Ma pensée se plaisait à évoquer ces images du passé ; mon imagination gravait en elle d'une façon ineffaçable tant de souvenirs, pendant que mes yeux contemplaient la ligne dentelée du rivage que la marche rapide du navire faisait peu à peu disparaître dans les vapeurs brumeuses de l'horizon.

Mon cœur adressait encore un dernier adieu à la belle Sicile, à Palerme, perle brillante de l'onde, et déjà mon regard ne distinguait plus au loin que la mer et le ciel !!!

FIN.

# TABLE.

| | |
|---|---|
| Dédicace............................................Page | v |
| Avant-propos.................................. | vii |
| Chapitre I. — De Naples à Messine. — Messine............................................... | 1 |
| Chapitre II. — Aperçu de l'histoire de Sicile.. | 7 |
| Chapitre III. — Taormine............................ | 23 |
| Chapitre IV. — Catane................................ | 31 |
| Chapitre V. — Ascension de l'Etna............ | 45 |
| Chapitre VI. — Syracuse. — Considérations générales. — Vue d'ensemble de la ville. | 60 |
| Chapitre VII. — Syracuse. — Visite détaillée de ses monuments et de ses ruines........ | 69 |
| Chapitre VIII. — De Syracuse à Girgenti...... | 98 |
| Chapitre IX. — Girgenti. — Agrigente ....... | 109 |
| Chapitre X. — De Girgenti à Palerme........ | 128 |
| Chapitre XI. — Palerme. — Intérêt particulier de Palerme pour moi. — Aperçu de son histoire. — Son aspect général, sa situation. — Rues et places principales, promenades, ports, rade................ | 138 |
| Chapitre XII. — Palerme. — Cathédrale...... | 152 |
| Chapitre XIII. — Palerme. — Autres églises. — Palais-Royal. — Palais Forcella. — Musée... | 165 |

Chapitre xiv. — Environs de Palerme.— Mont Pellegrino. — Légende de sainte Rosalie. — Sa Grotte. — Fêtes de la sainte......... 174
Chapitre xv. — Environs de Palerme. — Montréal. — Abbaye de St-Martin. — Vêpres siciliennes...................... 194
Chapitre xvi. — Environs de Palerme. — Catacombes du couvent des Capucins.—Santa Maria del Gesù.—Villas.— La Bagaria..... 213
Chapitre xvii. — Temple de Ségeste......... 222
Chapitre xviii. — Institutions politiques, administratives, judiciaires de la Sicile. — Noblesse-sicilienne............................ 236
Chapitre xix. — Mœurs.—Usages.—Dialecte... 257
Chapitre xx. — Productions naturelles de la Sicile............................ 280
Conclusion............................ 289

www.ingramcontent.com/pod-product-compliance
Lightning Source LLC
Chambersburg PA
CBHW071336150426
43191CB00007B/756